医事行为的刑法规制

刘建利 著

东南大学出版社
·南京·

图书在版编目(CIP)数据

医事行为的刑法规制/刘建利著. —南京：东南大学出版社,2019.12
 ISBN 978-7-5641-8780-4

Ⅰ.①医… Ⅱ.①刘… Ⅲ.①医疗事故—刑事犯罪—刑法—研究—中国 Ⅳ.①D924.364

中国版本图书馆 CIP 数据核字(2019)第 282150 号

⊙ 江苏高校"青蓝工程"项目成果
⊙ 东南大学医事法研究所资助成果
⊙ 中国博士后科学基金特别资助项目(2018T110419)成果
⊙ 东南大学最高人民检察院民事检察研究基地资助成果

医 事 行 为 的 刑 法 规 制
Yishi Xingwei de Xingfa Guizhi

著　　者：	刘建利
出版发行：	东南大学出版社
社　　址：	南京市四牌楼 2 号　邮编：210096
出 版 人：	江建中
网　　址：	http://www.seupress.com
经　　销：	全国各地新华书店
排　　版：	南京星光测绘科技有限公司
印　　刷：	南京工大印务有限责任公司
开　　本：	787 mm×1092 mm　1/16
印　　张：	14
字　　数：	332 千字
版　　次：	2019 年 12 月第 1 版
印　　次：	2019 年 12 月第 1 次印刷
书　　号：	ISBN 978-7-5641-8780-4
定　　价：	75.00 元

本社图书若有印装质量问题,请直接与营销部联系。电话:025-83791830

作 者 简 介

刘建利,男,江苏籍,法学博士、博士后,东南大学法学院副教授,日本早稻田大学访问学者,博士研究生导师。主要研究方向:刑法学、医事法学、犯罪学。先后主持国家社科基金项目、司法部项目、中国法学会重点项目、江苏省社科基金项目、中国博士后基金特别资助项目等各类课题10多项。入选东南大学"优秀青年教师教学科研资助计划"培养人选。曾获得"东南大学法学院最受欢迎老师""东南大学微课比赛一等奖"等荣誉。出版《終末期医療をめぐる比較法の考察》(东京:早稻田大学出版部,2012)、《中華人民共和国刑法》(东京:成文堂出版社,2011)、《医事刑法重点问题研究》(南京:东南大学出版社,2017)、《医事法案例教程》(南京:东南大学出版社,2019)等著作多部。在日文期刊《比較法学》《早稻田法学会誌》,以及中文期刊《法律科学》《法学评论》《法学》《政法论坛》《法学论坛》《中国刑事法杂志》《东方法学》等国内外专业学术刊物上发表学术论文30多篇。其中有多篇论文被人大复印报刊资料全文转载。

序　言

伴随着医疗技术的进步，越来越多的法律问题进入人们视野，给法律特别是刑法带来了尖锐挑战。"国内首例冷冻胚胎继承案""制造克隆人骚动事件""交叉换肾事件""头脑移植骚动事件""丈夫拔管案"等各种各样的医事法律事件不断涌现，医患关系持续紧张升级。如何合理解决医患纠纷、减缓医患矛盾、维护患者和医务人员双方的正当权益、有效规制各种类型的医事犯罪，已成为我国医事法制的一项亟待解决的棘手问题。

本书聚焦于医事法领域中的重要刑法问题，主要内容来自我就职以来所刊发的系列论（译）文。首先，在第一章探讨了医事法的基本原理和尖端医疗行为的刑法挑战及应对问题。其次，在第二章以医疗行为正当化根据为主线，论述了医疗机构的法律规制、医疗事故的刑法职责、知情同意和医疗代理的刑法效力以及医务人员的守密义务等问题。再次，在第三章和第四章，重点分析器官移植、安乐死、尊严死等行为所引发出的刑事司法以及立法挑战问题。最后，在第五章探究克隆技术的应用、医疗人工智能临床应用以及医药商标的刑事保护等大数据人工智能背景下的新型医事行为的法律规制问题。希望为医务人员提供清晰的行为规范，为司法实务部门处理此类案件提供理论支撑，为立法部门完善相关立法提供咨询建议。从而让医务人员明确知晓相关医疗行为的罪与非罪界限，无须缩手缩脚，在法律允许范围内积极而主动开展各项医疗技术研究与应用，推动医学发展造福人类，同时有效保护人类尊严以及患者的各项权益，从而增进医患之间的信任关系，有效减缓医患矛盾，进一步提高我国的医疗服务水准。

本书得以面世，离不开三位恩师的教诲与帮助。2006年我考入日本庆应义塾大学法学硕士专业，师从日本著名的犯罪学和医事法学学者加藤久雄教授专攻犯罪学。加藤老师为了锻炼提高我的日语水平，也为了从经济上补助我清贫的留学生活，特地安排我担任他所授本科课程"医事法"的助教，让我有机会深度接触了医事法学，在此过程中逐渐被医事法学的博大精深所吸引，从而申请将专业由犯罪学转为医事法学。2008年我硕士毕业时恰逢加藤老师退休，在加藤老师的推荐之下，考入日本早稻田大学攻读博士学位，师从日本著名医事法学者、刑法学者甲斐克则教授专攻医事刑法学。甲斐老师不仅在学业上指导我探索医事法学和刑法学的奥义,还在生活方面给予了我无微不至的关怀,其谆谆教诲令我终身受益。2012年我取得博士学位后入职东南大学法学院从事教学与科研工作。由于多年留学在外,我对国内的学术环境比较陌生,入职后在科研上一直未有起色。在最为受挫之际,博士后合作导师教育部"长江学者奖励计划"特聘教授、全国十大杰出青年法学家刘艳红教授给予了我莫大的鼓励和帮助,耐心指导我从选题到结构、从观点到修辞逐渐适应国内的研究范式,让我从治学的困境中得以重新振奋。正是这三位导师赋予了我学术生命,谨以此书献给三位恩师,感谢他们的栽培之恩。我自知天资愚笨,本书中的观点和文字仍有众多不足之处,与众恩师的期待有较大距离。真诚期待学界同仁能够不吝赐教,帮助我修正和完善。医事法学是涉及医学、法学、伦理、公共卫生、行政管理等多个领域的新兴交叉性研究领域,涉及我们每个人的切身利益,但在我国仍然任重而道远。我虽能力有限,但愿用毕生的精力去探索和挖掘,希望能为我国医事法学的发展与繁荣贡献微薄之力。

  本书既有一定的体系性,各章节也具有较强的独立性。由于各章节内容创作于不同的时期,为了便于读者清晰把握我的学术发展轨迹,除必要文字修改外,基本以原稿面貌出现,存在少量重合和疏漏之处,恳请读者谅解。本书的出版离不开东南大学法学院领导和同事所给予的大力支持和帮助。同时,本书在统稿和校对过程中得到了法学院研究生姜锴明、吴晶、罗碧波、黄雅雯、汤亚姣、唐雅、顾新月、颜黎珠、施映等同学的协助,在此一并表示诚挚的感谢!

刘建利

2019 年 10 月

目 录

第一章　医事行为刑法规制的基本原理 …………………………………（1）
　　第一节　医事行为刑法规制的基本立场 …………………………………（1）
　　第二节　尖端医事行为的刑法挑战及应对 ………………………………（8）

第二章　医疗机构与医疗行为的刑法规制 ………………………………（20）
　　第一节　医疗机构的法律规制 ……………………………………………（20）
　　第二节　医疗事故与刑法的职责 …………………………………………（39）
　　第三节　知情同意与医疗代理决定的刑法效力 …………………………（50）
　　第四节　医务人员违反守密义务的犯罪界限 ……………………………（63）

第三章　人体器官移植的法律规制 ………………………………………（79）
　　第一节　人体器官移植法律规制的问题及完善 …………………………（79）
　　第二节　人体活体器官移植行为的刑法正当化事由 ……………………（89）

第四章　晚期医疗行为的刑法规制 ………………………………………（100）
　　第一节　死亡的自我决定权与社会决定权 ………………………………（100）
　　第二节　刑法视野下医疗中止行为的容许范围 …………………………（117）
　　第三节　晚期患者自我决定权的刑法边界 ………………………………（129）
　　第四节　尊严死行为的刑法边界 …………………………………………（141）

第五章　新型医事行为的刑法规制 …………………………………… (162)

　第一节　刑法视野下克隆技术规制的根据与方法 …………………… (162)

　第二节　医疗人工智能临床应用的法律挑战及应对 ………………… (180)

　第三节　大数据视野下医药商标犯罪行为的刑法规制现状及完善 ……… (188)

参考文献 ………………………………………………………………… (208)

第一章 医事行为刑法规制的基本原理

第一节 医事行为刑法规制的基本立场[*]

一、序言

医疗技术的进步,使那些曾经被认为是不治之症的疾病,获得了治愈的可能或者是能够得以早期发现从而进行预防。这确实给人类带来了很多恩惠,但是如果用法出现了错误,也有可能造成重大的人权侵害。因为医疗行为必然会与人体相关联,所以它不仅要受到与医疗相关的行政法规的约束,也有可能成为刑法的问责对象。以手术为中心的治疗行为、医疗过失以及安乐死,自古以来就是刑法学的研究对象。近年以来,尊严死(保留或中止人工延命治疗)、脑死亡、人体器官移植、生殖辅助医疗、基因诊断、基因治疗、克隆技术的运用、ES细胞(胚性干细胞)的利用或者IPS细胞(人工多功能性干细胞)的再生医疗等与"人的尊严"密切关联的问题正迫切地需要我们去解决。此外,精神科医疗的问题领域也正处于变化之中。对于这些问题,刑法和刑法学究竟能够起什么作用,或者说应该起什么作用呢?如果进行刑事规制,那么规制的根据又在何处呢?这些都是仅仅依靠小聪明式的解释论所无法解决的深奥问题。因此,本文主要是想对医事刑法的基础理论的要点进行一些分析和探讨。

二、医事刑法的意义

用法学的观点来宏观探讨医疗问题的学问领域就是医事法学。医事法学的课题在于,为了保护国民的生命、健康而进行的法律分析与检讨,以及提供立法或行政方面的建议等等。与此相对,医事刑法学则是对刑法领域中的医疗与刑法相互交叉

---

[*] 本节主要内容最初发表于《法律科学》2012年第2期([日]甲斐克则著,刘建利译)。本节虽为医事法学国际巨匠甲斐克则教授在日本法语境下的论著,但其中的基本原理同样适用我国。因其对本书作者产生过重大影响,经甲斐教授授权,特此收录。

的领域做理论和实践研究,以探讨医疗问题中刑法应该介入的领域或场合的学问。或者可以认为,它是指从医事法学中所提取出的关于刑事法学那一部分的学问领域。

在德国,以施密特(Eberhard Schmidt)的《刑法中的医师》(1939 年)和贝克鲁曼(Paul Bockelman)的《医师的刑法》(1968 年)为代表,很久以前德国学者对这个领域就有研究。现在,以艾扎(Albin Eser)博士的庞大研究①为中心,以及罗克辛、修劳特(Claus Roxin/Ulrich Schroth)编著的《医事刑法指南(第四版)》(2010 年)等,对该领域的研究则更为深入。对治疗行为、安乐死(临死介助)、生殖医疗等单个问题也有较多研究。

在日本,经过诸多前辈学者的努力,近年来在这个领域也取得了令人瞩目的研究成果。② 日本医事刑法的发展历史可以分为四个时期。③ 第一期是"黎明期",从刑法典的制定(1906 年)和实施(1907 年),到第二次世界大战结束(1945 年)。第二期是"构筑基盘期",从第二次世界大战结束到 1976 年。第三期是"伸展期",从 1977 年到 20 世纪末。在 1977 年召开的日本刑法学会第 53 届大会上,正式将"医疗与刑法"作为共同研究课题加以探讨(最初涉及此领域的是 1967 年的第 35 届大会)。第四期是"成熟期",从进入 21 世纪到现在。在此期间,"医事刑法"在多个方面获得发展。④

三、医事刑法的基本立场

在学习医事刑法时必须要注意的是,要抛弃试图通过小聪明式的解释论去解决问题的想法,应该从正面直视问题,回归到人类本质、医疗本质的层面上去思考。因

---

① 翻译成日文的著作主要有:[德]Albin Eser:《先端医療と刑法》,[日]上田健二、浅田和茂编译,成文堂 1990 年;[德]Albin Eser:《医事刑法から統合の医事法へ》,[日]上田健二、浅田和茂编译,成文堂 2011 年。(说明:本书参考的日文文献,为方便查找,文献名保持日文原样。)

② 主要有:[日]金泽文雄:《刑法とモラル》,一粒社 1984 年,第 125 页以下;[日]大谷实:《医疗行为と法》,弘文堂 1980 年(初版)、1995 年(新版补正版);[日]大谷实:《いのちの法律学——生命誕生から死まで》,筑摩书房 1985 年(初版)、悠悠社 1994 年(第 2 版)、悠悠社 1999 年(第 3 版)。在这些先驱研究之后出现的研究成果有:[日]米田泰邦:《医療行為と刑法》,一粒社 1985 年,以及以"医事刑法"来命名的著述,例如:[日]加藤久雄:《医事刑法入门》,东京法令出版社 2003 年(初版)、1999 年(改订版)、2004 年(新订版)、2006 年(新订补正版);[日]齐藤诚二:《医事刑法の基礎理論》,多贺出版 1997 年;[日]田中圭二:《法医学と医事刑法——法学部生のために》,成文堂 2002 年等。另外,[日]中谷瑾子:《21 世紀につなぐ生命と法と倫理》(有斐阁 1999 年)及《続・21 世紀につなぐ生命と法と倫理》(有斐阁 2001 年)和[日]佐久间修:《最先端法領域の刑事規制——医療・経済・IT 社会と刑法》(现代法律出版社 2003 年)第一编《医療行為と刑法》也研究了各种各样的医事法问题。

③ 关于日本医事刑法发展过程的详细情况,请参见[日]甲斐克则:《医療と刑法——医事刑法の回顾と展望》,载《ジュリスト》第 1348 号(2008 年),第 130 页以下。

④ 著者至今为止已经出版的医事刑法研究专著有:《安楽死と刑法》,成文堂 2003 年;《尊厳死と刑法》,成文堂 2004 年;《被験者保護と刑法》,成文堂 2005 年;《生殖医療と刑法》,成文堂 2010 年;《医事刑法への旅Ⅰ》,现代法律出版 2004 年(初版)、イウス出版 2006 年(新版)。编著有:《遺伝情報と法政策》,成文堂 2007 年;《新版医疗事故的刑事判例》([日]中山研一、[日]甲斐克则共编),成文堂 2010 年。

此,必须确立基本立场。这时,首先,必须坚持作为刑法基本原理的行为主义、罪刑法定主义、责任主义这三大原则,以及在此框架之内的法益保护原则,这是理所当然的大前提。其次,由于刑法是"最后的手段(ultima ratio)",所以有必要判断出医疗问题中应该由刑法出面加以干涉的场合。可以说,在与医事法相联系的全体事件中,刑事事件只占小部分,这反倒是合理现象。因此,在思考医事刑法诸问题时,在考虑其他部门法的同时,还必须要留意观察医学、生物学、生命科学,以及生命伦理、哲学、伦理,有时还包括产业界的动向。当然,比较法的研究也是不可缺失的。以上述内容为基础,我从以下五个方面来阐述我的基本立场。

(一)人格(权)的尊重与"人类的尊严"

医事刑法的直接保护法益,肯定是以国民的生命、身体以及健康为中心的。因此,在大多数情况下,以保护这些个人法益为中心,这是以基本人权为核心的日本宪法第13条尊重人格权条款的必然体现。但是,医事刑法的涉及范围,还包含着很多超越个人问题的内容。例如:人体实验中的一些问题,人体器官买卖,辅助生殖医疗延长线上的制造杂交体(chimera 和 hybrid),以及利用体细胞的克隆技术来克隆人等问题,都是已经超越了个人层次的本质性问题。此外,神经科学、人体增强(enhancement)、机器人工学等新出现的问题,在不远的将来都会由伦理问题转变为具体的法律问题。这些在根本上都涉及"人类的尊严"这一本质问题,应该作为人类共通的社会问题来看待。这是与人格(权)的尊重不可相提并论的另一层次的问题。日本虽然没有像德国那样,在宪法中明文规定"人类的尊严",但是在日本宪法第13条的基本思想中所蕴含的关于人的本质含意,与其并没有太大区别。当然,过度地使用此概念,就会造成抽象论的问题,有时还会带来弊害。其实,"人类的尊严"并不仅仅是概念,而是既有本质性,也有具体性的实际存在的东西。[①] 它所包含的核心内容是:人拥有作为人所不能转让,也不能放弃的东西。这一点即使是在考虑后述的自我决定权的意义以及涉及范围时,也是需要留意的。

(二)法的检查与对法的检查

关于医学与法学的关系,有必要认识到"法的检查"与"对法的检查"。这一观点原本为医事法大师唄孝一教授所提倡,与我的想法也基本符合。在此,我想阐述一下我对这一观点的理解。

---

① 针对"人类的尊严"作根本性考察的文献有:[西班牙]ホセ・ヨンパルト(José Llompart):《人間の尊厳と国家の権力》,成文堂1990年,与《再び、"個人の尊重"と"人間の尊重"は同じか》,载《法の理論》19号(2000年)第103页以下;[日]宗岡嗣郎:《法と実存》,成文堂1996年,第125页以下;[日]青柳幸一:《個人の尊重と人間の尊厳》,尚学社1996年;[日]金澤文雄:《生命の尊重と自己決定権——"法的評価空白領域の理論"に関連して》,载于ホセ・ヨンパルト教授古稀祝賀文集《人間の尊厳と現代法理論》,成文堂2000年,第91页以下。

医学与法学，自古以来就是支撑人类社会根基的"两大车轮"，估计今后也不会改变。因此，这二者在传统上就一直与某种"特权"相纠缠。所以，二者都有可能忘记原点，出现"乱跑"和"独跑"的状况。本来，用来检查医学独跑的应该是医学专家的自主规范或者医学伦理。但是，作为前提，首先要求医学专家拥有强大的自律意识和责任意识，其次还要求他们必须获得来自社会的信赖。但是，即使在医疗技术高度发达的日本，要想实现这些期待也是非常困难的。因此，最终检查是否存在人权侵害，只能是拥有强制力的法的职责，这也正是国民所期待的。当然，在这种场合，刑法的登场必须在民法和行政法之后，即必须是排在最后。因为，在医疗现场总是出现搜查官也不是正常现象。所以，刑法的"谦抑性"必须要得到维持。

另一方面，法对医疗问题的所有方面都过分干涉的话也是很危险的。明明存在合理的医学根据，却视而不见，作出"在法律世界里是这样的"等断言，向医疗工作人员和国民强行提出不合理的要求，这样一来，"法律专家就会成为陆地上的河童"[①]，也会引发悲剧。例如，《预防麻风病法》以及（旧）《优生保护法》所规定的"强制不育手术"（断种）就都是这样的悲剧。针对这种"过度的规范主义"，只要回想到纳粹德国所实施的"毁灭无生存价值的生命"的历史悲剧，就会很容易地推断出结论，这是无论如何都必须避免的。刑法学确实偶尔会有无视科学与事实，埋没于"规范主义世界"的倾向，这是需要注意的。从这个意义上来说，"对法的检查"是必要的，将这些运用到处理医疗事故上也是妥当的。

因此，医与法通过对话，应该互相谦虚地倾听对方意见，而且关系还不能过于亲密，只有在这种存在适度紧张的关系中来探索解决问题才是妥当的。例如，在医疗过失事件中的注意义务认定以及在精神医疗等领域，该原理就显得更为重要。否则，国民就会被卷入悲剧当中。必须认识到，不管是医疗还是法，都是为了国民而存在。现在我在进行科学研究时，脑海中都会想着"医疗与司法之桥梁"，这是一个非常重要的立场。

（三）患者的自我决定权与医疗性父权主义的调和

需要指出的是，应当调和患者的自我决定权与医疗性父权主义（medical paternalism）。以人体实验、临床实验为代表，近代医疗将患者仅仅作为医疗客体来对待。出于对这些历史的反省，以德国和美国为代表，为了确立患者在医疗中的主体性，患者的自我决定权正逐渐得到强调。当然，日本也受到了影响。而且，其内容也处在不断变化之中。在刚开始时，其主流内容表现为，没有获得患者同意的治疗行为是

[①] "河童"是日本传说中的一种动物，善于游泳，在水中很强，但是一到陆地就变得很弱。——译者注。

违法的,需进行损害赔偿。① 这主要体现在以摘除乳腺手术事件的判决(东京地裁昭和46.5.19下民集22卷5-6号626页)和舌癌手术事件的判决(秋田地裁大曲支判昭和48.3.27判时718号98页)为代表的民事判决中。后来,发展为不再仅局限于同意,在以基于宗教上的信念为由拒绝接受输血的事件中(例如,最判平成12.2.29民集54卷2号582页),最高裁判定,拒绝接受输血的意思是"人格权的内容之一"。致使知情同意法理(此外,患者进行的主体性选择是知情选择),即如果认定得到的同意是患者在没有被提供充分信息基础之上所给予的,则该医疗行为仍然是违法行为的法理逐渐得到认可②。在刑法上,这种变化也基本上逐渐获得认可,但是还没有出现与此有直接联系的刑事事件。

关键问题在于自我决定权所涉及的范围。高举着自我决定权,其实并不能解决所有的问题。在医疗现场,如果以患者的意思来决定一切的话,那么恐怕医疗专家就会丧失其存在意义。只要还是"医疗",就不得不承认,在某种程度上选择范围是受到限制的。特别是刑法,正如其所规定的同意杀人罪(日本刑法第202条)所表现的那样,尤其是关于生命方面,至少还未完全承认允许他人来处分的自我决定权。单个的人,虽然是个人,但是其不仅仅是作为个体的孤立存在,其同时也是社会性存在。个体性存在与社会性存在之间存在不可分离的关系。生命就是承担这种存在价值的载体。因此,在医疗领域,必须要分清作为本来权利的自我决定权的涉及范围(正当化可能范围)。在安乐死等问题中,这是争议的焦点所在。我个人主张自我决定权是重要的,但不是万能的。只要是人,作为自我决定之前提的自律,不可能是绝对自律,所以在相对的自律当中,尽可能地尊重自我决定基本上是妥当的。对关于生命的各种问题,可以说是能够同样适用的。人体器官移植法竟然将脑死亡的判定委托于自我决定,显然存在问题。在生命出生的周边领域,出现了过于强调自我决定权,并逐渐形成了新型优生思想的现象,这也同样存在问题。当然,作为事实的自我决定即使起不了正当化的作用,也能够成为阻止犯罪成立的因素。在刑法学上,有人主张"自我答责性"这一概念,虽然有值得赞同的地方,但是,如果不能明确

---

① 具体内容请参见[日]唄孝一:《医事法学への步み》,岩波书店1970年,第3页以下;[日]町野朔:《患者の自己決定権と法》,东京大学出版社1986年,第1页以下。这两本著作可以称之为研究医事法的划时代之作。

② 关于知情同意法理的最新研究成果,请参见[日]甲斐克则编:《インフォームド・コンセントと医事法》,信山社2010年。

为其定位的话，恐怕会再添混乱。①

此外，在医疗情报或诊疗情报的领域，争议的中心正由隐私权逐渐转变为"患者的自我情报控制权"。可以认为，这也是受自我决定权的影响。但是，遗传信息包含了超越个人部分，有必要另行讨论。② 无论是哪种场合，在什么要件之下才能允许行为者向第三者提供，这些还需要作进一步探讨。

另一方面，经常被用来制约自我决定权的另一原理就是父权主义。针对拥有判断能力的成年国民所作的判断和决定，国家主张"你的判断和决定是错的，为了你自身着想，应该这样"，从而加以介入，这就是父权主义。③ 如果是针对少年或者是判断能力低下的人，这是能够获得大多数人的认可的，但是针对具有判断能力的成年人，所受到的抵触还是比较强的。父权主义的内容多种多样④，如果注意其内在制约原理慎重使用的话，在不少场合还是很有益的，所以不应该对其一律排斥。特别是在医疗领域，有时当场就要求医疗工作人员提供高度专门性知识与判断，所以，有时也不得不在尊重患者的自我决定的同时，在一定程度上委托医疗专家进行自由裁量（医疗性父权主义）⑤。因此，不应该把所有的父权主义都看成是"恶果"，必须要探索如何对自我决定权与医疗性父权主义进行调和。

（四）存疑之时以生命利益优先

历史经验显示，医疗问题经常会与滥用优生思想相联系。⑥ 如果忽视这一点的

---

① 对这个问题进行正面探讨的是，第 79 回日本刑法学会第Ⅰ分科会的共同研究"刑法における自律と自己决定"。其成果刊登在《刑法雑誌》41 卷 2 号（2002 年）第 48 页以下。其中有：[日]甲斐克则：《共同研究"刑法における自律と自己决定"の趣旨》，[日]梅崎進哉：《自律・自己决定権の現代的意義》，[日]齐野彦弥：《因果関係論・共犯論における自律と自己决定》，[日]佐伯仁志：《違法論における自律と自己决定》，[日]松宮孝明：《刑事立法論における自律と自己决定》，[日]甲斐克则：《責任論における自律と自己决定》。这些都是从理论角度探讨医事刑法时无法避开的问题。

② 关于这一点，参见[日]甲斐克则：《遺伝情報の保護と刑法——ゲノム解析および遺伝子検査を中心とした序論的考察》，载《中山研一先生古稀祝賀論文集 第一卷：生命と刑法》，成文堂 1997 年，第 49 页以下；[日]甲斐克则：《遺伝情報と法政策》，成文堂 2007 年。

③ 关于父权主义，请参见[日]中村直美：《パターナリズムの研究》，成文堂 2007 年；[日]泽登俊雄：《犯罪・非行対策における強制の根拠とその限界》，载《名大法政論集》123 号（1988 年），第 29 页以下；[日]岛津格：《法的パターナリズムと自由》，载《法学教室》100 号（1989 年），第 125 页以下；[日]福田雅章：《刑事法における強制の根拠としてのパターナリズム——ミルの"自由原理"に内在するパターナリズム》，载《一橋論叢》103 卷卷 1 号（1990），第 1 页以下；[日]瀬戸山晃一：《現代法におけるパターナリズムの概念——その現代的変遷と法理論的含意》，载《阪大法学》47 卷 2 号（1997），第 233 页以下；[日]服部高宏：《"自律"概念とパターナリズム——ジェラルド・ドゥオーキンの見解を手がかりに》，载《岡山大学法学会雑誌》49 卷 3－4 号（2000），第 345 页以下等。

④ 参见 Joel Feinberg: Harm to Self, in Rolf Sartorius(ed.), Paternalism, 1987.

⑤ 关于医疗性父权主义，参见 Heta Hayry: The Limits of Medical Paternalism, 1991; Allen Buchanan: Medical Paternalism, in Sartorius(ed.), op. cit. N. (21), p.61ff.

⑥ 关于这个问题的必读文献是：[日]米本昌平等：《優生学と人間社会》，讲谈社 2000 年。

话,就会出现承认"毁灭无价值的生命"的现象,而且在此之前,这种排除和放弃生命的政策就有可能会被加以实践。为了防止这种情况的出现,必须从根本上尊重和坚持宪法所保障的生存权或生命权以及平等原则。在判断出现困难的时候,有必要以"存疑之时以生命利益优先(in dubio pro vita)"为判断基准。尤其是在处理生命出生的周边问题、终末期问题(安乐死、人工延命治疗的节制与中止)以及人体实验问题时,必须充分认识到这一点。

(五)医疗的正当程序法理

为了解决医疗的正当程序和专家的责任问题,我想提倡"医疗的正当程序法理"。这是我费了不少功夫才构建出来的理论。[①]"医疗性正当程序法理",是指用来判断医疗行为(特别是人体实验、临床试验、实验治疗)是否合法的法理,如果没有加入社会视点,其合理程序如果没有得到保障的话,该医疗行为就是违法行为。其具体运用方法如下:作为实体法要件,确保在实验阶段获得每一个被实验者、患者作出的知情同意。在此前的阶段,他们被给予了充分的考虑时间(包括心理咨询)吗?在以冷静衡量风险与利益为基础的安全性等方面,接受了伦理委员会(最好是拥有独立性地位的审查机关)的适当审查吗?对于会给人类带来重大影响的技术(例如,先进的医疗新技术以及与基因有关的技术),在不侵犯隐私权的必要范围之内公开有关情报,已经获得社会的同意和认可了吗?针对这些问题进行检查,只要欠缺其中一项,该医疗行为就是违法的,以从中获得的数据为基础所写的学术论文将会被禁止发表,并受到冻结今后的研究经费等行政处分,情节特别恶劣的,还要承担民事责任,有时甚至会要追究刑事责任。另外,在必要的范围之内,还要让行为人承担补偿被实验者的义务。这些措施,能够促使医学专家对社会承担责任。[②] 今后,对这一理论还要加以深化。

四、结语——法(刑法)的规制方法

最后,概括性地谈一下刑事法规对医疗问题的规制方法。用刑法来解决所有的医疗问题本来就是不可能的。因此,我提倡阶段性的规制方法。第一,能够通过医疗界和医学界的自主规制来应对的内容,应该放手交由行业法规等自主规制来处理。这是因为,法的过度介入会导致医疗萎缩,难以提高其自律意识,有可能会妨碍医学研究的发展和进步。第二,即使考虑法律规制,首先应该考虑民事规制。能够

[①] 这个法理最先由[日]甲斐克则在《医事法"徒然草"——その三》,载《書斎の窓》1996年第458号第35页中提倡,并在《被験者保護と刑法》第7页以下和第30页中具体解说。

[②] 关于专家的责任,请参见[德]ハンス·ヨナス(Hans Jonas):《責任という原理》,加藤尚武监译,东信堂2000年。

作为当事者之间的纷争来处理的,应该放手交由民事规制。第三,在采用民事规制仍然不充分的情况下,就应该考虑行政规制。限制医疗资格、停止业务、剥夺资格以及公布姓名等,有时比刑事规制更为有效。第四,在这些处理仍然不够充分时,就应该通过刑事规制,让刑法介入。为了实施这些阶段性规制,必须超越各部门法的壁垒,用宏大的医事法视角加以探求。①

以上,对医事刑法的基础理论,提出了主体框架。医疗与法律制度,会因国家的不同而不同,所以我的观点在中国并不一定能够直接适用。但是,医疗都是针对人实施,所以其应该具有超越国度的共通部分。希望本文能够为中国医事刑法的发展作出一些贡献。

第二节 尖端医事行为的刑法挑战及应对**

近年来,人工辅助生殖医疗、器官移植、克隆医疗、基因医疗等尖端医疗技术正逐步由科研阶段走向临床运用。传统的医疗伦理和法律已经跟不上这些日新月异的尖端医疗技术的发展,已经很难对其作出合理规制。历史教训告诉我们,如果尖端医疗技术用错了方向,也会造成重大人权侵害,给人类带来灾难。所以,包括刑法在内,我国的法律制度必须要对其作出适当调整,建立起行之有效的规制框架。但是,如果法律过于干涉,也会走向另一个极端,将会阻碍医学发展,影响将来的人类福祉。另外,还有可能与宪法第 47 条所保障的科学研究自由相抵触。尖端医疗技术究竟会给刑法学带来哪些挑战?是否有必要进行刑事法律规制?如果需要,规制根据是什么?又该以何种方式,规制到何种程度?这是一连串需要深入探讨的问题。因此,基于以上问题意识,本文从刑事法的角度出发,以人工辅助生殖医疗、器官移植、克隆医疗、基因医疗等尖端医疗技术为例,对尖端医事行为的刑法规制进行理论探讨。

一、尖端医疗技术对传统刑法理论和实践所带来的挑战

1. 对犯罪构成理论的挑战

无锡的一对夫妇在车祸中丧生,留下了悲痛欲绝的双方父母和此前保存在医

---

① 关于以上各点的详细说明,请参见[日]甲斐克则:《比较法的观点からみた先端医療・医学研究の規制のあり方——ドイツ・スイス・イギリス・オランダの議論と日本の議論》,载[日]甲斐克则:《ポストゲノム社会と医事法》,信山社 2009 年。

** 本节主要内容最初发表于《法学论坛》2019 年第 6 期。

院、用于人工辅助生育的四枚胚胎。为"延续香火",几位老人就胚胎的继承问题争执不下,诉至法院。该案的一审法院认为胚胎"不是普通的物",因而不能成为继承的标的。而二审法院江苏省无锡市中级人民法院认为胚胎的地位取决于对于当事人的意义,是一种寄托了当事人情感的"物",因而可以处置和监管。最终判决:冷冻胚胎由夫妻双方的父母共同监管处置(案例1)。① 本案虽为民事判决,但其核心争议问题是冷冻胚胎究竟是"人"还是"物"? 该问题与刑法密切相关。比如,在类似于本案的情形下,这几枚胚胎被人偷走或故意毁灭,针对这样的行为究竟该定何罪,是"盗窃"还是"故意伤害"? 这些问题对"盗窃罪"和"故意伤害罪"的构成要件理论提出了挑战。

在我国的人体器官移植医疗中,已有众多亲属将自己的活体器官捐献给了患者。根据国家医政医管局的统计数据,我国2015年实施器官移植手术突破1万例,位居世界第二位,其中74%的移植器官来源于公民逝世后捐献,26%来源于亲属间活体捐献(案例2)。② 可见,仅2015年,在我国发生的活体器官移植就有2 600多起。但是,器官捐献人被摘取肾脏等大器官已经超出"轻伤"范畴,按照传统的被害人同意法理其实难以轻易出罪,在刑法解释论上存在一定的问题。这对"被害人同意"这一违法性阻却原理提出了新的挑战。

2. 对正当医疗行为与医疗犯罪界限认定的挑战

中国科学院2018年1月24日宣布,世界上首批体细胞克隆猴"中中"和"华华"先后在中国科学院神经科学研究所、脑科学与智能技术卓越创新中心的非人灵长类平台诞生。该成果标志中国率先开启了以体细胞克隆猴作为实验动物模型的新时代,实现了我国在非人灵长类研究领域由国际"并跑"到"领跑"的转变(案例3)。③ 利用体细胞克隆技术制作脑疾病模型猴,为人类面临的重大脑疾病的机理研究、干预、诊治带来前所未有的光明前景。与此同时,该技术的进步也加剧了人们对制造克隆人的担忧。制造克隆人能够帮助某些丧子家庭弥补遗憾,实现愿望,具有一些医疗行为的属性,而且具有不存在具体被害人以及明显保护法益的特征,但却又显然不能完全放任不管,但究竟是否构成刑事犯罪以及构成何罪实在难以认定,用传统的法益保护理论已经难以作出合理解释。

---

① 江苏省无锡市中级人民法院2014年12月3日判决(北大法宝引证码CLI.CR.419015)。
② 参见中国政府网医政医管局《中国人体器官捐献与移植委员会工作会议召开》,http://www.nhfpc.gov.cn/yzygj/s3586/201603/eea11b587bf44c72a77a16c5717bf176.shtml,最后访问日期2018年4月15日。
③ 参见新华网《重磅! 世界首个体细胞克隆猴"中中"在我国诞生》,http://www.xinhuanet.com/politics/2018-01/25/c_129798386.htm,最后访问日期2018年4月15日。

二、刑法规制尖端医事行为的根据

1. 生命法益与尊严法益

在尖端医疗中,不仅有生命权、身体权、健康权值得保护,其他相关法益也应予以配套保护。因为很多现代高科技的医疗行为或者研究,看似没有损害到人的生命或者身体法益,有时甚至是在保护它们,但实际上对个人尊严的侵害却在不断加深,特别是在人类对尊严的重视程度不断增加的当下。尖端医事行为除了可能侵害传统的健康、生命法益外,也会侵犯到人的尊严法益,其中包括患者的知情同意权、自我决定权甚至是更为抽象的人的非商品性以及人的独特性。

刑法要保护的核心法益是每个个体的生命、健康、尊严等,然后,由这些个人法益上升到一定社区范围甚至是整个社会、国家的集体法益。更进一步,一些侵害还会上升到整个人类层面,即所谓的人类尊严(human dignity)。个人尊严相较于个人生命是建立在"实"基础上的"虚",那人类尊严则超越个人尊严或者说建立在个人尊严之上,也就是建立在"虚"之上的"太虚",是属于全人类的法益。与个人法益不同,人类尊严法益受损并不能在短期内立即显现。但是,当全球变暖、能源紧缺等全球化问题愈来愈多时,人们不得不开始关注"全人类法益"。当人类越来越需要团结起来共同解决这些问题时,不少国家开始试着跳出个人尊严而考虑人类整体的尊严。

其实,"人类尊严",是早就被《世界人权宣言》以及诸多国际人权条约所承认的拥有最高价值的概念,是现代人权的由来。[1] 它不同于"个人尊严",已经超出了传统意义上的个人法益与社会法益的范畴,是一种新型的社会法益。其理论根据主要源自康德的哲学思想。康德曾经指出:"无论对自己或对别人,你始终都要把人看成目的,而不是把他仅仅作为一种工具或手段。""目的王国中的一切,或者有价值,或者有尊严。一个有价值的东西能被其他东西所代替,这是等价;与此相反,超越于一切价值之上,没有等价物可代替的,才是尊严。"[2] 人类尊严的内容比较抽象,很难用语言进行正面定义。其本质要求在于:人享有作为人的尊严,要把人作为人来对待。这个关于尊严的法益越来越受到人们的关注,显然也值得用刑法加以保护。

2. 尖端医疗技术的研究与滥用对法益的侵害与危险

犯罪的本质是对法益的侵害,即对刑法所保护的生活利益造成侵害或者引起危险。刑法的任务是保护法益,所以刑法所干预的只能是侵害法益的行为。刑法不能处罚单纯违反伦理秩序而没有侵害法益的行为,伦理秩序的维持应该依靠刑法以外

---

[1] 参见[日]秋叶悦子:《ヒトクローニングの処罚根拠=クローン主体の尊厳と人権の侵害》,载《理想》第671号2003年,第170页。

[2] 参见[德]康德:《道德行而上学原理》,上海人民出版社1986年,第87页。

的方法。在研究和实施尖端医疗的过程中,除了会对生命、健康等传统法益造成侵害或危险之外,也会在不同程度上对人类尊严造成危险与侵害。

在大多数情形下,患者可以通过"行使自我决定权"的形式让某种侵害行为实现正当化。即医方把病情和发展预后告知本人,并阐述各种方案及对应的后果,然后在获得患者知情同意的基础上,再实施运用各种尖端医疗技术。此时的自我决定权固然重要,但事实上有时自我决定权会被用来掩盖非法行为。尖端医疗的实施通常需要医患双方积极配合,受试者和实施者均知其危害性,但某种原因(经济诱惑或迫于压力)使双方在"合意"下进行,这种"合意"能否称之为"自我决定权"的行使,能否成为某些尖端医事行为的阻却违法性事由,值得商榷。自我决定权重要,但不是万能的。① 当某些尖端医事行为侵害到人类尊严,即使存在患者的"自我决定",情节严重的,仍然完全有必要通过刑法予以禁止。

3. 刑法介入的必要性和谦抑性

尖端医事行为会给传统刑法理论带来一系列挑战。虽然目前的冲击仍然有限,但是这种冲击将循序渐进,越来越强。这些尖端医事行为本身具有一定的有用性,但同时也存在严重侵害患者生命、健康、自我决定权甚至人类尊严的巨大危险。在社会生活的一般领域,大致遵循"伦理→一般法律→刑法"的规制路径,只有经过这种三阶段递进收缩式的过滤,刑事立法才好将某一行为予以犯罪化。② 具体到尖端医疗领域,规范路径则应为"医疗伦理→医疗行业自主规范→一般医疗法律(民事法、行政法)→医事刑法"。这意味着,只有当无法期待通过其他方式对患者的权利进行保护时,刑法才会出场。但遗憾的是,整体而言,针对尖端医事行为,我国当下存在一般法律规范路径欠佳的问题。而且,刑法是其他医疗法规的保障法,如果没有刑法作为后盾,医疗伦理和其他法律规范在很大程度上将最终无法被贯彻执行。对于那些明显违反医学适应性、医术正当性或用虚假说明而获得患者知情同意的尖端医事行为,造成患者死亡或者严重损害患者身体健康的,应当追究当事人的刑事责任。刑法作为保障人权的最后堡垒,必须要予以规制。但刑法具有严厉性,这使它不能也不应该具有最广的适用性,而应该作为防卫的最后一道武器,在穷尽其他救济都无法控制某种危害时,才应该用刑法处以相应刑罚。虽然刑罚是一种可以有效抑制和震慑犯罪的手段,但不是唯一的方式③,刑法的谦抑性还体现在应当为科学发展预留空间。刑法在尖端医疗领域设置边界应该是去维持一个平衡,一边是高科技医疗的科研自由以及医学进步所带来的获益,另一边是个人、社会、国家以及人类作为

---

① 参见[日]甲斐克则:《医事刑法的基础理论》,刘建利译,载《法律科学》2012年第2期,第199页。
② 参见梁根林:《刑事法网:扩张与限缩》,法律出版社2005年,第34页以下。
③ 参见张甘妹:《刑事政策》,三民书局股份有限公司1979年,第18页。

整体的基本法益不受侵害。

三、尖端医事行为的类型化法律分析

（一）应当鼓励促进的尖端医事行为

应该鼓励促进的对象，是指能够改善人类健康、增进人类福祉，而自身又相对不带有危害性的医疗行为。具体而言，应当鼓励的尖端医疗可以分为以下两类：

第一类，经过医疗临床实践，已经被纳入常规医疗范围之内的尖端医疗。例如，现今众多医疗机构正在实施心脏支架手术。当然，属于常规医疗的行为并一定立即合法。医疗行为合法还需要符合以下要件。首先，作为形式性要件，医疗行为的主体必须合法。按照刑法第336条（非法行医罪）的规定，医疗行为的主体必须是取得医生执业资格的人，否则，情节严重的将构成非法行医罪。所谓具有医生执业资格，是指取得"三证"的人：(1) 通过考试取得执业医师资格（或执业助理医师资格）证书；(2) 经注册取得医师执业证书；(3) 所在执业地点获得医疗机构执业许可证。其次，合法的医疗行为还需要符合3个实质性要件：(1) 医学适应性，即该医疗行为的实施是为维持或恢复患者生命和健康所必需；(2) 医术正当性，即该医疗行为应当符合行为当时的医学水准；(3) 具有患者的知情同意，即在给予充分说明基础之上所获得的患者同意。只要符合这几个要件，即使手术未成功，造成患者法益侵害，仍然可以作为正当医疗行为从而阻却违法性实现合法化。从社会政策的角度而言，为了增进国民健康，此类行为当然需要鼓励和促进。

第二类，更为前沿，同时具有巨大医学运用前景和失败风险，且对患者没有造成实质伤害的尖端医疗。主要指那些正处于开发研究初始阶段，暂时没有太大好处但同时也没有太明确坏处的技术。比如，2017年5月，山东济南的展女士在病床上停止了心跳和呼吸，医生宣布其临床死亡。随后，山东银丰生命科学研究院的工作人员对展女士实施了一场长达55个小时的手术——人体冷冻，展女士以头朝下的姿态沉睡在零下196度的极低温液氮罐内，期待在将来可以"死而复生"（案例4）。这是我国首例人体冷冻实施案例。① 这其实是一项"紧急保护和复苏"的尖端医疗技术。冷冻的形式与程度有多种类型，此处所讨论的主要是用于急救刚死患者的人体冷冻技术。这项技术的流程是将患者体内的血液置换成低温的生理盐水，降温到$-196\ ℃$，让患者处于一个"休眠"状态，等到了技术进步到能够救治患者时，再逐步恢复体温并通过静脉输回自身的血液。这项技术的使用可以为患者赢得更多的时间。虽然这项技术争议很大，但是它在急救领域所能带来的风险最坏也不过就是死

---

① 参见佚名：《专家争议"冷冻人"法律身份：类似植物人》，载《检察日报》2017年8月26日。

亡,而送来的患者已经处于死亡状态,且除此之外没有其他可替代的救治途径,虽然风险极高,但却为患者带来希望,更为重要的是对患者并没有造成实质性伤害。从法益保护的观点出发,无法益侵害,则无须刑法出场,因此,应当鼓励和促进此类尖端医疗技术。

(二) 应当全面禁止的尖端医事行为

应当全面禁止的,主要指有明显犯罪特征,符合犯罪构成,侵害到刑法保护法益的尖端医事行为。首当其冲的是那些侵害到传统刑法保护法益的违法犯罪行为,例如,会给被害人带来重大伤亡后果的非法人体试验等。此外,特别需要指出的是,全面禁止的还应当包括一些侵害到人类尊严这一新型法益的尖端医事行为。

侵害人类尊严的尖端医疗技术,最为典型的就是案例3中所涉及的克隆医疗技术的利用行为。所谓克隆技术,主要指体细胞克隆技术,是指一种人工诱导的无性繁殖技术,即通过无性繁殖的方式,产出遗传基因与"基因由来体"完全相同的复制品。根据使用目的的不同,现在一般可以分为生殖性克隆与医疗性克隆。

生殖性克隆,是指以制造克隆人或人兽杂交体为目的的克隆,是一种终极的人工辅助生殖医疗措施。借助此技术,只要提供体细胞,就可以获得和自己同样遗传基因的后代。但是,生殖性克隆几乎遭到所有国家的反对,反对理由大致可归纳为以下5点:(1) 侵害或威胁克隆子体的健康与福祉。从动物实验的结果看来,存在着克隆子体成活率不高、寿命不长、易带有某种缺陷的倾向。(2) 侵犯或威胁女性人权。生殖性克隆需要大量消耗卵细胞,而且最终还需要女性来进行代孕,促使女性成为"生孩子的机器"。(3) 侵害或威胁人类子孙后代的遗传安全。体细胞当中一般存在着不少已经受伤的基因。当用这种体细胞来克隆新个体时,这些伤害自然会遗传给克隆子体。而且会代代相传,会对人类子孙后代的健康安全产生巨大影响。(4) 破坏现有社会秩序。克隆儿往往并不是基于遗传学上父母的意志而出生,而是根据遗传学上的"哥哥"或"姐姐"的意志而出生,其家属关系难以认定,必将对当今社会的家庭制度带来巨大影响。(5) 侵害人类尊严。这是生殖性克隆需要用刑法加以规制的根本理由。生殖性克隆对人类尊严的侵害主要表现为破坏了人的唯一性和不可代替性,导致人被"工具化"与"手段化"。因为,克隆人都是伴随着他人的某种目的而被制造,其遗传基因被他人决定与操作,其本身仅仅是被当作"工具"和"手段"来利用。考虑到以上法益的重要性,完全应当用刑法来严格禁止生殖性克隆。[①]至于医疗性克隆的法律规制留待下文详细论述。

(三) 应当附条件允许的尖端医事行为

应当附条件许可的对象,主要指那些既有利又有弊的尖端医事行为。由于是新

---

① 参见刘建利:《刑法视野下克隆技术规制的根据与方法》,载《政法论坛》2015年第4期,第50—52页。

技术,优缺点还不够明了,属于法律规制空白地带的较多。法律规制需要保持弹性、韧性,不仅要对具有严重危害性的行为进行规制,还需要为正常积极的医学科研留出必要的空间。因为,这其中涉及受宪法第47条保障的科学研究自由,以及社会中的患者和潜在患者有获得最佳医疗的权利。

1. 医疗性克隆

医疗性克隆是指不以制造克隆人或人兽杂交体为目的的克隆。将其运用到医疗领域,会带来前所未有的技术革新。例如,将其与人体干细胞(stem cell)技术结合,可以制造出病人所需要的各种不会产生排斥反应的细胞、身体组织以及器官,可以治疗白血病、帕金森症等疾病,并且能够克服目前世界上人体移植器官不足的问题。但问题的关键在于,生殖性克隆需要消费大量的人类胚胎,这类胚胎是否享有人类尊严,是否需要用刑法加以保护?简言之,由于医疗性克隆所使用的胚胎在被植入子宫之前并不能发育成人,因此不具有生命权,也不享有人类尊严,所以不存在完全禁止医疗性克隆的法律根据。但是,胚胎作为人类"生命的萌芽",仍然具有一定的"要保护性"。因此,只有那些符合一定条件的医疗性克隆研究才能获得允许。①

2. 有偿捐献器官

无论是死体还是活体,捐献人体器官在我国被要求贯彻无偿化原则。② 而且,依据我国《人体器官移植条例》第10条的规定,目前我国的活体器官的接受人限于活体器官捐献人的配偶、直系血亲或者三代以内旁系血亲,或者有证据证明与活体器官捐献人存在因帮扶等形成亲情关系的人员。这就大大限制了活体器官的合法来源,从而导致因"救命需要"而延伸出来的地下黑市器官交易。但法律并不支持迫于经济考量而进行的器官"捐献"(买卖)。依据刑法第234条之一(组织出卖人体器官罪)的规定,组织出卖人体器官的,处5年以下有期徒刑,并处罚金;情节严重的,将会被处5年以上的有期徒刑,并处罚金或者没收财产。虽然,单纯买卖行为没有被规定为犯罪,但所有围绕器官捐献的"付款"行为均违法。立法本意是为了保护处于弱势地位的器官供体方。但现实问题是,中国现在每年约30万人需要器官移植,而2015年共有2766人捐献了7785个器官组织。③ 器官的供需比约为40:1,严重不平衡。一方面存在巨大的市场需求,另一方面捐献方的捐献动力不足。仅仅靠人的善良与无私其实难以解决此类问题,问题的关键是如何在现有法律框架内,解决"捐献"与经济激励之间的矛盾。即,如何让器官提供方获得一定利益,但同时此利益又不会增

---

① 比如:具有明确的医疗目的,具有高度的医疗应用前景,只使用剩余胚等。
② 我国《人体器官移植条例》第7条规定:"人体器官捐献应当遵循自愿、无偿的原则。"
③ 参见佚名:《中国每年约30万人需器官移植去年仅2766人捐献》,中国新闻网http://www.jx.chinanews.com/2016/0408/1950625.html,最后访问日期2018年4月15日。

加没钱受体方的负担,相反,还要使这些不富有的病人也可以公平地享受到器官移植医疗。

鉴于此,本书提议设立一个"基金池"(a pool),与受体方向供体方直接给予报酬不同,该基金池中将统一汇集所有接受方给出的报酬,每隔一段时间"放一次水",将所得的钱以一种公平的方式分配给所有供体方或供体家属。理由在于不是所有受体方都会给钱以示感恩,但是所有供体方都应得到奖赏。感激并给予报酬是一个较高的标准与台阶,但身体机能受损得到补偿则应在更低的门槛上得以实现,从而可以激励捐赠者,增大移植器官的供给量。这种有偿的器官捐献可以实现供体和受体多赢,完全可以附条件许可。

3. 基因诊断和治疗

目前基因技术在医学上的临床应用主要体现在基因检查和基因治疗上。通过基因检查所获得的个人的遗传信息,既是被检者的个人信息,也是与被检者有血缘关系的人的共同信息,而且,检查的结果在人的一生当中几乎都不会变化。[①] 遗传基因检查已经能够非常准确地预知我们将来的健康状况。检查能够使诊疗更加明确,能够使某些疾病的早期预防和治疗成为可能,可以为有血缘关系者提供遗传风险警告,使人在教育、就业、保险以及对人关系方面,更容易制订人生规划。另一方面,负面的基因信息容易使人增加不安及罪恶感等心理负担,使自己或血缘亲属容易被特殊对待,在就学、就业、加入保险等方面受到歧视。[②]

由于基因信息具有以上特点,基因信息的检查和利用会带来一些新的法律问题。其中最为典型的问题就是患者的亲属能否撤回患者的同意。冰岛有一位患者参加医学试验,同意将自己的基因信息供科研机构使用。但患者死后,15岁的少女反对科研人员将其已故父亲的遗传信息转送、添加至国家保健数据库(案例5)。[③] 一般的医疗信息,患者拥有完全的处分权不受他人干涉,经其本人同意,医务人员的守密义务就会获得解除。但基因信息乃是血缘者的共有之物,适当考虑患者亲属的信息控制权也有一定的合理性。日本政府所颁布的《关于解析研究人类染色体、基因的伦理指针》[④]规定,如果包括遗属在内的代诺者撤回患者当初的知情同意,那么,原则上关于患者的相关试验材料以及研究成果必须要销毁。针对案例5,冰岛最高法院认为家属对被试者的基因信息拥有隐私利益,判定少女拥有拒绝的权利。由于少

---

① 参见[日]岩志和一郎、增井彻、白井泰子、长谷川知子、甲斐克则:《生命科学と法》,尚学社2008年,第117页。
② 参见刘建利:《医务人员违反守密义务的犯罪界限》,载《中国刑事法杂志》2017年第4期,第106页。
③ 参见[日]甲斐克则:《ブリッジブック医事法》,信山社2008年,第212页。
④ 具体内容可参见日本政府网站:http://www.mhlw.go.jp/general/seido/kousei/i-kenkyu/genome/0504sisin.html,最后访问日期2018年4月15日。

女的基因信息与其父亲的基因信息极为相似,如果少女父亲的基因信息被科研机构对外公开,不怀好意者可以从中推测出少女的基因信息,而这些信息对该少女而言又极为敏感,可能导致其法益遭受严重侵害。因此,少女应当可以撤回其父亲的同意,该判决的结论值得支持。

当下,基因治疗已经可以治疗重症联合免疫缺陷病(SCID)等人类遗传病,截至2016年2月,在美国国立卫生研究院(NIH)临床注册的基因治疗已达到2 300多项。只要具体的基因治疗法在安全性和实效性方面能够得到保障,符合正当医疗行为的合法化要件,临床应用完全不存在法律问题。其最为棘手的法律问题在于,是否允许以改造生殖细胞为目的的基因治疗。从基因理论上讲,通过改造生殖细胞,让人长出翅膀并不是完全没有可能。从维护人类自身的统一性、唯一性,保护人类尊严等角度出发,应当坚决反对用基因治疗改造生殖细胞。除了生殖细胞改造等重大人体改造外,只要符合正当医疗的合法化要件,基因治疗就应当合法。因此,基因诊断和治疗的研究与实施行为应当获得附条件的许可。

四、我国应当采用的法律规制模式

目前,针对尖端医事行为,世界上比较有代表性的法律规制模式大约有刑法模式、行政法模式以及混合模式。刑法模式以德国为代表。比如,德国通过制定《胚保护法》来规制克隆技术,该法为特别刑法,不但禁止了生殖性克隆,而且也几乎禁止了医疗性克隆。德国模式把刑法推到最前面,在一定程度上限制了科学家的研究自由,阻碍了医学发展。我国仍然属于发展中国家,在尖端医疗领域与发达国家仍然存在差距,需要鼓励科学家迎头赶上,所以这种模式不太适合我国。行政法模式主要以英国为代表。不管是生殖医疗还是人体器官移植,英国采取的规制方式都是通过立法(该法类似于我国的行政法)设置认可机关,规定认可程序和认可要件,仅对较为严重的违法行为规定了刑事处罚。英国模式既严格禁止了"滥用"行为,又为"合理利用"留下了自由空间,值得我国参考。混合模式以日本为代表。日本采取的是特别刑法加指针(ガイドライン)的模式。除用《人体器官移植法》和《克隆技术规制法》来严厉禁止人体器官买卖和生殖性克隆之外,日本一般都是用指针来规制新兴的尖端医疗技术。指针在日本也被称为"软法",一般是政府或相关学会制定出来的自主行为规范。这种规制方法的优点在于能够给予研究者充分的自由,激发研究者的科研热情,而且修改程序十分简单、便利。但是,其缺点在于"软法"不具有强制性,相关法益很难从法律制度层面上得到保护,只能依靠科学研究者高度的自律精神以及强烈的社会责任感。显然,由于文化背景以及国情的不同,我国不适合照搬这一模式。①

我国虽然先后出台了《人体器官移植条例》《人类辅助生殖技术管理办法》等行政法律规章,但整体而言,效力层级低、缺乏体系性、内容覆盖面少、与刑事法整合性差。在立足我国现状并参照国外立法成果的基础上,我国针对尖端医疗技术应当采取混合规制方式来进行应对,但不是采用日本的特殊刑法加指针的模式,而应当是采用刑法加行政法和指针的模式。首先,必须要用强有力的刑法来禁止严重侵害患者个人法益以及人类尊严、法益的行为。其次,通过制定行政法来综合引导和规制医疗性克隆、基因治疗等尖端医疗技术的科研与应用。这一点在制度上可以参照英国模式,通过设定认可机构和准入制度来监督和管理。至于具体的要件与程序,则可以适当地借鉴日本的"软法"来提倡行业自主规制。

五、我国刑法应该采取的介入方法

1. 传统刑法的新解释

传统刑法解释框架有行为无价值与结果无价值之争。很多尖端医疗技术的科研或滥用行为侵害的法益比较抽象,而且与社会伦理密切关联,因此,医事刑法的解释框架与"二元论"的行为无价值论有天然的亲近性。但是,当下"保守对自由""全体主义对自由主义"之类的僵硬设定已经失去其有效性。针对尖端医疗的刑法解释框架,应放弃僵硬的学派立场,必须针对具体问题,在总结和积累理论界和实务界所选择的微妙的价值判断的基础上,构建医事刑法整体形象。关于解释方法当下也存在形式解释和实质解释之辩。尖端医疗技术的进步,使得人类对人、胚胎、身体组织、生命、死亡、人类尊严等概念有了新的认识。围绕尖端医疗的相关违法犯罪行为,对构成要件的解释不能停留在法条的字面含义上,必须以保护法益为指导,使行为的违法性与有责性达到值得科处刑罚的程度;在遵循罪刑法定原则的前提下,可以适当作出扩大解释,以实现入罪合法、出罪合理,以回应尖端医疗对刑法犯罪构成理论的挑战。

刑法解释的目的在于建立起连接性,最大限度地弥补各项专门的医疗法规里所提到的"构成犯罪的,依法追究刑事责任"与刑法中本应关联的罪名的"虚置"现状。就目前而言,《人类精子库管理办法》中所提到的绝大多数行为都无法适用刑法中的具体罪名。从目前的现行刑法框架来看,要寻求对相关尖端医事行为的入罪化依据,应以目前可涵盖的较重要的尖端医疗违法犯罪行为的罪名为中心,对一些新型概念、传统概念的新释义作出解释。

---

① 参见刘建利:《刑法视野下克隆技术规制的根据与方法》,载《政法论坛》2015年第4期,第54-57页。

针对上述的案例1,冷冻胚胎究竟是"人"还是"物",在我国现行法律中比较模糊,国外判例也多有分歧。在《人工辅助生殖技术规范》中也赋予医务人员可以在多胎妊娠的情形中,通过"减胎"手术预防多胎出生的权力。"减少"胎儿数量的手术其实就是中止其"生命",如果在此语境下将在子宫中的胚胎或胎儿定义为"人"的话,那么医生的行为便满足刑法中故意杀人罪的构成要件。显然行政规章不能与刑法相冲突,那么,在逻辑上只能把胎儿解释为非"人"。对于尚未植入母体、完成着床的冷冻胚胎,不具有、也不曾具有意识,不曾拥有"生命",在现行法律下,显然更不能解释为法律上的"人"。当然,由于胚胎及受精卵等生殖细胞具有发展为人的潜在可能性,寄托着精子和卵子提供者的情感,与普通的"物"相比应当享有更高的"要保护性"。不能将其归为普通的"物",而应将其视为特殊的"物",是一种"人与物的中间状态"。

由此可见,目前在我国胚胎是既非"物"又非"人"。在理想状态下,应当通过刑事立法对此予以专门保护,但在既有刑法体系下,为了实现对其的刑法保护,暂且只能将胚胎以及受精卵等生殖细胞认定为一种特殊的物。这样盗窃和故意毁坏胚胎及受精卵等生殖细胞的行为就可以暂且通过盗窃罪或故意毁坏财物罪加以处罚。这样的解释路径虽然不是最佳,但至少可以在现有刑法框架内对胚胎及受精卵等生殖细胞予以最大的保护。

针对上述的案例2中的活体器官捐献问题,仅仅依靠被害人同意理论来获得刑事正当性难以成立。因为,按照刑法理论通说的观点,被害人的承诺能够阻却违法性,仅限于财产法益以及轻微的身体法益。而摘取活体器官,特别是肾脏、肝脏等大器官,显然已经超出侵害轻微身体法益的范围,此时的被害人承诺当然无效。但现实所面临的问题是,我国目前人体器官移植治疗中的器官严重供需不平衡,很多患者只能通过活体器官移植才能延续生命。而且《人体器官移植条例》又明确规定允许符合条件的亲属向患者捐献活体器官。从刑法解释论来说,"被害人同意"所代表的是"被害人的自我决定权法益",此时的法益衡量不再仅仅是"被害人的自我决定权法益"和"被害人失去器官所受损法益"之间的衡量,而是(1)"捐献者的自我决定权法益"加上(2)"接受器官移植的患者所增进的健康法益"和(3)"捐献者失去器官后所受损法益"之间的衡量。只要(1)与(2)之和大于(3),依据优越法益原则,该"被害人同意"就有效,该活体器官移植行为就能够解释为合法。

2. 传统刑法的立法完善

尽管通过刑法解释可以将一部分尖端医疗违法犯罪行为加以规制,但是仍有增设罪名的必要。因为依照法理、刑法原则等对现行刑法的相关罪名及条文作出扩大解释确实可以解决部分问题,但刑法解释很难涵盖所有的新型尖端医疗违法犯罪行为。比如在目前的刑法中，商业代孕、制造克隆人等无法入罪。针对那些严重侵害刑法保护法益的行为应当根据需要及时增设或修改具体罪名及罪状。

关于立法的具体方法，首先，对于必须要立法的新领域可以进行从行政法到刑法的配套立法。以克隆技术为例，第一步应该制定专门的行政法规来作出引导与规范，可以将其命名为"克隆技术管理规范"，在规定基本原则、基本制度的同时将不按规范操作的非法行为纳入规范中，并明确其应承担的法律责任及刑事责任。同时，考虑到行政规范与刑法的衔接问题，对于刑法的扩充应体现在增设相关罪名上，比如可以将其中的某些违反规定私自制造克隆人行为定以"非法制造克隆人罪"等相关罪名，而此处非法的"法"也有所指，即前述的行政法规"克隆技术管理规范"。相同地，在该行政规范中所指出的犯罪也在刑法中有明确的体现，即"非法制造克隆人罪"。其次，对于已有行政规范但缺少对应刑法罪名的，应将现有的行政规范中所提到的有关犯罪行为的描述进行归纳总结，在刑法中增设类型化的罪名。比如，关于临床实验，在我国，已经有执业医师法、《涉及人的生物医学研究伦理审查办法》等相关规定，对医生及研究人员的临床试验行为作出界定，针对其中严重侵害被试者法益，情节严重的，刑法应该增设"非法开展人体试验罪"来明确其刑事责任。

六、结语

综上，本节主要以人工辅助生殖医疗、克隆医疗、器官移植、基因医疗等为例对尖端医疗技术的刑事法律规制问题进行了探讨。尖端的医疗技术就像是一把双刃剑，既可以造福于人类，也可以侵害法益，甚至给人类带来灾难。所以，以保护法益和保障人权为目的的刑法学有必要对该领域进行关注和研究，应当结合其他部门法采用适当的方式对该领域进行综合性规制。这是一个新兴的法学研究领域，仅仅依靠传统的刑法解释学已经难以圆满解决这类问题。今后在加强这方面的法学理论研究的同时，需要虚心地听取尖端医疗技术研究人员的意见，并在此基础上建立起妥当的法律规制框架。只有这样，才能在保障基本人权不被侵犯的基础之上，促进尖端医疗技术不断地获得创新与发展，并最终造福人类社会。

第二章 医疗机构与医疗行为的刑法规制

第一节 医疗机构的法律规制[*]

一、医疗机构概述

(一)医疗机构的概念、类型及规模

1. 医疗机构的概念

医疗机构是医疗的组织化,指依经登记取得医疗机构执业许可证,以救死扶伤、防病治病、为公民的健康服务为宗旨,从事诊疗活动的社会组织。第一,医疗机构是依法设立的社会组织。医疗机构的设立应当依据《医疗机构管理条例》《医疗机构管理条例实施细则》等法规,符合医疗机构设置规划,取得设置医疗机构批准书和医疗机构执业许可证等。第二,医疗机构的宗旨是救死扶伤、防病治病、为公民的健康服务。医疗机构应当加强医务人员职业道德教育,发扬救死扶伤的人道主义精神,坚持"以患者为中心",尊重患者权利,履行防病治病、救死扶伤、保护人民健康的神圣职责。第三,医疗机构的主要业务是诊疗活动。诊疗活动,是指通过各种检查,使用药物、器械及手术等方法,对疾病作出判断和消除疾病、缓解病情、减轻痛苦、改善功能、延长生命、帮助患者恢复健康的活动。

2. 医疗机构的类型

按照医疗机构功能、任务和规模的不同,医疗机构可以分为以下14类:① 综合医院、中医医院、中西医结合医院、民族医医院、专科医院、康复医院;② 妇幼保健院、妇幼保健计划生育服务中心;③ 社区卫生服务中心、社区卫生服务站;④ 中心卫生院、乡(镇)卫生院、街道卫生院;⑤ 疗养院;⑥ 综合门诊部、专科门诊部、中医门诊部、中西医结合门诊部、民族医门诊部;⑦ 诊所、中医诊所、民族医诊所、卫生所、医务

---

[*] 本节主要内容最初发表于张静、赵敏主编《卫生法学(第二版)》,清华大学出版社2020年版。

室、卫生保健所、卫生站;⑧ 村卫生室(所);⑨ 急救中心、急救站;⑩ 临床检验中心;⑪ 专科疾病防治院、专科疾病防治所、专科疾病防治站;⑫ 护理院、护理站;⑬ 医学检验实验室、病理诊断中心、医学影像诊断中心、血液透析中心、安宁疗护中心;⑭ 其他诊疗机构。

按照医疗机构是否以营利为目的,分为营利性和非营利性医疗机构两类。营利性医疗机构是指医疗服务所得收益可以用于提供投资者经济回报的医疗机构,政府不举办营利性医疗机构。非营利性医疗机构是为社会公众利益服务而设立和运营的医疗机构,不以营利为目的,其收入用于弥补医疗服务成本,实际运营中的收支结余只能用于自身的发展,如改善医疗条件、引进技术、开展新的医疗服务项目等。目前医疗卫生机构应以公立医疗卫生机构为主导,坚持非营利性医疗机构为主体、营利性医疗机构为补充的总体布局,鼓励社会力量举办医疗卫生机构。

3. 医疗机构的规模

2016年末,全国医疗卫生机构总数达983 394个。其中:医院29 140个,基层医疗卫生机构926 518个,专业公共卫生机构24 866个。与上年相比,医院增加1 553个,基层医疗卫生机构增加5 748个,专业公共卫生机构减少7 061个。医院中,公立医院12 708个,民营医院16 432个。医院按等级分:三级医院2 232个(其中:三级甲等医院1 308个),二级医院7 944个,一级医院9 282个,未定级医院9 682个。基层医疗卫生机构中,社区卫生服务中心(站)34 327个,乡镇卫生院36 795个,诊所和医务室201 408个,村卫生室638 763个。[①]

(二) 医疗机构管理立法

1951年政务院颁布的《医院诊所管理例行条例》是中华人民共和国成立后我国第一个关于医疗机构管理的行政法规。随着改革开放,我国医疗卫生事业不断发展,医疗机构管理也进入了法制化轨道。1989年卫生部先后颁布了《医院分级管理办法(试行)》和《卫生部医院评审委员会章程》。1994年,国务院颁布了《医疗机构管理条例》,其中明确规定了医疗机构的规划布局、设置审批和登记规则,执业、监督管理规则和相应的法律责任。此后又陆续颁布了《医疗机构管理条例实施细则》《医疗机构基本标准》《医疗机构评审标准》等配套措施。2000年,随着《关于卫生改革与发展的决定》和《关于城镇医疗卫生体制改革的指导意见》的出台,标志着医疗卫生管理的法律法规得到了进一步完善。此后,相继出台了《关于城镇医疗机构分类管理的实施意见》《医疗美容服务管理办法》《城市社区卫生服务机构管理办法(试行)》《妇幼保健机构管理办法》等法规规章,将多种形式的医疗机构均纳入法制轨道。

---

① 卫生健康委员会:2016我国卫生和计划生育事业发展统计公报。

为了适应社会的发展,《医疗机构管理条例》在2016年被予以一定程度的修订完善。2016年通过的《中医药法》,明确建立了符合中医药特点的管理制度。国家卫健委和国家中医药管理局于2018年联合发布《关于进一步改革完善医疗机构、医师审批工作的通知》,规定二级以下医疗机构设置审批与执业的登记"两证合一"。2019年12月28日颁布的《基本医疗卫生与健康促进法》对医疗卫生机构的服务体系、服务范围、服务内容、设立条件、分类管理、机构性质、人才培养、质量控制、风险分担、人工智能及医疗大数据的应用、发生灾害等严重威胁人民群众生命健康的突发事件时服从政府调遣的责任担当作了原则性的规定。

这些法律法规主要对医疗机构的设立要求、登记与校验的内容和程序、名称、执业许可、监督管理以及法律责任等内容进行了详细规定,使我国的医疗机构的法律规制迈上了新台阶。但仍然存在一些问题,表现在:首先,医疗机构管理立法层级较低,《医疗机构管理条例》属于法规,作为规范医疗卫生事业主体的法,应当以法律的形式确定下来,确保其效力;其次,缺乏一个上位法规范医疗卫生事业的发展;最后,《医疗机构管理条例》颁布于20世纪90年代,虽然经过多次修改,但社会发展迅速,许多条文已经跟不上社会发展的需求,此外,尚存在与其他法律规范的冲突,仍需更新换代。

(三)医疗机构的规划布局与设置审批

1. 医疗机构的规划布局

医疗机构的设置应当符合医疗机构设置规划和医疗机构基本标准,以合理配置、利用卫生资源,向全体公民提供公平、公正、高质量的基本卫生服务为目的。医疗机构的设置规划应遵循公平性、可及性、整体效益原则、分级原则、公有制主导原则、中西医并重等基本原则。医疗机构设置规划由县级以上地方卫生健康行政部门依据《医疗机构设置规划指导原则》制定,经上一级卫生健康行政部门审核,报同级人民政府批准,在本行政区域内发布实施。

2. 医疗机构的设置审批

任何单位或者个人设置医疗机构,必须经县级以上地方人民政府卫生健康行政部门审查批准,方可向有关部门办理其他手续。申请设置医疗机构,应当提交下列文件:① 设置申请书;② 设置可行性研究报告;③ 选址报告和建筑设计平面图。单位或者个人设置医疗机构,不设床位或者床位不满100张的医疗机构,向所在地的县级人民政府卫生健康行政部门申请;床位在100张以上的医疗机构和专科医院按照省级人民政府卫生健康行政部门的规定申请。

有下列情形之一的,不得申请设置医疗机构:① 不能独立承担民事责任的单位;② 正在服刑或者不具有完全民事行为能力的个人;③ 发生二级以上医疗事故未满五年的医务人员;④ 因违反有关法律、法规和规章,已被吊销执业证书的医务人员;⑤ 被吊销医疗机构执业许可证的医疗机构法定代表人或者主要负责人;⑥ 省、自治区、直辖市卫生健康行政部门规定的其他情形。

不予批准设置医疗机构的情形包括:① 不符合当地医疗机构设置规划;② 设置人不符合规定的条件;③ 不能提供满足投资总额的资信证明;④ 投资总额不能满足各项预算开支;⑤ 医疗机构选址不合理;⑥ 污水、污物、粪便处理方案不合理;⑦ 省、自治区、直辖市卫生健康行政部门规定的其他情形。

县级以上地方人民政府卫生健康行政部门应当自受理设置申请之日起30日内作出批准或者不批准的书面答复,批准设置三级医疗机构的,发给设置医疗机构批准书。批准设置二级及以下医疗机构的,依照国家卫健委最新的通知(国卫医发〔2018〕19号),不再核发设置医疗机构批准书,仅在执业登记时发放医疗机构执业许可证。在核发设置医疗机构批准书的同时,向上一级卫生健康行政部门备案。上级卫生健康行政部门有权在接到备案报告之日起30日内纠正或者撤销下级卫生健康行政部门作出的不符合当地医疗机构设置规划的设置审批。变更设置医疗机构批准书中核准的医疗机构的类别、规模、选址和诊疗科目的,必须按照规定,重新申请办理设置审批手续。

(四)医疗机构的设立、登记和校验

1. 医疗机构的设立

县级以上地方人民政府卫生健康行政部门应当根据本行政区域内的人口、医疗资源、医疗需求和现有医疗机构的分布状况,制定本行政区域医疗机构设置规划。机关、企业和事业单位可以根据需要设置医疗机构,并纳入当地医疗机构的设置规划。

县级以上地方人民政府卫生健康行政部门应当自受理设置申请之日起30日内,依据当地医疗机构设置规划及《医疗机构管理条例实施细则》,作出批准或者不批准的书面答复;批准设置的,发给设置医疗机构批准书。如发现申请设计医疗机构有下列情形之一的,不予批准:① 不符合当地医疗机构设置规划;② 设置人不符合规定的条件;③ 不能提供满足投资总额的资信证明;④ 投资总额不能满足各项预算开支;⑤ 医疗机构选址不合理;⑥ 污水、污物、粪便处理方案不合理;⑦ 省、自治区、直辖市卫生健康行政部门规定的其他情形。

2. 医疗机构的登记

申请医疗机构执业登记必须填写医疗机构申请执业登记注册书,并向登记机关提交下列材料:① 设置医疗机构批准书或者设置医疗机构备案回执;② 医疗机构用房产权证明或者使用证明;③ 医疗机构建筑设计平面图;④ 验资证明、资产评估报告；⑤ 医疗机构规章制度；⑥ 医疗机构法定代表人或者主要负责人以及各科室负责人名录和有关资格证书、执业证书复印件；⑦ 省、自治区、直辖市卫生健康行政部门规定提供的其他材料。

登记机关在受理医疗机构执业登记申请后，应当依法进行审查和实地考察、核实，并对有关执业人员进行消毒、隔离和无菌操作等基本知识和技能的现场抽查考核。经审核合格的，发给医疗机构执业许可证；审核不合格的，将审核结果和不予批准的理由以书面形式通知申请人。

申请医疗机构执业登记有下列情形之一的，不予登记：① 不符合设置医疗机构批准书核准的事项；② 不符合《医疗机构基本标准》；③ 投资不到位；④ 医疗机构用房不能满足诊疗服务功能；⑤ 通讯、供电、上下水道等公共设施不能满足医疗机构正常运转；⑥ 医疗机构规章制度不符合要求；⑦ 消毒、隔离和无菌操作等基本知识和技能的现场抽查考核不合格；⑧ 省、自治区、直辖市卫生健康行政部门规定的其他情形。医疗机构执业登记的主要事项包括：① 类别、名称、地址、主要负责人；② 所有制形式；③ 注册资金、床位数；④ 诊疗科目；⑤ 执业许可证登记号等。

医疗机构登记的名称由识别名称和通用名称依次组成，应当遵循组成法定、名副其实、与医疗机构类别或者诊疗科目相适应等原则。此外，医疗机构使用的名称不得侵害国家、社会、公共利益或他人利益；不得由外文字母、汉语拼音组成；不得以医疗仪器、药品、医用产品命名；不得含有"疑难病""专治""专家""名医"或者同类含义文字的名称以及其他宣传或者暗示诊疗效果；不得超出登记的诊疗科目范围。

3. 医疗机构的执业校验

床位在100张以上的医疗机构的校验期为3年；其他医疗机构的校验期为1年。医疗机构应当于校验期满前3个月向登记机关申请办理校验手续。校验时应当交验医疗机构执业许可证，并提交医疗机构校验申请书、医疗机构执业许可证副本以及省级卫生行政部门规定提交的其他材料。卫生健康行政部门应当在受理校验申请后的30日内完成校验。医疗机构有下列情形之一的，登记机关可以根据情况，给予1至6个月的暂缓校验期：① 不符合《医疗机构基本标准》；② 限期改正期间；③ 省、自治区、直辖市卫生健康行政部门规定的其他情形。不设床位的医疗机构在暂缓校验期内不得执业。暂缓校验期满仍不能通过校验的，由登记机关注销其医疗机构执业许可证。

（五）医疗机构的主要义务

1. 执业管理义务

依法执业义务。 医疗机构执业，必须遵守有关法律、法规和医疗技术规范。任何单位或者个人，未取得医疗机构执业许可证，不得开展诊疗活动，医疗机构被吊销或者注销执业许可证后,不得继续开展诊疗活动。医疗机构发生医疗事故,按照国家有关规定处理。医疗机构对传染病、精神病、职业病等患者的特殊诊治和处理,应当按照国家有关法律、法规的规定办理。医疗机构必须按照有关药品管理的法律、法规加强药品管理。医疗机构必须按照人民政府或者物价部门的有关规定收取医疗费用,详列细项,并出具收据。

公示义务。医疗机构必须将医疗机构执业许可证、诊疗科目、诊疗时间和收费标准悬挂于明显处所。医疗机构必须按照核准登记的诊疗科目开展诊疗活动。医疗机构工作人员上岗工作,必须佩戴载有本人姓名、职务或者职称的标牌。

安全保障义务。医疗机构执业场所是医疗机构提供医疗服务的公共场所,应当依法维护公共秩序,保障执业活动顺利进行。医疗机构应当严格执行无菌消毒、隔离制度,采取科学有效的措施处理污水和废弃物,预防和减少医院感染。

选任、监督适任医务人员义务。医疗机构应当加强对医务人员的医德教育;医疗机构不得使用非卫生技术人员从事医疗卫生技术工作。医疗机构应当定期检查、考核各项规章制度和各级各类人员岗位责任制的执行和落实情况。医疗机构应当经常对医务人员进行基础理论、基本知识、基本技能的训练与考核,把"严格要求、严密组织、严谨态度"落实到各项工作中。

2. 医疗活动义务

说明义务。医疗行为的正当性是基于患者的自我决定权,因此医疗机构应当尊重患者对自己的病情、诊断、治疗的知情、同意的权利,履行说明义务。说明义务的对象是患者、家属及其他关系人。医疗机构施行手术、特殊检查或者特殊治疗时,必须征得患者同意,并应当取得其家属或者关系人同意并签字;无法取得患者意见时,应当取得家属或者关系人同意并签字;不宜向患者说明的,应当向患者的近亲属说明,并取得其书面同意;无法取得患者意见又无家属或者关系人在场,或者遇到其他特殊情况时,经治医师应当提出医疗处置方案,在取得医疗机构负责人或者被授权负责人员的批准后实施。说明义务的内容应当包括患者的病情、饮食用药之指导、所要施行之诊疗措施的内容与风险、实施与不实施该诊疗措施之可预见后果,以及是否有其他替代诊疗措施等。

文书制作、保管义务。医疗机构及其医务人员应当按照规定填写并妥善保管住院志、医嘱单、检验报告、手术及麻醉记录、病理资料、护理记录、医疗费用等病历资料。医疗机构的门诊病历的保存期不得少于15年;住院病历的保存期不得少于30年。患者要求查阅、复制上述病历资料的,医疗机构应当提供。医疗机构为死因不明者出具的死亡医学证明文件,只作是否死亡的诊断,不作死亡原因的诊断。如有关方面要求进行死亡原因诊断的,医疗机构必须指派医生对尸体进行解剖和有关死因检查后方能作出死因诊断。

紧急救治义务及转诊义务。医疗机构对危重病人应当立即抢救,对限于设备或者技术条件不能诊治的病人,应当及时转诊。

亲自诊查义务。未经医师(士)亲自诊查病人,医疗机构不得出具疾病诊断书、健康证明书或者死亡证明书等证明文件;未经医师(士)、助产人员亲自接产,医疗机构不得出具出生证明书或者死产报告书。

保密义务。医疗机构及其医务人员应当对患者的隐私保密,不得向他人出售或者提供患者个人信息。

3. 社会义务

预防保健义务。医疗机构必须承担相应的工作,承担县级以上人民政府卫生健康行政部门委托的支援农村、指导基层医疗卫生工作等任务。

救灾义务。发生重大灾害、事故、疾病流行或者其他意外情况时,医疗机构及其卫生技术人员必须服从县级以上人民政府卫生健康行政部门的调遣。

(六) 医疗机构的监督管理及法律责任

1. 医疗机构的监督管理

国务院卫生健康行政部门负责全国医疗机构的监督管理工作。县级以上地方人民政府卫生健康行政部门负责本行政区域医疗机构的监督管理工作。中国人民解放军卫生主管部门负责对军队的医疗机构实施监督管理。县级以上人民政府卫生健康行政部门行使下列监督管理职权:① 负责医疗机构的设置审批、执业登记和校验;② 对医疗机构的执业活动进行检查指导;③ 负责组织对医疗机构的评审;④ 对违反《医疗机构管理条例》的行为给予处罚。各级卫生健康行政部门负责所辖区域内医疗机构的监督管理工作。县级以上卫生健康行政部门设立医疗机构监督管理办公室。各级医疗机构监督管理办公室在同级卫生健康行政部门的领导下开展工作。医疗机构监督员有权对医疗机构进行现场检查,无偿索取有关资料,医疗机构不得拒绝、隐匿或者隐瞒。

2. 医疗机构的行政法律责任

未取得医疗机构执业许可证擅自执业的,由县级以上人民政府卫生行政部门责令其停止执业活动,没收非法所得和药品、器械,并可以根据情节处以 10 000 元以下的罚款。逾期不校验医疗机构执业许可证仍从事诊疗活动的,由县级以上人民政府卫生行政部门责令其限期补办校验手续;拒不校验的,吊销其医疗机构执业许可证。

出卖、转让、出借医疗机构执业许可证的,由县级以上人民政府卫生行政部门没收非法所得,并可以处以 5 000 元以下的罚款;情节严重的,吊销其医疗机构执业许可证。诊疗活动超出登记范围的,由县级以上人民政府卫生行政部门予以警告,责令其改正,并可以根据情节处以 3 000 元以下的罚款;情节严重的,吊销其医疗机构执业许可证。

使用非卫生技术人员从事医疗卫生技术工作的,由县级以上人民政府卫生行政部门责令其限期改正,并可以处以 5 000 元以下的罚款;情节严重的,吊销其医疗机构执业许可证。出具虚假证明文件的,由县级以上人民政府卫生行政部门予以警告;对造成危害后果的,可以处以 1 000 元以下的罚款;直接责任人员由所在单位或者上级机关给予行政处分。

医疗机构有下列情形之一的,登记机关可以责令其限期改正：① 发生重大医疗事故;② 连续发生同类医疗事故,不采取有效防范措施;③ 连续发生原因不明的同类患者死亡事件,同时存在管理不善因素;④ 管理混乱,有严重事故隐患,可能直接影响医疗安全;⑤ 省、自治区、直辖市卫生健康行政部门规定的其他情形。

3. 医疗机构的民事法律责任

医疗机构对医务人员造成的医疗损害承担替代责任,但可向当事医务人员追偿。患者对医疗机构主张民事法律责任一是基于医疗服务合同纠纷,二是基于医疗损害责任纠纷。医疗机构的民事责任是违约责任和侵权责任的竞合。从违约责任角度,当医疗机构不履行医疗服务合同或履行合同义务不符合约定的,应当承担违约责任。从侵权责任角度,因医疗机构及其医务人员过错,医务人员未尽说明义务,未尽到与当时的医疗水平相应的诊疗义务或泄露患者隐私等情形,造成患者损害的,医疗机构承担赔偿责任。

4. 医疗机构的刑事法律责任

医疗机构的法律责任以行政责任和民事责任为主,符合《刑法》相关规定构成单位犯罪的应承担刑事责任。可能涉及的有生产、销售假药罪;生产、销售劣药罪;生产、销售不符合标准的医用器材罪;妨害传染病防治罪;采集、供应血液,制作、供应血液制品事故罪;非法提供麻醉药品、精神药品罪;侵犯公民个人信息罪等罪名。

(1) 生产、销售假药罪　医疗机构生产、销售假药的,对单位判处罚金,并对其直接负责的主管人员和其他直接责任人员,处三年以下有期徒刑或者拘役,并处罚金;对人体健康造成严重危害或者有其他严重情节的,处三年以上十年以下有期徒刑,并处罚金;致人死亡或者有其他特别严重情节的,处十年以上有期徒刑、无期徒刑或者死刑,并处罚金或者没收财产。

(2) 生产、销售劣药罪　医疗机构生产、销售劣药,对人体健康造成严重危害的,对单位判处罚金,并对其直接负责的主管人员和其他直接责任人员,处三年以上十年以下有期徒刑,并处销售金额百分之五十以上二倍以下罚金;后果特别严重的,处十年以上有期徒刑或者无期徒刑,并处销售金额百分之五十以上二倍以下罚金或者没收财产。

（3）生产、销售不符合标准的医用器材罪　医疗机构生产不符合保障人体健康的国家标准、行业标准的医疗器械、医用卫生材料，或者销售明知是不符合保障人体健康的国家标准、行业标准的医疗器械、医用卫生材料，足以严重危害人体健康的，对单位判处罚金，并对其直接负责的主管人员和其他直接责任人员，处三年以下有期徒刑或者拘役，并处销售金额百分之五十以上二倍以下罚金；对人体健康造成严重危害的，处三年以上十年以下有期徒刑，并处销售金额百分之五十以上二倍以下罚金；后果特别严重的，处十年以上有期徒刑或者无期徒刑，并处销售金额百分之五十以上二倍以下罚金或者没收财产。

（4）妨害传染病防治罪　医疗机构违反传染病防治法的规定，准许或者纵容传染病病人、病原携带者和疑似传染病病人从事国务院卫生行政部门规定禁止从事的易使该传染病扩散的工作的；拒绝执行卫生防疫机构依照传染病防治法提出的预防、控制措施的，引起甲类传染病传播或者有传播严重危险的，对单位判处罚金，并对其直接负责的主管人员和其他直接责任人员，处三年以下有期徒刑或者拘役；后果特别严重的，处三年以上七年以下有期徒刑。

（5）采集、供应血液，制作、供应血液制品事故罪　经国家主管部门批准采集、供应血液或者制作、供应血液制品的部门，不依照规定进行检测或者违背其他操作规定，造成危害他人身体健康后果的，对单位判处罚金，并对其直接负责的主管人员和其他直接责任人员，处五年以下有期徒刑或者拘役。

（6）非法提供麻醉药品、精神药品罪　管理、使用国家管制的麻醉药品、精神药品的医疗机构，违反国家规定，向吸食、注射毒品的人提供国家规定管制的能够使人形成瘾癖的麻醉药品、精神药品的，对单位判处罚金，并对其直接负责的主管人员和其他直接责任人员，处三年以下有期徒刑或者拘役，并处罚金；情节严重的，处三年以上七年以下有期徒刑，并处罚金。

（7）侵犯公民个人信息罪　医疗机构违反国家有关规定，向他人出售或者提供公民个人信息，情节严重的，对单位判处罚金，并对其直接负责的主管人员和其他直接责任人员，处三年以下有期徒刑或者拘役，并处或者单处罚金；情节特别严重的，处三年以上七年以下有期徒刑，并处罚金。违反国家有关规定，将在履行职责或者提供服务过程中获得的公民个人信息，出售或者提供给他人的，依照前款的规定从重处罚。窃取或者以其他方法非法获取公民个人信息的，依照第一款的规定处罚。

二、医院管理

（一）医院概念及类型

医院是以实施诊疗活动为主要目的，拥有一定数量的病床设施，具备相应的医务人员和医疗设施,通过医务人员的集体协作,达到防病、治病、促进人体健康的医疗机构。医院的任务是以医疗工作为中心,在提高医疗质量的基础上,保证教学和科研任务的完成,并不断提高教学质量和科研水平,同时做好扩大预防、指导基层和计划生育的技术工作。

据医院的归属关系,医院可以分为企业医院、军队医院、医学院附属医院等。根据医院诊治疾病的范围不同,医院可以划分为综合医院和专科医院。综合医院指设有一定数量的病床,具有划分齐全的业务科室,配备有药剂、检验、放射等医技部门和相应人员、设备的医疗机构。专科医院指为医治某些特种疾病而设立的单科医疗机构,如儿童医院、传染病医院、肿瘤医院、职业病医院、口腔医院、精神病医院等。根据医院规模、医疗技术水平和服务范围,医院可以划分为一级医院、二级医院、三级医院。根据医院登记注册类型,医院可以分为公立医院和民营医院。公立医院指经济类型为国有和集体办的医院,民营医院指公立医院以外的其他医院,包括联营、股份合作、私营、台港澳投资和外国投资医院等。

(二)医院的主要职责

医院的主要职责包括:疾病诊治以及急危重症和疑难病症的诊疗,突发公共卫生事件处理和救援,对基层医疗卫生机构的业务指导,医学教育、医疗卫生人员培训,医学科学研究,公共卫生服务。

(三)医院的管理制度

1. 医院组织管理制度

医院实行党委领导下的院长负责制。党的领导主要是政治思想领导。院长负责全院行政、业务的领导工作,副院长在院长领导下分管相应的工作。党委书记和院长都要对党委负责,贯彻执行党委的决议,工作中要互相尊重、互相支持。医院根据减少层次的原则实行院和科室两级领导制,院一级设置精干有力的办事机构。医院按照规模、任务、特长和技术发展情况设立业务科室。行政科室和业务科室的设置或撤销须经主管卫生健康行政部门核准。

2. 医院分级管理制度

根据任务和功能的不同,医院分为三级,即一级医院、二级医院和三级医院。此外,还根据各级医院的技术水平、质量水平和管理水平的高低,并参照必要的设施条件,分别划分为甲、乙、丙等,三级医院增设特等。

3. 分级诊疗制度

分级诊疗的主要内涵包括:① 基层首诊,常见病、多发病患者首先到基层医疗卫生机构就诊;② 双向转诊,实现不同级别、不同类别医疗机构之间的有序转诊;③ 急慢分治,完善治疗—康复—长期护理服务链,急危重症患者可以直接到二级以上医院就诊;④ 上下联动,建立目标明确、权责清晰的分工协作机制。

4. 医疗质量安全制度

保障医疗质量的制度主要有:首诊负责制度、三级查房制度、会诊制度、分级护理制度、值班和交接班制度、疑难病例讨论制度、急危重患者抢救制度、术前讨论制度、死亡病例讨论制度、查对制度、手术安全核查制度、手术分级管理制度、新技术和新项目准入制度、危急值报告制度、病历管理制度、抗菌药物分级管理制度、临床用血审核制度、信息安全管理制度等。

三、民营医疗机构管理

(一) 概念

民营医疗机构,即社会办医,指由个人或社会出资开设的医疗机构。根据功能的不同,民营医疗机构可分为医院、妇幼保健院、卫生院、疗养院、诊所、养老院等。民营医院是指非政府公办的,具有私人性质的医院。民营医院大部分是由社会出资,以营利性为主导所办立的卫生机构;也有少数为非营利机构,享受政府补助。近二十年来,我国民营医院发展迅速,总体呈现一种"小而精"的趋势。据统计,截至2017年11月底,我国民营医院已经发展到约16 000所,数量已经超过了公立医院的12 000所。[①] 民营医疗机构是我国医疗机构体系的重要组成部分,有利于增加医疗卫生服务资源,扩大服务供给,满足人民群众多元化、多层次的医疗服务需求;有利于建立竞争机制,提高服务效率和质量,完善医疗服务体系,形成公立医疗机构和非公立的民营医疗机构相互促进、共同发展的格局。

(二) 开设

社会资本可按照经营目的,自主申办营利性或非营利性医疗机构。卫生、民政、工商、税务等相关部门要按照"非禁即入"原则依法登记,分类管理,取消不合理的前置审批事项,不得新设前置审批事项或提高审批条件,不得限制社会办医疗机构的经营性质。

民营医疗机构的设置应符合本地区区域卫生规划和区域医疗机构设置规划。各地需要调整和新增医疗卫生资源时,在符合准入标准的条件下,优先考虑由社会资本举办医疗机构。各地要定期公开公布区域内医疗机构数量、布局以及床位、大型设备等资源配置情况,并将社会办医纳入相关规划,按照一定比例为社会办医预留床位和大型设备等资源配置空间。要根据区域卫生规划合理确定公立医院改制范围,引导社会资本以多种方式参与包括国有企业所办医院在内的公立医院改制,

---

① 卫生健康委员会:2017年11月底全国医疗卫生机构统计数据。

积极稳妥地把部分公立医院转制为民营医疗机构,适度降低公立医院的比重,促进公立医院合理布局,形成多元化办医格局。

各级卫生行政部门负责对民营医疗机构的类别、诊疗科目、床位等执业范围进行审核,确保民营医疗机构执业范围与其具备的服务能力相适应。在城市设置诊所的个人,必须同时具备下列条件:① 经医师执业技术考核合格,取得医师执业证书;② 取得医师执业证书或者医师职称后,从事5年以上同一专业的临床工作[①];③ 省、自治区、直辖市卫生健康行政部门规定的其他条件。在乡镇和村设置诊所的个人的条件,由省、自治区、直辖市卫生健康行政部门规定。法人或者其他组织设置医疗机构,由其代表人申请;个人设置医疗机构,由设置人申请;两人以上合伙设置医疗机构,由合伙人共同申请。申请医疗机构执业登记的,除上文医疗机构申请登记的材料外,门诊部、诊所、卫生所、医务室、卫生保健所和卫生站登记的,还应当提交附设药房(柜)的药品种类清单、卫生技术人员名录及其有关资格证书、执业证书复印件以及省、自治区、直辖市卫生健康行政部门规定提交的其他材料。

(三) 管理

民营医疗机构作为独立法人实体,自负盈亏,独立核算,独立承担民事责任。民营医疗机构要执行《医疗机构管理条例》及其实施细则等法规和相关规定,提供医疗服务要获得相应许可,不得超范围服务。

卫生行政部门把民营医疗机构纳入医疗质量控制评价体系,通过日常监督管理、医疗机构校验和医师定期考核等手段,对民营医疗机构及其医务人员执业情况进行检查、评估和审核。对非公立医院的评价,中国非公立医院协会制定了《民营医疗机构评价管理暂行办法》等文件,将信用评价结果分为三等九级,作为患者选择医院、医院对外宣传、行业评优评先、医疗卫生监督管理、医疗商业保险、银行贷款、企业上市和并购等方面必备的重要依据。

民营医疗机构凡执行政府规定的医疗服务和药品价格政策,应符合医保定点相关规定。人力资源和社会保障、卫生和民政部门应按程序将其纳入城镇基本医疗保险、新型农村合作医疗、医疗救助、工伤保险、生育保险等社会保障的定点服务范围,签订服务协议进行管理,并执行与公立医疗机构相同的报销政策。民营医疗机构要严格按照登记的经营性质开展经营活动,使用税务部门监制的符合医疗卫生行业特点的票据,执行国家规定的财务会计制度,依法进行会计核算和财务管理,并接受相关部门的监督检查。

社会资本举办的非营利性医疗机构按国家规定享受税收优惠政策,用电、用水、

---

① 深圳特区出台的《深圳市诊所设置标准(试行)》规定公民、法人或者其他组织均可申办诊所。

用气、用热与公立医疗机构同价,提供的医疗服务和药品要执行政府规定的相关价格政策。对符合规定的社会办非营利性医疗机构自用的房产、土地,免征房产税、城镇土地使用税。社会办医疗机构按照企业所得税法规定,经认定为非营利组织的,对其提供的医疗服务等符合条件的收入免征企业所得税。

营利性医疗机构按国家规定缴纳企业所得税,提供的医疗服务实行自主定价,免征营业税,对符合规定的社会办营利性医疗机构自用的房产、土地,自其取得执业登记之日起,3年内免征房产税、城镇土地使用税。

四、急救医疗机构管理

(一)概念

急救医疗机构,是指为了应对紧急医疗状况,对伤病员提供医疗急救、转运和护送服务的公益性医疗组织。包括大中城市的各级急救站(中心)和医院的急诊科(室)。其中,院前医疗急救,是指由急救中心(站)和承担院前医疗急救任务的网络医院(以下简称急救网络医院)按照统一指挥调度,在患者送达医疗机构救治前,在医疗机构外开展的以现场抢救、转运途中紧急救治以及监护为主的医疗活动。而医院急诊科室则主要承担病人的医疗救治、现场急救和转院工作,是所有急诊病人入院治疗的必经之路。

院前医疗急救是政府举办的公益性事业,鼓励、支持社会力量参与。卫生健康行政部门按照"统筹规划、整合资源、合理配置、提高效能"的原则,统一组织、管理、实施。卫生健康行政部门应当建立稳定的经费保障机制,保证院前医疗急救与当地社会、经济发展和医疗服务需求相适应。目前,我国的急救医疗基本的运行方式为:120电话受理→出动救护车→现场急救→途中监护下合理转送分流。主要由院前急救和医疗机构急救两部分组成。

(二)开设

院前医疗急救网络由县级以上地方卫生健康行政部门设置规划,按照就近、安全、迅速、有效的原则设立,统一规划、统一设置、统一管理。急救中心(站)由卫生健康行政部门按照《医疗机构管理条例》设置、审批和登记。

设区的市设立一个急救中心。因地域或者交通原因,设区的市院前医疗急救网络未覆盖的县(县级市),可以依托县级医院或者独立设置一个县级急救中心(站)。设区的市级急救中心统一指挥调度县级急救中心(站)并提供业务指导。急救中心(站)应当符合医疗机构基本标准。县级以上地方卫生健康行政部门根据院前医疗急救网络布局、医院专科情况等指定急救网络医院,并将急救网络医院名单向社会公告。急救网络医院按照其承担任务应达到急救中心(站)基本要求。未经卫生健康行政部门批准,任何单位及其内设机构、个人不得使用急救中心(站)的名称开展院前医疗急救工作。急救中心(站)负责院前医疗急救工作的指挥和调度,按照院前医疗急救需求配备通信系统、救护车和医务人员,开展现场抢救和转运途中救治、监护。急救网络医院按照急救中心(站)指挥和调度开展院前医疗急救工作。

县级以上地方卫生健康行政部门根据区域服务人口、服务半径、地理环境、交通状况等因素,合理配置救护车。急救中心(站)、急救网络医院救护车以及院前医疗急救人员的着装应当统一标识,统一标注急救中心(站)名称和院前医疗急救呼叫号码。全国院前医疗急救呼叫号码为"120"。急救中心(站)设置"120"呼叫受理系统和指挥中心,其他单位和个人不得设置"120"呼叫号码或者其他任何形式的院前医疗急救呼叫电话。急救中心(站)通信系统应当具备系统集成、救护车定位追踪、呼叫号码和位置显示、计算机辅助指挥、移动数据传输、无线集群语音通信等功能。

(三)管理

国家卫生健康委员会负责规划和指导全国院前医疗急救体系建设,监督管理全国院前医疗急救工作。县级以上地方卫生健康行政部门负责规划和实施本辖区院前医疗急救体系建设,监督管理本辖区院前医疗急救工作。

急救中心(站)和急救网络医院开展院前医疗急救工作应当遵守医疗卫生管理法律、法规、规章和技术操作规范、诊疗指南。从事院前医疗急救的专业人员包括医师、护士和医疗救护员。医师和护士应当按照有关法律法规规定取得相应执业资格证书。医疗救护员应当按照国家有关规定经培训考试合格取得国家职业资格证书;上岗前,应当经设区的市级急救中心培训考核合格。医疗救护员可以从事的相关辅助医疗救护工作包括:① 对常见急症进行现场初步处理;② 对患者进行通气、止血、包扎、骨折固定等初步救治;③ 搬运、护送患者;④ 现场心肺复苏;⑤ 在现场指导群众自救、互救。

急救中心(站)应当配备专人每天24小时受理"120"院前医疗急救呼叫。未经批准的医疗机构不得擅自使用"120"院前医疗急救呼叫号码或者其他带有院前医疗急救呼叫性质号码。"120"院前医疗急救呼叫受理人员应当经设区的市级急救中心培训合格。急救中心(站)应当在接到"120"院前医疗急救呼叫后,根据院前医疗急救需要迅速派出或者从急救网络医院派出救护车和院前医疗急救专业人员;不得因指挥调度或者费用等因素拒绝、推诿或者延误院前医疗急救服务;不得将救护车用于非院前医疗急救服务。

急救中心(站)和急救网络医院应当按照就近、就急、满足专业需要、兼顾患者意愿的原则,将患者转运至医疗机构救治。急救中心(站)和急救网络医院应当做好"120"院前医疗急救呼叫受理、指挥调度等记录及保管工作,并按照医疗机构病历管理相关规定,做好现场抢救、监护运送、途中救治和医院接收等记录及保管工作。院前医疗急救服务费用按照国家有关规定收取,不得因费用问题拒绝或者延误院前医疗急救服务。急救中心(站)应当按照有关规定做好突发事件紧急医疗救援的现场救援和信息报告工作。

除急救中心(站)和急救网络医院外,任何单位和个人不得使用救护车开展院前医疗急救工作。急救中心(站)和急救网络医院应当按照相关规定做好应急储备物资管理等相关工作,并向公众提供急救知识和技能的科普宣传和培训,提高公众急救意识和能力。

五、社区卫生服务机构管理

(一)概念

社区卫生服务机构,是指为辖区内的常住居民、暂住居民及其他有关人员提供公共卫生服务和基本医疗服务,不以营利为目的的医疗机构。其以居民的卫生服务需求为导向,以人的健康为目的,以社区为范围,合理使用社区资源和适宜技术,为居民提供有效、经济、方便、综合、连续的,集医疗、预防、保健、康复、健康教育、计划生育技术指导为一体的公共卫生服务。

社区卫生服务是城市卫生工作的重要组成部分,是实现人人享有初级卫生保健目标的基础环节。大力发展社区卫生服务,构建以社区卫生服务为基础、社区卫生服务机构与医院和预防保健机构分工合理、协作密切的新型城市卫生服务体系,对于坚持预防为主、防治结合的方针,优化城市卫生服务结构,方便群众就医,减轻费用负担,建立和谐医患关系具有重要意义。

(二)开设

地方政府应制定发展规划,有计划、有步骤地建立健全以社区卫生服务中心和社区卫生服务站为主体,以诊所、医务所(室)、护理院等其他基层医疗机构为补充的社区卫生服务网络。在大中型城市,政府原则上按照每3万—10万居民或按照街道办事处所辖范围规划设置1所社区卫生服务中心,根据需要可设置若干社区卫生服务站。社区卫生服务中心与社区卫生服务站可实行一体化管理。

根据《关于进一步规范社区卫生服务管理和提升服务质量的指导意见》,各地应综合考虑区域内卫生计生资源、服务半径、服务人口以及城镇化、老龄化、人口流动迁移等因素,制定科学、合理的社区卫生服务机构设置规划,按照规划逐步健全社区卫生服务网络。在城市新建居住区或旧城改造过程中,要按有关要求同步规划建设社区卫生服务机构,鼓励与区域内养老机构联合建设,实施好国家基本公共卫生服务项目,不断扩大受益人群覆盖面。

开设社区卫生服务机构须按照社区卫生服务机构设置规划,由政府卫生行政部门根据《医疗机构管理条例》《医疗机构管理条例实施细则》《社区卫生服务中心基本准则》《社区卫生服务站基本标准》进行设置审批和执业登记,同时报上一级政府卫生行政部门备案。

城市社区卫生服务中心(站)应根据相应的标准足额配备医护人员、日间观察床、相应诊疗科室等。

(三)管理

各级政府卫生健康行政部门负责对社区卫生服务机构实施日常监督与管理,建立、健全监督考核制度,实行信息公示和奖惩制度。疾病预防控制中心、妇幼保健院(所、站)、专科防治院(所)等预防保健机构在职能范围内,对社区卫生服务机构所承担的公共卫生服务工作进行业务评价与指导。

各级卫生健康行政部门、中医药管理部门要推动落实社区卫生服务机构建设、财政补助、人事分配等相关保障政策,充分调动社区医务人员的积极性。进一步加强对社区卫生服务机构的监督管理,建立健全各项管理制度,加强社区卫生服务机构文化和医德医风建设。各地要不断完善绩效考核制度,将提升服务质量有关内容纳入社区卫生服务机构考核重点内容,推动社区卫生服务机构持续改善服务,提高居民信任度和利用率。

社区卫生服务机构在执业过程中,应当遵循以下规则:① 须严格遵守国家有关法律、法规、规章和技术规范,加强对医务人员的教育,实施全面质量管理,预防服务差错和事故,确保服务安全。② 须建立、健全各项规章制度,依据政府卫生健康行政部门规定,履行提供社区公共卫生服务和基本医疗服务的职能。③ 应妥善保管居民健康档案,保护居民个人隐私。④ 应严格掌握家庭诊疗、护理和家庭病床服务的适应证,切实规范家庭医疗服务行为。⑤ 社区卫生服务机构应配备与其服务功能和执业范围相适应的基本药品。

六、中外合资、合作医疗机构

(一)概念

中外合资、合作医疗机构是指外国医疗机构、公司、企业和其他经济组织(以下称合资、合作外方),按照平等互利的原则,经中国政府主管部门批准,在中国境内(香港、澳门及台湾地区除外,下同)与中国的医疗机构、公司、企业和其他经济组织(以下称合资、合作中方)以合资或者合作形式设立的医疗机构。在医疗服务行业,外资参与的医疗机构是医疗行业的重要组成部分。它们的出现不仅使得我国医疗机构的发展获得了非政府资金的支持,还及时有效地引入了国外先进的诊疗技术、管理经验、成果模式和人才经验的交流,及时地带动了我国医学、器械、技术、管理等方面的发展和完善,有力地改善和提高了我国各地区各层次的医疗服务能力。

(二) 开设

中外合资、合作医疗机构的设置与发展必须符合当地区域卫生规划和医疗机构设置规划,并执行原卫计委制定的《医疗机构基本标准》。申请设立中外合资、合作医疗机构的中外双方应是能够独立承担民事责任的法人。合资、合作的中外双方应当具有直接或间接从事医疗卫生投资与管理的经验,并符合下列要求之一:① 能够提供国际先进的医疗机构管理经验、管理模式和服务模式;② 能够提供具有国际领先水平的医学技术和设备;③ 可以补充或改善当地在医疗服务能力、医疗技术、资金和医疗设施方面的不足。

设立的中外合资、合作医疗机构应当符合以下条件:① 必须是独立的法人;② 投资总额不得低于2 000万人民币;③ 合资、合作中方在中外合资、合作医疗机构中所占的股权比例或权益不得低于30%;④ 合资、合作期限不超过20年;⑤ 省级以上卫生健康行政部门规定的其他条件。合资、合作中方以国有资产参与投资的(包括作价出资或作为合作条件),应当经相应主管部门批准,并按国有资产评估管理有关规定,由国有资产管理部门确认的评估机构对拟投入国有资产进行评估。经省级以上国有资产管理部门确认的评估结果,可以作为拟投入的国有资产的作价依据。

设置中外合资、合作医疗机构的应提供:①《中外合资、合作医疗机构管理暂行办法》所规定的材料向所在地设区的市级卫生健康行政部门、省级卫生健康行政部门申请审核;② 报卫生健康委员会审批获得设置许可;③ 向外经贸部申请外商投资企业批准证书;④ 在工商行政管理部门办理注册登记手续;⑤ 依法向所在地的卫生健康行政部门申请执业登记,领取医疗机构执业许可证。

(三) 管理

国家卫生行政部门和对外贸易经济合作部在各自的职责范围内负责全国中外合资、合作医疗机构管理工作。县级以上地方人民政府卫生健康行政部门和外经贸行政部门在各自职责范围内负责本行政区域内中外合资、合作医疗机构的日常监督管理工作。

中外合资、合作医疗机构作为独立法人实体,自负盈亏,独立核算,独立承担民事责任。在执业过程中,应当遵守以下执业规则:① 中外合资、合作医疗机构应当执行《医疗机构管理条例》和《医疗机构管理条例实施细则》关于医疗机构执业的规定。② 中外合资、合作医疗机构必须执行医疗技术准入规范和临床诊疗技术规范,遵守新技术、新设备及大型医用设备临床应用的有关规定。③ 中外合资、合作医疗机构发生医疗事故,依照国家有关法律、法规处理。④ 中外合资、合作医疗机构聘请外籍医师、护士,按照《中华人民共和国执业医师法》和《中华人民共和国护士管理办法》等有关规定办理。⑤ 发生重大灾害、事故、疾病流行或者其他意外情况时,中外合资、合作医疗机构及其卫生技术人员要服从卫生健康行政部门的调遣。⑥ 中外合资、合作医疗机构发布本机构医疗广告,按照《中华人民共和国广告法》《医疗广告管理办法》办理。⑦ 中外合资、合作医疗机构的医疗收费价格按照国家有关规定执行。⑧ 中外合资、合作医疗机构的税收政策按照国家有关规定执行。

七、中医医疗机构

(一) 概念

中医医疗机构,是指发挥中医药特色和优势,遵循中医药发展规律,运用传统理论和方法,结合现代科学技术手段,为群众提供防治疾病、保健、康复等中医药服务的医疗机构。中医医疗机构包括中医类医院、中医类门诊部、中医类诊所等。中医诊所,是在中医药理论指导下,运用中药和针灸、拔罐、推拿等非药物疗法开展诊疗服务,以及中药调剂、汤剂煎煮等中药药事服务的诊所。

用法制保障推动中医医疗机构的发展,有利于继承并弘扬传统民族医学,保障并规范中医药事业的发展,同西医并重,以满足人民群众需求日益旺盛的医疗健康服务,保护人民群众的健康权利,克服中医药事业发展中诸如服务能力不足、与现行医疗机构管理不相适应等弊病。

(二) 开设

县级以上人民政府应当将中医医疗机构建设纳入医疗机构设置规划,举办规模适宜的中医医疗机构,扶持有中医药特色和优势的医疗机构发展。合并、撤销政府举办的中医医疗机构或者改变其中医医疗性质的,应当征求上一级人民政府中医药主管部门的意见。

开设中医医疗机构,应当符合国务院卫生行政部门制定的中医医疗机构设置标准和当地区域卫生规划,并按照《医疗机构管理条例》的规定办理审批手续,取得医疗机构执业许可证后,方可从事中医医疗活动。举办中医诊所的,将诊所的名称、地址、诊疗范围、人员配备情况等报所在地县级人民政府中医药主管部门备案后即可开展执业活动。

中医诊所应当将本诊所的诊疗范围、中医医师的姓名及其执业范围在诊所的明显位置公示,不得超出备案范围开展医疗活动。举办中医诊所的,报拟举办诊所所在地县级中医药主管部门备案后即可开展执业活动。举办中医诊所应当同时具备下列条件:① 个人举办中医诊所的,应当具有中医类别医师资格证书并经注册后在医疗、预防、保健机构中执业满三年,或者具有中医(专长)医师资格证书;法人或者其他组织举办中医诊所的,诊所主要负责人应当符合上述要求;② 符合《中医诊所基本标准》;③ 中医诊所名称符合《医疗机构管理条例实施细则》的相关规定;④ 符合环保、消防的相关规定;⑤ 能够独立承担民事责任;⑥《医疗机构管理条例实施细则》规定不得申请设置医疗机构的单位和个人,不得举办中医诊所。

中医诊所备案,应当提交下列材料:① 中医诊所备案信息表;② 中医诊所主要负责人有效身份证明、医师资格证书、医师执业证书;③ 其他卫生技术人员名录、有效身份证明、执业资格证件;④ 中医诊所管理规章制度;⑤ 医疗废物处理方案、诊所周边环境情况说明;⑥ 消防应急预案。法人或者其他组织举办中医诊所的,还应当提供法人或者其他组织的资质证明、法定代表人身份证明或者其他组织的代表人身份证明。中医诊所应当将中医诊所备案证、卫生技术人员信息在诊所的明显位置公示。禁止伪造、出卖、转让、出借中医诊所备案证。

(三)管理

国家中医药管理局负责全国中医诊所的管理工作。县级以上地方中医药主管部门负责本行政区域内中医诊所的监督管理工作。县级中医药主管部门具体负责本行政区域内中医诊所的备案工作。

国家鼓励医疗机构根据本医疗机构临床用药需要配制和使用中药制剂,支持应用传统工艺配制中药制剂,支持以中药制剂为基础研制中药新药。医疗机构配制中药制剂,应当依照《中华人民共和国药品管理法》的规定取得医疗机构制剂许可证,或者委托取得药品生产许可证的药品生产企业、取得医疗机构制剂许可证的其他医疗机构配制中药制剂。委托配制中药制剂,应当向委托方所在地省、自治区、直辖市人民政府药品监督管理部门备案。

县级以上地方中医药主管部门应当加强对中医诊所依法执业、医疗质量和医疗安全、诊所管理等情况的监督管理。县级中医药主管部门应当建立中医诊所不良执业行为记录制度,对违规操作、不合理收费、虚假宣传等进行记录,并作为对中医诊所进行监督管理的重要依据。有下列情形之一的,中医诊所应当向所在地县级中医药主管部门报告,县级中医药主管部门应当注销备案并及时向社会公告:① 中医诊所停止执业活动超过一年的;② 中医诊所主要负责人被吊销执业证书或者被追究刑事责任的;③ 举办中医诊所的法人或者其他组织依法终止的;④ 中医诊所自愿终止执业活动的。

第二节 医疗事故与刑法的职责*

一、序言

从20世纪初以来,在日本,有关刑事医疗过失的案例已经积累到一定程度并在不断发生变迁。从20世纪70年代开始,学说方面也不断涌现出新的理论探讨,特别是进入21世纪以来,医疗事故和刑事法的相关问题引起了学界的极大关注,包括理论层面和实践层面的各种分析、研讨都在不断地进行。① 特别是因违反向政府汇报患者死亡的义务而被追究责任的都立广尾医院案件(最判2004年4月13日刑集58卷4号247页)和数个医生因让患者服用过量抗癌剂而被追究"过失竞合"责任的埼玉医大案件(最决2005年11月15日刑集59卷9号1558页),以及数名医生和护士因弄错病人而被追究"过失竞合"责任的横滨市立大学医院案件(最决2007年3月26日刑集61卷2号149页),这些案件一直争论到最高法院,最终被告都被判为有罪,这给社会各界带来很大冲击。② 此外,经地方法院审理就得出结论的福岛县立大野医院案件(福岛地判2008年8月20号医疗判例解说16号21页)尽管最终被告被判无罪,但"医生被逮捕"这件事本身在医疗界也引起了很大的反响,让人担心"法对医疗的过度介入"会导致"医疗萎缩"。③ 那么,刑事法究竟该如何适度介入医疗事故呢?而这正是现在非常需要探讨的问题。

根据饭田英男律师(曾任检察官)对刑事医疗过失案件持续多年的跟踪研究,在日本,警察介入医疗事故的案件数量从2000年开始激增(2001年105件,2002年185件,2003年250件,2004年255件),"2004年达到了顶峰,在这之后时增时减,但总体处于一个下降的趋势之中"(2005年214件,2006年190件,2007年246件,2008年226件,2009年152件,2010年141件),但是"医疗事故被媒体所报道的数

---

* 本节主要内容最初发表于《北大法律评论》2015年第4期([日]甲斐克则著,刘建利、陶沙译)。本节虽为医事法学国际巨匠甲斐克则教授在日本法语境下的论著,但其中的基本原理同样适用我国。鉴于其重要性,经甲斐教授授权,特此收录。

① 主要先行研究成果有:(特集)《医疗事故と刑事法の対応》,载《刑事法ジャーナル》,2006年第2期;シンポジウム:《医療事故と刑事責任》,载《年報医事法学》2008年第23号;[日]中山研一、[日]甲斐克则编著:《新版医療事故の刑事判例》,成文堂2010年;[日]甲斐克则编:《医事法講座(第3卷):医療事故と刑事法》,信山社2012年;[日]甲斐克则:《療事故と刑法》,成文堂2012年;[日]甲斐克则、[日]手嶋丰编:《医事法判例百選(第2版)》,有斐阁2014年等。

② 详细分析请参见甲斐克则前注所列各文献。

③ 参见[日]甲斐克则:《医療事故と刑法》,成文堂2012年,第122页以下。

字在逐年增加,整体说来,医疗事故的数量应该并没有减少"。①

同时,在理论方面,药害问题也是比较重要的。特别是关于前所未闻的药害艾滋病案件,与 A 原副校长有关的帝京大方面案件(东京地判 2001 年 3 月 28 日判例タイムズ1076 号 96 页),(旧)绿十字方面案件(大阪高院 2002 年 8 月 21 日判例时报 1804 号 146 页),以及和 M 原生物制药课长有关的(旧)厚生省方面案件(最决 2008 年 3 月 3 日刑集 62 卷 4 号 567 页)有关的诸多判例的出现,引起了社会各界的极大关注。本案所争论的问题是,处于医疗第一线的专业医生针对使用非加热制药是否存在过失,制药厂的干部没有及时采取停止售卖和回收非加热制药的措施是否存在过失,以及对药品拥有认可和准许使用权限的行政官员针对本案件是否存在不作为过失。正是这些争论提出了一个重要的刑法问题,即作为刑事案件该如何处理药害案件。

但是,本文无法一次性探讨以上所列举的全部问题。因此,关于药害问题暂且搁置不谈。② 首先,本文以福岛县立大野医院案件为素材,介绍在日常医疗事故中的预见可能性和注意义务的问题;其次,探讨特别是发生在大医院中的刑事医疗过失案件的"管理监督过失""过失竞合"以及"信赖原则"的问题;最后,简单地介绍一下医疗事故的刑法处理界限。

二、医疗事故中的预见可能性与注意义务——对福岛县立大野医院案件的分析

1. 福岛县立大野医院案件的概要

从过失犯理论的角度来考虑医疗事故,首要的是关于预见可能性和注意义务的问题。当然这并不是说医疗事故和其他事故在过失上存在本质差异。但是,在医疗事故上的过失认定,有着极其精密的部分。在这里就先来探讨一下福岛县立大野医院案件的无罪判决的论理。③在本案中,被告人(妇产科医生)对该医院 A 女(29 岁)实施剖宫产时,在该女分娩出女婴后,由于牵拉脐带仍然未能把胎盘从子宫剥离出来,就用右手指伸入胎盘和子宫之间用手进行剥离,在发现胎盘紧密粘连在子宫上时,并没有立刻停止剥离胎盘实施子宫摘除手术,而是用止血钳继续剥离胎盘的粘连部分,从而导致剥离胎盘处大量出血致使该女死亡。关于本案,控辩双方的争点

---

① 参见[日]饭田英男:《刑事医疗过误Ⅲ》,信山社 2012 年,第 23 页。但此前的判例,包括未刊登在公开刊物上的,参见[日]饭田英男、[日]山口一诚:《刑事医疗过误》,判例タイムズ社 2001 年;[日]饭田英男:《刑事医疗过误Ⅱ》,判例タイムズ社 2006 年;[日]饭田英男:《刑事医疗过误Ⅱ(增補版)》,判例タイムズ社 2007 年。
② 详情请参见[日]甲斐克则:《医疗事故与刑法》,成文堂 2012 年,第 133 页以下。
③ 参见[日]甲斐克则:《医療事故と刑法》,成文堂 2012 年,第 122 页以下。

主要在于被告人的行为是否存在过失。

2. 因果关系、预见可能性、结果回避可能性

第一，关于因果关系。判决比较看重出血约1万毫升的情况，认为"本案患者死因很明显是因出血性休克所导致的失血过多死亡"，"若从总出血量中的大部分是剥离胎盘处的出血这一已被证实的情况出发，则认定被告人的剥离胎盘行为和本案件患者的死亡之间存在因果关系是比较妥当的"。对于这一判断我觉得不存在任何问题。

第二，关于预见可能性。胎盘粘连是属于2000到4000例中才有1例的稀少事例。虽然法院考虑到了这一点，但仍将预见可能性分为(1) 本案手术开始前的预见、认识以及(2) 本案手术(用手剥离的手术)开始后的预见、认识这两点来探讨。关于前者，法院认为，"从患者的角度来看，胎盘被认为是位于(患者子宫——译者注)左侧部分，胎盘一端是否与上次剖宫产缝口的左侧部分相连其实比较难判定。根据本案患者上一次剖宫产手术时是前置胎盘患者这一情况，在没有排除胎盘粘连于前壁上次剖宫产缝口的可能性的情况下实行手术，被告人应该能够认识到存在粘连的可能性约为5%"。从而认定行为人意识到胎盘粘连的可能性，肯定其对大量出血存在预见可能性。关于后者，法院认为，"在意识到胎盘粘连的那一刻，若继续剥离胎盘的话，暂且不管成功可能性有多大，行为人应该能够预见到从剥离处大量出血，进而出现危及患者生命危险的状况"，从而肯定了预见可能性。

第三，关于医疗措施的妥当性、相当性，以及为了回避危害结果是否有义务注意到应该中止剥离手术转而实施子宫摘除手术，法院在分析通过转换手术等避免大量出血可能性的基础上，认定"作为事后评价，其具备结果回避可能性"。

3. 医学准则、剥离胎盘的中止义务

但是，关于医学准则及剥离胎盘中止义务，鉴定意见出现了分歧，法院认为，"在本案件的审判中，无论是检察官一方还是辩护人一方都未能提供中止已经开始的剥离粘连胎盘手术并转而实施子宫摘除手术的具体临床病例，并且，在法庭上作证的各位医生也没有提及"。"剖腹前诊断出穿通胎盘和重度嵌入胎盘，剖腹后切开子宫前诊断出确实是穿通胎盘和重度嵌入胎盘的，就不应该剥离胎盘。开始用手剥离胎盘后，如果出现出血状况则应该停止继续剥离胎盘，一边期待子宫收缩一边进行止血操作，在即便如此也仍然无法控制大量出血的情况下，则应该摘除子宫。因此，以上内容应该是临床上的标准医疗措施"。法院进一步指出，"作为能够让参与临床的医生背负起医疗措施上的作为义务，作为对违反该义务的医生科处刑罚的判断基准的医学准则必须具有一般性或者通用性，即当参与该科目的临床医生遇到此情况，绝大多数的医生都会遵照该基准来考虑医疗措施。

这是因为,如果不这样解释的话,当临床现场采取的医疗措施和一部分医疗文献上记载的内容之间出现分歧时,参与临床的医生就不能容易且迅速地选择治疗方法,会给医疗现场带来混乱,而且科处刑罚的基准也会变得不明确,刑罚的明确性原则将会被破坏"。

而且,"医疗行为总是伴随着对身体的侵袭,对患者的生命和身体具有危险性,这是显而易见的,原本正确预测医疗行为的结果就是很困难的。因此,为了认定存在中止医疗行为的义务,检察官不仅需要认定该医疗行为存在危险,而且需要具体指出不中止该医疗行为时的危险性,必须证明还有其他更合适的方法。结合本案来看,首先必须要证明子宫不收缩的可能性大小,患者的子宫即使收缩也不止血的可能性大小,(以及)在该情况下所预想的出血量、是否存在其他较为容易的止血方法及其有效性等,在此基础之上才能证明患者死亡可能性的高低。并且,为了具体地进行证明,至少要提出可以成为判断根据的相当数量的临床病例,或者是具有可比性的比较类似的临床病例,这是不可或缺的。"法院在作了上述说明的基础上,得出如下结论:"本案中,检察官主张的,只要意识到是胎盘粘连就立即中止剥离胎盘转而实施子宫摘除手术的行为是本案当时的医学准则,对此本院不予支持","而且也不能以具体的危险性的高低等为根据来认定是否存在应该中止剥离胎盘的义务",所以,"不能认为剥离胎盘违反注意义务"。

4. 理论探讨

该判决从正面将医学准则与结果回避义务联系起来,提出了自己独特的理论架构,值得注目。但是,即使本案的无罪结论是妥当的,其论理和上述药害艾滋病案件、帝京大方面案件的初审判决一样,在肯定预见可能性的同时重视医学准则,从而否定结果回避义务,该理论构造存在内在问题。确实,医学准则以及以此为基础的医疗水准的意义本身已经得到判例的承认(参照最判 1996 年 1 月 23 日民集 50 卷 1 号 1 页等),但在实际上,还必须要考虑个别情况,"医学观点"的字眼也经常被使用。本案判决主张,若不重视医学准则,则"明确性的原则将会被破坏"。可是,这是一种过度强调客观注意义务的观点,可能反而会使医疗现场更加难以适从。因为确立医学准则并扎根于医疗现场需要花费一定的时间,而且,诊疗环境(物、人因素)也各不相同,所以,不能作一刀切式的判断。在医学准则已确立的情况下可以以此作为参考,但绝非决定性的,在逻辑上以具体的预见可能性为基础的判断方法应该比较妥当。关于本案,应该直接判定,不存在预见结果发生的具体可能性。①

---

① 以上内容参见[日]甲斐克则:《医療事故と刑法》,成文堂 2012 年,第 124-128 页。

三、医疗事故中的"过失竞合"与"管理、监督过失"

1. 医疗事故中的"过失竞合"与"管理、监督过失"的意义

大型医院一般会组织大规模的团队来进行大型手术,在这种情况下发生医疗过失的原因,不仅仅是诊疗行为及其连带行为中的直接过失(最近过失),还包括由数个行为竞合所形成的"过失竞合",而且也包括由医院或诊所的诊疗体制、安全保障体制、经营体制等所带来的"管理、监督过失"。因此,"过失竞合"自身的问题,以及"过失竞合"与"过失犯罪的共同正犯"以及"管理、监督过失"的关系问题当中需要进行理论探讨的地方有很多。①

所谓"过失竞合",一般被定义为"因数个行为人的过失导致了一个构成要件结果发生的情形"②,其具体形态可分为对抗型过失竞合(行为者与被害者的对抗型过失竞合的类型)和并行型过失竞合(数个行为人的并行型过失竞合的类型)。而且,后者还可以继续分为①并列型过失竞合(对等行为人的过失处于同时、并列状态的竞合类型)和②串列型过失竞合(直接过失行为者的背后还存在其他过失行为者的过失状态的串列竞合类型),表现形式比较多样。③ "过失竞合"虽然在一定的范围内与过失犯罪的共同正犯存在共同点,但在连锁型扩大处罚范围这一点上存在着重要问题。与此相对,如果严密区分,"管理、监督过失"可以被分为"管理过失"和"监督过失"。前者是指,不通过职员行为等中间项,因管理者所负责的具体物理设备、机构、人员体制等不完善因素本身引发结果发生从而构成的刑事过失;后者是指,因对人指挥管理不善而导致的过失。④ 考虑这些问题时,必须要注意到现在有很多医疗事故案件的起因已经由"个人模式"发展为"组织模式"。⑤

特别是在②串列型过失竞合的情况下,即使有数个行为介入其间,但依然无法割断最初行为与结果之间的因果关系,这些过失行为者都被处罚的倾向比较明显。这一点该如何克服,是"过失竞合"理论的重要课题。⑥ 对于团队医疗事故中医疗过失行为责任的分配,问题尤为严重。另一方面,关于管理和监督者的刑事过失的理

---

① 关于"過失の競合"的严密分类及其问题点,参见[日]甲斐克则:《過失の競合》,载《刑法雜誌》2013年第52卷2号,第137页以下。
② 参见[日]山中敬一:《刑法總論(第2版)》,成文堂2008年,第378页。
③ 参见[日]西原春夫:《監督者の限界設定と信賴の原則(上)》,载《法曹時報》1978年第30卷2号,第4页以下;[日]山中敬一:《刑法總論(第2版)》,成文堂2008年,第378页。
④ 参见[日]三井誠:《管理・監督過失をめぐる問題の所在》,载《刑法雜誌》1987年第28卷1号,第18页。
⑤ 参见[日]甲斐克则:《醫療事故と刑法》,成文堂2012年,第1页以下。
⑥ 参见[日]甲斐克则:《過失犯と因果關係》,载《早稻田大学Law & Practice》2011年第5号,第221页以下。

论课题有：第一，存在着把谁设定为实行行为者，以及把该行为定为作为犯还是不作为犯的问题。在以不作为犯进行处理的场合，存在因其处于"监督者"地位而被追究过失责任的倾向，这一点需要注意。第二，在此基础之上需要慎重地确认有无因果关系。第三，需要确认所谓的安全体制确立义务（作为义务或注意义务）的内容及其是否存在，并探讨这是否可以奠定刑事责任的基础。第四，必须要判断具体的预见可能性的有无。这几点决定了我们如何把握过失的本质，从而导致结论出现差异，因此我们必须要对其进行深入探讨。另外，在探讨是否追究管理者和监督者的刑事过失的场合，例如，在涉及团队医疗和医院管理的情况下，由于会出现由分工所带来的责任分担问题，所以，第五，我们还必须要探究是否能够适用"信赖原则"。①

2. 医疗事故中"过失竞合"和"监督过失"的关系

最近以"过失竞合"为媒介，把实质的监督者作为直接过失人而判处有罪的值得注目的重要判例是，埼玉医科大学医院使患者摄入过量抗癌剂的案件。在本案中，该医院的耳鼻咽喉科的年轻主治医生B，在实施无经验的抗癌剂治疗（VAC疗法）时，因误读文献，制订了一个将原本应该1周注射1次的抗癌剂（硫酸长春新碱）每天注射1次的计划，给患者（16岁）连续注射7天后致其死亡。本案一个很大的特点是，不仅主治医生B，包括医疗团队的指导医生和耳鼻咽喉科科长兼教授的甲在内也都被以业务过失致人死亡罪起诉。尽管一审、二审和三审的结论都一样，但是在理论构成方面相互之间存在细微差异。②

第一审判决（埼玉地判1993年3月20日判例タイムズ1147号306页）判处耳鼻咽喉科科长兼教授的甲罚金20万日元、同科助手A罚金30万日元、同科助手B禁锢（不需参加劳动改造的自由刑——译者注）2年缓期执行3年。但是，关于判处甲有罪的逻辑，乍一看好像是因为监督过失，细看却会发现判决对甲自身也要进行确认，所以，该判决所依据的不是监督过失论，而是由于"过失竞合"导致结果发生。后因甲和A上诉，第二审法院（东京高判2003年12月24日刑集59卷9号1582页）撤销原判，重新对案件进行了审理，在判决中强调过失竞合论，判处甲禁锢1年缓期执行3年、A禁锢1年零6个月缓期执行3年。将二审法院的审判逻辑与埼玉地方

---

① 以上内容参见内藤谦：《刑法講義総論 下Ⅰ》，有斐阁1991年，第1174页以下；[日]甲斐克则：《責任原理と過失犯論》，成文堂2005年，第96页以下，特别是100页以下。包括民事判例在内的判例分析的详细内容参见[日]甲斐克则：《管理・監督上の過失》，载[日]中山敬一、[日]甲斐克则编著《新版医療事故の刑事判例》，成文堂2010年，第255页以下；[日]甲斐克则编：《医療事故と医事法》，信山社2012年，第265页以下；[日]甲斐克则：《医療事故と刑法》，成文堂2012年，第224页以下。

② 参见[日]甲斐克则：《医療事故と刑法》，成文堂2012年，第46页以下；《注意義務の存否・内容(4)》，载[日]山口厚等编：《刑法判例百選Ⅰ 総論（第7版）》，有斐阁2014年，第116页以下；[日]北川佳世子：《与薬・調剤と過失》，载[日]中山敬一、[日]甲斐克则编：《新版医療事故の刑事判例》，成文堂2010年，第211页以下；[日]林幹人：《医師の刑事過失》，载《判例刑法》，东京大学出版社2011年，第100页以下等。

法院的审判逻辑相比较的话,可以明显发现其明确放弃监督过失理论,很鲜明地采取甲的独自过失和其他两名相关人士的过失竞合的理论。尽管科长兼教授的甲之后继续提起上诉,但最终仍然被第三审的最高法院(最决2005年11月15日刑集59卷9号1558页)予以驳回,并且作了如下判断:

(1)关于被告没有核对给患者投药的具体计划,并基于错误的化学疗法计划使患者摄入过量硫酸长春新碱的过失,法院认为,"在耳鼻咽喉科领域,右下巴长滑膜肉瘤是非常罕见的病例,在这个医疗中心的耳鼻咽喉科中还没有临床实绩。所属该科的医务人员自不必说,连被告人也没有处理与此相同的病例的经验。还有,关于B所选择的VAC疗法(作者补充:开硫酸长春新碱、放线菌素D、CPA三种药剂的疗法),B、A不用说,就连被告人也没有在临床中使用的经验。并且被用于VAC疗法的硫酸长春新碱对于细胞核神经有很强的毒性,若使用方法不当,会产生严重副作用,并有可能导致严重后果。现在已经有患者因被过量给予该药而致死的案例被报道出来,但被告人以及B他们对这些知识的掌握却并不充分。再说,B作为医生,包括实习期间在内也不过才4年多。从该治疗中心的耳鼻咽喉科上班医生的水平来看,被告人曾经觉得为了防止过失发生,在平时有必要对B进行适当指导和监督。在这种情形下,可以认定被告人对于主治医生B和指导医生A给病人定错抗癌剂投用计划从而导致给病人投入过量抗癌剂的结果,是具有预见可能性的。所以,应该认定,被告人具有如下的注意义务:通过自身对临床案例、文献、医药品的相关说明书等进行调查研究,在掌握了VAC疗法是否合适以及使用方法、用量、副作用等情况的基础上,再开始着手探讨给患者使用抗癌剂计划书的内容,如果有错误就及时纠正"。而且,"被告人掌握用药计划,尽到上述注意义务原本是非常容易的,但由于其懒于做这些,才未能掌握用药计划的具体内容并探讨其正确与否,仅仅是对B选择VAC疗法这点予以认可,因此,他未能及时纠正错误的用药计划是存在过失的"。

(2)在出现严重副作用的情形下,被告的过失是否是没有快速地实施恰当的对症疗法,从而没有尽到防止死伤等重大结果发生的注意义务?对于这一问题,法院认为"从属于该团队的医生们没有VAC疗法的经验,关于副作用的发现及其对策方面也未能拥有充足的知识。在这种情形下,可以认定,被告人能够预见得到B等人因不能正确发现和应对副作用,从而导致伤亡结果发生的事态。因此,被告人具有如下的注意义务:针对VAC疗法的实施,自己在对其副作用以及应对方法进行调查研究的基础上,确认B等人是否具有关于硫酸长春新碱副作用的知识,在事前指导他们,确保他们能够应对副作用的同时,交代他们在出现所担心的副作用时应立即向被告人汇报"。

(3)从原判决的判示内容来看,可以认为其主要趣旨就是判定被告有包括前述事前指导在内的注意义务,即应该对主治医生们进行关于应对副作用的事前指导,同时自身也要通过接收其他主治医生的报告等方法来准确把握副作用的发现等,防止结果发生的注意义务。所以,从这个角度而言,可以认为第二审所作判决是正确的。

最高院的以上三点论述,与之前的过失犯判例相比较,确实已经很精细。并且还补充了二审高等法院论理的不足,值得称赞。在本案中,因为3名医生之间没有建立实质性的信赖关系,所以是不能使用"信赖原则"的①,因此最高法院针对本案没有轻易使用监督过失理论,而是采用过失竞合论。虽说这种做法是难以避免的,但是其完全不涉及监督过失论,在理论上仍然有不明确的部分。因此,如何明确两者的关系是亟待解决的课题。已经有学者担忧,如果过度使用过失竞合论的话,在发生危害结果的场合,依据这种逻辑,在大学医院等大型医院工作的所有的医疗人员都可能会被判为有罪。②

3. 医疗事故中的"过失竞合"的界限以及"过失犯的脱离"

在日本曾经发生过一起重大的横滨市立大学医院弄错患者案件。在该案中,参与团队医疗的医务人员集体失误,将应该做心脏手术的患者和应该做肺部手术的患者弄错,6名没能确认患者是否为同一人的相关医务人员(4名医生,2名护士)均被判有罪。③ 本案的因果经过如下:(1)已过值班时间仍在工作的护士1个人将2名患者(1人患心脏病,另1人患肺病)从7楼病房送至3楼的手术室前(病历是分开放的)。(2)在3楼等候的护士(属于责任护士,在3天前曾访问过2位患者)搞错了2位患者的姓名,致使2位患者被相互交换了手术室及手术部位。(3)在手术室中,4名医生当中最年轻的麻醉医生虽然针对患者的同一性提出疑问,但并没有进行充分确认,结果该手术仍然被继续予以实施。(4)2位患者的预定外部位被实施了手术,从而导致伤害结果发生。第一审法院(横滨地判2001年9月20日判例タイムズ1087号296页)对3名医生分别判处罚金50万日元、30万日元、40万日元,2名护士因业务过失罪分别被判处罚金30万日元、禁锢1年缓期执行3年(另外,曾要求对患者进行确认的1名麻醉医生被判无罪)。第二审法院(东京高判2003年3月25日刑集61卷2号214页)则判处在一审中无罪的年轻麻醉医生为有罪,处以罚金25万日元,其他被告人则分别被判处罚金50万日元。之后,只有那名在一审中被判无罪的

---

① 从"信赖原则"的角度对本案进行分析的有[日]林幹人:《医師の刑事過失》,载《判例刑法》,东京大学出版社2011年,第102页以下,但本案判决却并没有涉及到"信赖原则"。
② 参见[日]甲斐克则:《医療事故と刑法》,成文堂2012年,第54页;[日]大塚裕史:《チーム医療と過失犯論》,载《刑事法ジャーナル》2006年第3号,第18页以下。
③ 本案详情参见[日]甲斐克则:《医療事故と刑法》,成文堂2012年,第43页以下,第99页以下,第114页以下。

麻醉医生提起上诉,但最高法院以下列理由驳回了他的上诉(最决 2007 年 3 月 26 日刑集 61 卷 2 号 149 页)。

(1)"在医疗行为中,对患者进行同一性确认是该医疗行为得以正当化的大前提,这是医疗工作者的最最基本的注意义务。最好是医院能够建构起全院性的体制来决定医生和护士之间的任务分配,并广为宣传,严格贯彻执行。针对本案,该医院欠缺上述大前提,因此,不能允许参与手术的有关医生、护士等人员信赖其他参与人员会进行上述确认患者的工作,而认为自己没有必要再进行确认。每个人根据其职责,都有对患者同一性进行重叠性确认的义务。该同一性确认最迟必须在侵袭患者身体的麻醉注射前进行。而且,即使在实施麻醉之后,如果出现对患者同一性产生怀疑的情形,除非是手术已经到达难以中止或中断的阶段,否则相关人员都承担有停止手术,各自再次对患者同一性进行确认的义务。"

(2)"① 在注入麻醉药之前,医务人员有通过向患者询问或者确认外貌特征等符合患者状况的恰当方法,对患者同一性进行确认的注意义务。但是,在进行上述询问的时候,仅仅是称呼患者的姓,或者用在姓中加一些问候等称呼的方法,即使是该医院从前就有的惯行做法,作为对患者同一性进行确认的方法仍然是不够的。因为,患者在手术之前会陷入极其紧张和不安的状态,或者是受到病情或用药的影响已经神智不太清楚,可能已经不能察觉到被叫成不同的姓,或者即使意识到被称呼错了也不会主动提及。因此,本案被告没有同时采用确认患者容貌等其他外貌特征的方法对患者同一性进行确认这点是存在过失的。② 在患者被注入麻醉剂以后,被告基于患者的容貌特征以及食道、心脏的回声检查结果,对于患者同一性产生疑问的时候,曾向其他相关人员提出疑问,这虽然可以说是被告为了确认患者的同一性而采取了一定程度的措施,但这还并不能称之为能够确实进行确认的措施,因此,关于这一点也应该认为其是有过失的。

确实是因为其他相关人员并没有认真考虑被告所提出的疑问,才致使其未能采取可靠的同一性确认措施,所以,可以认为被告人为了防止搞错已经尽了一定的努力。但是,针对患者同一性这一最最基本的事项,既然已经以相当的事实为根据产生怀疑,那么,即使出现上述状况,也仍然不能认定被告尽到了注意义务。"

在本案中,以护士搬送 2 名患者为开端。护士将患者弄错,之后,虽然有人在手术中意识到可能弄错患者,但仍然继续进行手术,从而导致患者受到伤害。在这个因果连锁关系中,最高法院针对麻醉医生,认定其在麻醉之前没有采取充分的确认措施,在麻醉之后对于患者的同一性一度产生怀疑时没有采取可靠的确认措施这一点存在过失。麻醉医生为了防止弄错所作出的努力,被屈从于过失竞合论,未能成为无罪的理由。但问题是,在本案的因果关系中,本案上诉人医生是手术室中最年轻的实习医生,对于患者同一性提出疑问,并让他人再次进行确认,这一点具有重大意义。而且,最高法院也承认,"关于这一点,确实是因为其他相关人员并没有认真考虑被告所提出的疑问,才致使其未能采取可靠的同一性确认措施,所以,可以认为被告人为了防止搞错已经尽了一定的努力"。但结局是,最高院给出了非常严厉的结论,"针对患者同一性这一最最基本的事项,既然已经以相当的事实为根据产生怀疑,那么,即使出现上述状况,也仍然不能认定被告尽到了注意义务"。

但是,仅仅将上诉人医生所做的事情,评价为为了防止弄错的"一定的努力"说得过去吗?而且,虽说是团队医疗,但这是一个由权力关系所支配的领域,对于最年轻的实习医生能够要求其履行这么多义务吗?这实在是值得怀疑。其实,更应该说本案的关键问题在于医院的联络体制或监督体制不完备。在这种中途即使想脱身也脱不了身的团队医疗手术场合中,对于这个年轻的医生要求比这更多的义务,有与"法律不强求不能"这一基本原则以及责任原理相抵触的嫌疑。① 鉴于目前过失犯罪中正犯有被不断扩大的趋势,即使不能切断因果关系,像本案这种情形,是能够通过采用"从过失犯中脱离"的理论,将被告从正犯降格为从犯从而探索对其不处罚的途径的。② 换言之,被卷入这类因果连锁关系的人,在个别的事情中,为了消灭危险所作出的努力"并不要求一定要消灭"危险,在一定程度上尽到了相当的注意义务的情形下,至少可以将其从正犯的地位降格成狭义的共犯(从犯),从而变得不可罚,将其从这个因果关系中解放出来。这就是我想提倡的用以认可"从过失犯中脱离"的理论。这尽管与客观归责理论有点相近,但无须固执于客观归责理论也是可以适用的。也可以说这是一种关于可罚的过失的考虑。像这样解释,无论是根据新过失论在构成要件的阶段或违法性阶段考虑过失的立场,还是像我这样的立足于旧过失论,在责任阶段中考虑过失的立场,应该都是能够采用这个理论的。如果不这样,那么关于过失竞合论的问题,当下就不会出现理论性或实践性的解决方法。原本,除少数学者之外,一直以来学界都没有对过失犯中的"正犯"概念进行过充分讨论,其结果就是,判例也漫不经心地在"过失竞合"案件中承认众多正犯。因此,"过失竞合论"自身也迫切需要进行反省。

4. 医疗事故和信赖原则

最后,简单地探讨一下医疗事故和"信赖原则"的问题。这其中,针对护士等人的医疗行为,作为监督者的医生在何种场合需要承担过失责任是极为深刻的问题。特别是能否适用"信赖原则"是其重要论点。

---

① 参见[日]甲斐克则:《医療事故と刑法》,成文堂2012年,第116页。
② 关于"過失犯からの離脱論"的详细内容请参见[日]甲斐克则:《医療事故と刑法》,成文堂2012年,第119页;[日]甲斐克则:《過失の競合》,载《刑法雑誌》,2013年第52卷2号,第147页。

在北大电动手术刀案件判决中(札幌高院1976年3月18日高刑集29卷1号78页),被用于幼儿动脉导管开存症手术中的电动手术刀的刀片一侧电线与配极板那侧的电线被护士接反了,从而形成一个新的电路回路,从而导致幼儿的右下肢因重度烧伤而被切除(手术本身是成功的)。关于这个案件,法院认为,因对电线错误连接的可能性缺乏具体的认识,而且,因错误连接而引起伤害事故的预见可能性也并不高,所以,被告人在手术前对经验丰富的老护士K过度信赖而没有确认线路连接的对错,以当时的情况看来,这并无不妥之处。因此,不能认定被告人S预见到连接错误会发生伤害事故却没有采取检查线路的措施,也不能说他作为主刀医生违反了应该承担的注意义务。最终采用"信赖原则"宣告被告人无罪。关于"信赖原则"的讨论,之前主要是在如汽车碰撞事故这样的场合中是否可以适用于加害人和被害人之间。但以这个判决为契机,学界也逐渐开始讨论,如在团队医疗当中,"信赖原则"是否也能够适用于监督者和被监督者间。

确实,从分配责任的观点来看,在一定的场合中,这类案件是能够适用"信赖原则"的。但是,如果仅仅以存在形式上的工作分担这一侧面来考虑它的话,那么只要是单纯地把工作分派给下属,上司就可以免责,这显然是不妥当的。只有当监督者和被监督者之间存在实质性的信赖关系的场合才能适用"信赖原则",从而否定监督者的预见可能性。① 因此,仅仅是凭"她是经验丰富的护士"这点是不够的,关于该治疗其是否有值得信赖的基础才是判断的重点。也可以认为"信赖原则"是一种"从过失犯中脱离"的表现形式。而且,正如判例所指出的那样,是否存在"具体危险发生的征兆"是重要的考虑事项,如果能够肯定存在"具体危险发生的征兆",那么,就不能仅仅以"信赖原则"为根据来否定过失责任。虽说本案中的护士是一名经验丰富技术熟练的护士,但是从对于如何处理电动手术刀仍然是不太习惯。从这个角度而言,虽说主刀医生是在手术当中,但实质上是否应该适用"信赖原则"仍然值得推敲。在手术开始后因为电动手术刀效果不好,曾让护士提高功率,从"具体危险发生的预兆"等于具体的预见可能性这种观点看来,这一点是不能忽视的。考虑到使用电动手术刀的训练不够充分这一点,感觉判护士有罪有点过重。

如上,团队医疗和"信赖原则"问题的关键是,是否存在实质性的信赖关系,这对过失认定具有重大影响。此方向基本上是妥当的。从这个观点来看,上述埼玉医科

---

① 参见[日]甲斐克则:《医疗事故と刑法》,成文堂2012年,第106-111页;[日]米田泰邦:《医療行為と刑法》,一粒社1985年,第66页;[日]米田泰邦:《医療における未知の事故とチーム医療における医師の刑事責任(下)》,载《判例タイムズ》,1977年第316号,第60页以下;[日]米田泰邦:《管理監督過失処罰》,成文堂2011年,第7页以下、40页以下、67页以下;[日]米田泰邦:《医療者の刑事処罰》,成文堂2012年相关部分;[日]萩原由美惠:《チーム医療と信頼の原則(1)(2・完)》,载《上智法学》2005年第49卷1号,第49页以下,第49卷2号,第37页以下。

大学医院让患者服用过量的抗癌剂和横滨市立大学医院弄错患者的案件,是难以适用"信赖原则"的。换言之,能够适用"信赖原则"的案件都是被作为医疗过失来处理的。从这种意义出发,"信赖原则"对于医疗实务和刑事司法仍然具有重要意义。

四、结语

至此,针对医疗事故和过失犯罪的问题进行了探讨。这个问题,在考虑到过失犯论的前提下,显然会衍生出各种各样的问题。但是,考虑到医疗这一特殊领域,刑事法介入相关医疗事故必须要有利于促进医疗安全。因此,有必要继续探索系统性的医疗事故处理模式。其中不仅要考虑查明原因、明确责任、预防事故以及早期补偿被害者等内容,还需要考虑包括民事处理在内的所有能够恰当处理医疗事故的途径。此时,应该朝着将追诉、处罚对象限定于下列"重大过失"的方向努力:(1)草率地强行实施没有经历过的有难度的治疗或手术,(2)明显怠慢收集信息(特别是患者信息、医疗的风险和利益信息),(3)优先考虑功名和利益,不惜牺牲安全性,草率地强行实施治疗或手术等。①

第三节　知情同意与医疗代理决定的刑法效力＊

一、引言

2017年3月15日全国人大表决通过了民法总则,在第二章第二节"监护"的内容之中,明确了"尊重被监护人意愿""最有利于被监护人"的原则,增加了"遗嘱监护""意定监护"等新的规定,较民法通则的规定而言具有相当的进步和突破。监护中针对被监护人人身的保护,最为重要的问题应当是涉及医疗行为时的决定。意思能力欠缺者在接受医疗服务时,需要视其程度考虑由本人自主决定或由亲属(监护人)代为决定。另一方面,人在步入老年之后,伴随而来的是意思能力以及身体机能的衰退。可以预想,今后老年人对于医疗及保健的需求将不断增长,而对于老年人在医疗过程中涉及的诊断、治疗、用药等事项的决定,可能会因为意思能力和精神状态具有程度差异,产生代为同意的问题。当下正处于编撰中的《民法典各分编(草

---

① 关于这一点,参见[日]井田良:《医療事故に対する刑事責任の追及のあり方》,载《三井誠先生古稀祝贺論文集》,有斐阁2012年,第229页以下对于"限定"持消极态度。关于医疗事故申报义务参见[日]甲斐克则:《医療事故と刑法》,第271页以下。

＊ 本节主要内容最初发表于《浙江工商大学学报》2019年第6期。

案)》在"医疗损害责任"一章中,第994条和995条几乎完整复制了侵权责任法第55条和第56条的内容,进一步强调了患者的知情同意权。"患者的知情同意"是医事法中的核心原则,是医疗行为刑事正当化的三要件之一。患者欠缺自我决定能力时,理论与实践一般都认可用"医疗代理同意"代替"患者的知情同意"。但是,正如"肖志军拒签案""孕妇跳楼案"所引发的激烈争议那样,究竟由谁来代替患者行使知情同意权仍是一个亟待解决的重要课题。因此,本文在归纳我国民法典编撰所体现出的"医疗代理"变化的基础上,基于法秩序的统一性原理,尝试对各种类型的医疗代理决定的刑法效力进行探讨。

二、知情同意与医疗代理制度的发展

(一)知情同意的生成

近年来,我国医患关系持续紧张,医患纠纷多发,甚至医闹、医伤等恶性案件也时有发生。根据相关统计,我国60%以上的医患纠纷起因于患者的知情同意权未能获得充分保障。[1] 所谓知情同意,既是名词也是动词,前者是指在医师充分履行说明义务的基础上患者所给出的同意,而后者是指患者基于医师对其病情提供的诊断、治疗等相关信息作出医疗同意的动态过程。知情同意原则既是实现患者自我决定权的前提,也是维持理性医患关系的基础。但在西方医学史上,因受到医疗亲权主义思想的影响,很长一段时间都遵循"希波克拉底誓言"所体现的"医师中心主义",医师和患者是完全的支配和被支配的关系,患者仅仅是托付给医师的医疗客体,医师具有完全的自由裁量权,即使未经患者同意,医师实施医疗行为也是合法的。后来到中世纪,由于贵族阶层的出现,医师开始倾听他们的医疗诉求,从而产生知情同意的萌芽并逐渐获得少数国家的判例确认。之后,为了规制德国纳粹医师在第一次世界大战中所肆意进行的人体实验,纽伦堡审判通过的《纽伦堡法典》首次在国际范围内提出了"知情同意"问题。为了应对此问题,1948年世界医学会制定的《日内瓦宣言》明确规定了医师的说明义务。1964年世界医学会制定的《赫尔辛基宣言》更为详细地规定了"知情同意"的内容,但该宣言仅适用于人体实验。1981年世界医学会通过的《里斯本宣言》规定,任何患者在听取了医师的充分说明后,享有接受或者拒绝治疗的权利,将"知情同意"的使用范围扩展至所有医疗行为。至此,经过国际社会的共同努力,知情同意原则已经普遍成为医疗活动中必须遵循的最高准则。[2] 知情同意是患者的"自我决定权"在医疗领域运用的体现。

---

[1] 参见刘晓燕:《患者知情同意权探析——兼评〈侵权责任法〉第55条、第56条的规定》,载《前沿》,2012年第10期,第49—51页。

[2] 参见杨丹:《医事刑法研究》,中国人民大学出版社2010年,第175页。

在我国历史上，由于受到传统"家本位"思想的影响，对病人的照顾基本是家庭的义务，因此患者的医疗问题主要由家长来决定。再加上传统医学伦理提倡"仁道德"，医师在"望闻问切"的诊疗过程中，需要与患者建立紧密的信赖关系。这些均导致"患者知情同意权"难以生成。直到20世纪90年代中期，随着国民受教育程度的普遍提升，以及改革开放和市场经济发展的影响，患者的权利意识逐渐觉醒，致使医患纠纷开始多发。为了应对此状况，我国的立法机构在相关的法律、法规以及规章中逐步提倡"患者的知情同意"。至此，知情同意原则在我国法规和规章中获得系统性肯定。[1] 当患者意识清楚时，毋庸置疑应当征求其本人意见，但如果患者欠缺意识表达能力时，我国也与西方国家同样选择了"医疗代理"制度，将患者的知情同意权授予其代理人行使。但该代理人的范围及权限则一直处于发展与变化之中。

(二) 知情同意与医疗代理制度

原卫生部1982年颁布的《医院工作制度》在"施行手术的几项规则"中规定："实行手术前必须由病员家属、或单位签字同意（体表手术可以不签字），紧急手术来不及征求家属或机关同意时，可由主治医师签字，经科主任或院长、业务副院长批准执行。"随后在国务院1994年颁布的《医疗机构管理条例》第33条中规定："医疗机构施行手术、特殊检查或者特殊治疗时，必须征得患者同意，并应当取得其家属或者关系人同意并签字；无法取得患者意见时，应当取得家属或者关系人同意并签字；无法取得患者意见又无家属或者关系人在场，或者遇到其他特殊情况时，经治医师应当提出医疗处置方案，在取得医疗机构负责人或者被授权负责人员的批准后实施。"此阶段的特征是，还未明确提出"患者的知情同意权"以及医务人员的"说明义务"，患者代理人的主体为患者的家属及关系人或单位，医疗机构还拥有支配性医疗裁量权。

1999年颁布的《中华人民共和国执业医师法》第26条规定："医师应当如实向患者或者其家属介绍病情，但应当注意避免对患者产生不利后果。医师进行实验性临床医疗，应当经医院批准并征得患者本人或者其家属同意。"这是我国法律第一次正式规定医师的说明义务，确立了患者的"知情同意权"。2002年颁布的《医疗事故处理条例》第11条规定："在医疗活动中，医疗机构及其医务人员应当将患者的病情、医疗措施、医疗风险等如实告知患者，及时解答其咨询；但是，应当避免对患者产生不利后果。"把"知情同意权"由临床医疗扩展至整个医疗活动。而关于意识不清的患者的紧急救治代理人则延续了《医疗机构管理条例》第33条的规定。

2010年施行的《中华人民共和国侵权责任法》第55条规定："医务人员在诊疗活动中应当向患者说明病情和医疗措施。需要实施手术、特殊检查、特殊治疗的，医务

---

[1] 参见冯军：《病患的知情同意与违法——兼与梁根林教授商榷》，载《法学》，2015年第8期，第108-125页。

人员应当及时向患者说明医疗风险、替代医疗方案等情况,并取得其书面同意;不宜向患者说明的,应当向患者的近亲属说明,并取得其书面同意。"第 56 条规定:"因抢救生命垂危的患者等紧急情况,不能取得患者或者其近亲属意见的,经医疗机构负责人或者授权的负责人批准,可以立即实施相应的医疗措施。"与之前的执业医师法和《医疗事故处理条例》的内容相比,主要变化是用"近亲属"替代了"亲属"。这两个条款,被当下正处于编撰中的《民法典各分编(草案)》第 994 条和 995 条确认和承继。

2017 年 3 月 15 日全国人大表决通过了的《中华人民共和国民法总则》第 35 条规定:"未成年人的监护人履行监护职责,在作出与被监护人利益有关的决定时,应当根据被监护人的年龄和智力状况,尊重被监护人的真实意愿。""成年人的监护人履行监护职责,应当最大程度地尊重被监护人的真实意愿,保障并协助被监护人实施与其智力、精神健康状况相适应的民事法律行为。"明确了"尊重被监护人意愿"的原则。第 33 条规定:"具有完全民事行为能力的成年人,可以与其近亲属、其他愿意担任监护人的个人或者组织事先协商,以书面形式确定自己的监护人。"增加了"意定监护"等新规定,较《中华人民共和国民法通则》的规定而言具有相当的进步和突破。监护中针对被监护人人身的保护,最为重要就是涉及医疗行为时的决定。意思能力欠缺者在接受医疗服务时,需要视其程度考虑由本人自主决定或由亲属(监护人)代为决定。

通过以上梳理,可以看出从《医院工作制度》到《医疗机构管理条例》,到《中华人民共和国执业医师法》和《中华人民共和国侵权责任法》,再到《中华人民共和国民法总则》以及《民法典各分编(草案)》,对于意识不清患者的医疗代理决定的首选代理人从最早的"家属或机关、关系人"到后来的"家属",再到最终的"近亲属"。整体而言呈现出从"医师中心主义"向"患者中心主义",从"法定主义"向"意定主义"变化的特征。但是把医疗机构作为意识不清患者"兜底代理人"的规定则始终没有变化。"不能取得患者或者其近亲属意见"中的"不能"究竟仅指客观上不能,即患者本人无法表达意志而一时又无法查明患者的近亲属或无法联系到其近亲属,还是指包括主观上的不能,即能联系到患者近亲属,但近亲属意见不一致或患者近亲属拒绝表示同意等主观上的原因。对此情形,医疗机构是否可以作为"兜底代理人"予以代理同意并实行紧急救治行为,一直存在学术争鸣。在民法学界和刑法学界都存在"赞成说"和"反对说"。[①]

---

① 参见王岳:《意识不清患者紧急救治代理人制度的流变与展望》,载《医学与哲学(A)》,2018 年第 8 期,第 10-14 页。

三、知情同意与医疗代理的刑法意义

（一）医疗行为的正当化原理

虽然在我国的侵害患者知情同意权的刑事案件并不多①，但医疗行为的正当化原理却是刑法学中一个重要问题。因为这涉及整个医疗领域内各个具体医疗行为的刑法评价。医疗行为特别是以外科手术为代表的侵袭性医疗行为②，既具有有用性，也具有有害性（药物或手术的副作用）。因此，对于侵袭性医疗行为是否符合伤害罪的构成要件该当性，在中外刑法学界存在激烈的争议。医疗行为伤害说认为，只要医疗行为给患者身体法益造成了直接的伤害，就应该承认其符合伤害罪的构成要件，但可以因存在阻却违法事由而得以正当化。与之相对，医疗行为非伤害说则认为，医疗行为本来就不符合伤害罪的构成要件，未经患者同意而实施的专断的医疗行为，应作为侵害自由的犯罪处罚。③

医疗行为非伤害说的最为有力的理由是，把侵袭性医疗行为解释为符合伤害罪的构成要件，就相当于把医师的手术刀等同于凶徒的匕首，不符合普通民众的朴素正义感。但是，依照刑法学的阶层理论，是否构成犯罪需要经过构成要件该当性、违法性以及有责性三个阶层的判断，需要经由宏观至微观，客观到主观的逻辑判断，没有必要因具有构成要件该当性就产生情绪化反对。而且，如医疗行为不符合伤害罪的构成要件，容易导致所有无视患者本人意见的专断医疗行为变成不可罚行为，此结论显然不合理。因此，医疗行为伤害说更为妥当。

既然医疗行为符合伤害罪的构成要件，则需从违法性层面探索其合法化根据。如果将医疗行为的正当化根据定位为患者的被害人同意，那么只要取得了患者的同意，即使是不符合医疗水准的医疗行为也能实现正当化，显然不合适。对于医疗行为阻却违法性的原理，行为无价值论者和结果无价值论者持有不同的观点。行为无价值论者认为其理论根据在于医疗行为具有社会相当性；而结果无价值论者则主张其理论根据在于医疗行为能够产生超过侵害患者身体利益的优越利益。④ 要探讨社会正当性，显然不以患者的意思为主，而应当以一般人的视角去斟酌正当性，从此角

---

① 在我国侵害患者知情同意的案件几乎都是作为民事侵权案件处理，很少有案件作为刑事案件处理。其主要理由在于，在我国如走刑事程序，被害人往往无法获得精神损害赔偿。而且，医院为了声誉，一般不愿接受案件被定性为刑事犯罪，往往以不出现"医疗事故"的定性为条件对患者赔偿金额作出让步。因此，医事案件的被害人及其家属往往愿意按照民事案件而非刑事案件提起诉讼。参见马军，温勇，刘鑫：《医疗侵权案件认定与处理实务》，中国检察出版社2006年，第51页。
② 严格而言，不是所有医疗行为都具有侵袭性。为行文方便，本文所探讨的医疗行为均指侵袭性医疗行为。
③ 参见曹菲：《医事刑法基本问题研究》，载《环球法律评论》2011年第4期，第71-86页。
④ 参见[日]宇都木伸，[日]塚本泰司：《現代医療のスペクトル》，尚学社2018年，第54页。

度而言显然有轻视自我决定权之嫌。而且,社会相当性比较抽象,难以提供具体判断标准。显然结果无价值论者所主张的"优越利益说"更为合理。医疗行为的对象是人,涉及人的身体与健康,必然会伴随着一定的侵袭危害或风险,但由于其可以治愈疾病或防止疾病恶化,能够为患者带来更为优越的利益,因此,医疗行为虽然符合伤害罪的构成要件该当性,但只要保护了患者"优越利益"的就可以阻却违法性,就是各国普遍认可的"正当业务行为"。

当然,不是所有造成患者伤害的医疗行为都能阻却违法性。医疗行为要成为正当的业务行为,首先要符合形式性要件,即主体适格,实行医疗行为的主体要取得医师职业资格①,不具备医师资格的人从事医疗行为自然无法成为正当的业务行为,给患者造成伤亡的需要承担相应的刑事责任。需要指出的是,此处的医师资格要做实质性解释,对于那些因受逃税受行政处罚而被暂停医师资格(实际上具备医师的能力)的人实行医疗行为的,只要已获得患者的知情同意,即使造成危害后果,也不应通过伤害罪加以处罚,而应该以非法行医罪定罪量刑。理由在于伤害罪的保护法益在于身体安全,而医师资格这一医疗秩序法益则由非法行医罪加以保护。此外,如果因医务人员严重不负责任,医疗行为导致患者死亡或健康严重受损害的,医务人员将会被追究刑事责任。医疗行为在未获得患者同意的情形下实施,就是下文将要详细论述的专断医疗行为,那么不管医疗行为本身成功或失败,造成患者伤亡结果的医疗行为人都有可能被追究杀人罪或伤害罪的刑事责任。总之,医疗行为要想成为正当业务行为而获得正当化,必须要符合一定的要件。

(二) 医疗行为的正当化要件

医疗行为的正当化根据在于医疗行为实现了患者的优越利益。那究竟什么样的医疗行为才能称为实现了患者的优越利益?依照德日主流学说的观点,医疗行为必须符合医学适应性、医术正当性以及患者的知情同意这三个要件,才能被归为保护了患者的优越利益,才能成为可阻却违法性的"正当业务行为"。② 这其实是保障患者自我决定权以及身体存在权的体现。

医学适用性是指医疗行为需要具有帮助患者增进或恢复健康的目的,欠缺医疗目的的行为已脱离医疗行为的范畴,即使具有患者同意,也无法通过医疗行为正当化原理实现正当化。医术的正当性是指必须依照医学界普遍认可的医学准则来进行,要达到一定的医疗水准。医疗行为要具备相应的安全性,如果医疗行为过于尖端,还未成熟,欠缺医术正当性,那么此时即使是发生在医院的手术行为,也不是本来意义上的医疗行为,应属于人体实验或临床试验的范畴,两者的合法化要件并不

---

① 只有取得《医师资格证书》《医师执业证书》《医疗机构执业许可证》这三证的人才具有医生执业资格。
② 参见[日]甲斐克则:《ブリッジブック医事法》,信山社 2008 年,第 59-60 页。

相同。

知情同意是指患者在医师充分说明基础上所给出的同意及其过程。患者的同意并不完全等同于被害人同意。比如"切除已长有癌细胞的部分手指",作为普通的被害人,他遭受到的只有身体上的伤害,认识到此伤害结果却仍然给予同意属于主动放弃法益的要保护性,是极为例外的情形,因此需要对同意的要件进行严格解释。如最终的加害人并不是被害人事前所同意的行为人,那么该同意应当无效。而作为患者是考虑到切除已长有癌细胞的部分手指可在很大程度上防止癌细胞扩散从而增进其健康和生命法益,从而同意接受切除手术。此时的患者在自己的身体完整性利益和生命、健康维持利益之间优先选择了后者,其实是期待获取更大利益,而非单纯的放弃法益,因此,对于患者同意的要件可以予以略微宽松的解释。比如,即使患者对于主刀医的职称、术后住院时间等产生认识错误,也不影响针对医疗行为本身的同意效力。

知情同意原则是实现患者自我决定权的前提,同时也是患者的自我决定权在医疗活动中的直接体现。个人的基本权利均源自人类尊严,而人类尊严最为重要的一个内核即拥有"自我决定权"。"自我决定权"来自密尔的古典自由主义,即每一个人均为享有尊严的个体,可以排除外部干涉按照自己的意志自由地决定自身的发展。在医疗领域,该原则表现为患者享有了解自身病状、病名、预后、治疗方案、风险、效果等相关信息的权利,并在充分理解的基础上,给出是否同意的决定。换言之,患者对于将要在自己身体上实施的医疗行为,具有充分了解并给出拒绝或者承诺的权利,强调的是患者对其身体行使控制权。总之,自我决定权保护的不是患者的身体完整性,不能仅凭所谓的客观合理性而侵害患者的身体法益,而是保护患者根据其人格追求对身体进行自我决定的自由。[①]

知情同意中,同意的前提是说明。关于医师需要在何种程度上来履行说明义务,在理论上存在"合理医师标准说""合理患者标准说""具体患者标准说"以及"双重标准说"。[②] 医疗过程不仅仅涉及医疗方案,关于使用的医药品、医疗材料的种类以及量,检查处置的时间地点,病床的分配,护理方案等等,随着医疗状况的变化,需要及时而频繁地作出众多判断,要求医务人员对这些措施都要向患者予以详细说明,不仅不合理也不切实际。因此,说明义务的内容应限定于那些对患者生命、健康法益有重大意义,且能够影响患者是否给出同意的相关内容。具体而言,应当主要是指那些涉及重大诊断及医疗的方案(是否住院,是否进行手术等),特别是那些危

[①] 参见[日]米村滋人:《再論・患者の自己決定権と法》,载《刑事法・医事法の新たな展開(下卷)》,信山社2014年,第102页。

[②] 参见陈子平:《医疗上充分说明与同意之法理》,载《东吴大学学报》,2000年第1期,第60页。

险性较高的侵袭性医疗方案以及其他可替代方案的说明。

（三）专断医疗行为

医疗行为如欠缺知情同意要件就会成为专断医疗行为。狭义的专断医疗是指在非属于强制医疗和紧急医疗的情况下，医师应当并且能够获悉患者的意思，却置患者的意思于不顾而擅自实施的医疗行为，而广义的专断医疗则涵盖强制医疗、紧急医疗和狭义的专断医疗[1]，由于强制医疗、紧急医疗的法律评价争议不大，此处主要探讨狭义的专断医疗行为。关于专断治疗的法律评价，学界存在较大争议。多数学者认为专断医疗行为仅仅属于民事违法行为，并不构成刑事犯罪，此类问题应当通过民事赔偿予以解决。[2] 甚至有学者进一步主张，医师面对危重患者，实施抢救其生命的专断医疗行为，不仅不会构成犯罪，而且是法定的作为义务，如不抢救就可能构成过失致人死亡罪。因为，医师抢救病人的责任是无条件的，不以患者的同意为前提。是否构成犯罪关键看行为是否侵害或威胁到刑法所保护的法益（刑罚否定说[3]）。违反患者同意的专断医疗行为如没有给患者造成身体上的伤害，自然不构成犯罪，但如果已给患者造成严重身体伤害或死亡后果的则需要追究其刑事责任。因此，前者的观点显然不合适，而后者的观点则过于激进。因为如果患者及其家属明确表示拒绝治疗，法律仍然要求医师实施强制治疗，那么，即使治疗成功医师也要承担民事赔偿责任，一旦治疗失败医师还要承担刑事责任，医师就会"比窦娥还冤"。[4] 因此，也有学者主张，自我决定权是人的自由的核心，属于最高的权利，具有绝对的价值，值得用刑罚加以保护，因此专断医疗行为不仅具有民事违法性，而且完全构成刑事犯罪（刑罚肯定说）。[5] 该说过于严厉，忽视了自我决定内容的层次性以及自我决定的受制约性，且容易导致医师倾向于保守医疗。

还有部分学者认为专断医疗行为不仅民事违法，在情节严重时也具有刑事违法性，可构成犯罪。[6] "以民法规制为原则，以刑法规制为例外"，即专断医疗行为原则上承担民事损害赔偿责任，仅在例外情形下才需承担刑事责任（中间说[7]）。患者的

---

[1] 参见杨丹：《医疗行为的正当化研究》，载《社会科学》，2009年第12期，第72-82页，第183页。
[2] 参见刘明祥：《伤害罪若干问题比较研究》，载冯军：《比较刑法研究》，中国人民大学出版社2009年，第367页。
[3] 参见谢望原：《孕妇事件：医院应负有不可推卸的法律责》，载《法制日报（周末）》，2007年12月2日。
[4] 参见苏力：《医疗的知情同意与个人自由和责任——从肖志军拒签事件切入》，载《中国法学》，2008年第2期，第3-27页。
[5] 参见冯军：《专断性医疗行为的刑事处罚及其界限》，载刘明祥：《过失犯研究》，北京大学出版社2008年，第193-200页。
[6] 参见熊永明：《医师义务的悖反关涉的刑事问题》，载刘建利：《医事刑法重点问题研究》，东南大学出版社2017年，第32页。
[7] 参见梁根林：《医疗过失与专断医疗行为"断想"》，载刘明祥：《过失犯研究》，北京大学出版社2010年，第275页。

自我决定权属于各国值得用宪法加以保护的权利,从此角度而言,在情节严重时将专断医疗行为作为犯罪处理也具有一定的合理性,所以,中间说更为妥当。如前述,医疗行为的正当化根据在于是否实现了患者的优越利益保护。但优越利益判断标准并不唯一,既包含身体健康等客观利益,也包含身体外观和机能等主观利益。[1] 在通常情况下,涉及身体客观利益的,是否符合优越利益只需通过医学适应性和医术正当性进行判断即可。如符合医学适应性和医术正当性,仅仅欠缺患者知情同意的,可通过认定医师违反说明义务从而构成侵权,判处损害赔偿的方式予以解决。但如果涉及切除乳房等身体重大外观改变或切除子宫等影响重要身体机能的医疗行为,就必须要获得患者的知情同意,欠缺患者知情同意的应当追究其刑事责任。

四、民法典编撰视野下医疗代理决定刑法效力的类型化分析

(一)法秩序的统一性

各国法律体系都是以宪法为顶点,以刑法为保障,以行政法、民商法等为支撑的类金字塔型构造,这些法规范形成一个体系时就是"法秩序"。虽然在法秩序内部,根据民法、刑法等不同,按照各自不同的原理而形成独立法领域。但各法律规范都是基于国家管理社会的目的而设立,相互之间是一个层级高低不同、处罚力度和内容不同且互相配合的有序体系,相互之间应当没有矛盾,具有统一性,这就是"法秩序统一原理"[2]。

民法总则第33条规定了意定监护,被监护人丧失行为能力之前订立的监护协议原则上应遵照其意思优先于法定监护的监护人。《民法典各分编(草案)》直接使用了侵权责任法中关于医疗同意及医疗代理制度的相关规定,体现了我国的医疗决定由"医师中心主义"向"患者中心主义"的转变,医疗代理由"法定主义"向"意定主义"的发展。这显然更有利于尊重和保护患者的自我决定权,积极支援患者发挥主体性,可以将患者从医疗权威中解放出来。这些变化的背景是世界范围内民法的人格权制度迅速发展,人格权从消极保护转向积极保护,强化了对弱势群体的权利拥护,强化了对生命尊严和自我决定权的保护。[3]

自我决定权之所以在世界范围内受到推崇,主要是因为它代表着人的"自律和自由"。自己是自己人生的创造者,自己是自己人生的支配者,自己能够选择自己的

---

[1] 参见曹菲:《医事刑法基本问题研究》,载《环球法律评论》,2011年第4期,第76页。
[2] 参见刘艳红:《法定犯与罪刑法定原则的坚守》,载《中国刑事法杂志》,2018年第6期,第61页。
[3] 参见[日]菅富美枝,[日]成年后见:《高齢者介護うとエンパワーメント》,载《ホセ・ヨンパルトなど.法の理論26》,成文堂2007年,第178-179页。

生活方式,只有这样人才是自由的存在、自律的存在,才算是拥有人的尊严。①② 如上述,自我决定权在我国已经受到了多部医疗行政法律、法规及民法的多重保护,但这并不意味着可以完全代替刑法。虽然,刑法具有谦抑性,但刑法乃是其他所有部门法的担保法,以确保其他部门法的制裁能发挥正常作用,在整个法律体系中承担着指导和强化的机能。刑法虽然不是万能法,但确实可以提高特定保护法益在公共意识中的地位。③ 无论是行政法、民法还是刑法,出发点都是为了保护"患者的利益"。基于法秩序的统一性原理,由于各法领域对于"自我决定"的概念的理解以及保护的方法并不相同,因此具体情景下的结论可以具有独立性,但最终应当一元地、统一地进行把握。刑法不能处罚在其他法领域已被认定的正当行为。各部门法之间应相互参照,尽量得出相同结论。因此,当刑法在评价相关医疗代理行为时需要考虑到已有行政法规、民法对于医疗代理的方向转变,因此,刑法在评价涉及医疗决定的案件时也需要朝向保护患者自我决定权方向倾斜,尽可能地尊重患者的自我决定,患者欠缺意思决定能力的则尽可能尊重依照相关材料而推定出的患者的想法,即患者的推定同意。

(二)医疗代理刑法效力的类型化分析

知情同意的主体是患者,只有当患者具有能够理解将要接受的医疗行为的性质并能承受相应后果的能力才能成为同意的主体。在医疗临床上,来就诊的除正常的成年人外,也有未成年人或精神病患者等根本就不具有判断能力的患者,当然也有不少被紧急送来抢救的已处于欠缺意思表达能力状态的成年人。这些情形根本无法获得患者的知情同意,换言之,无法具备知情同意这一医疗行为正当化要件。但是,仅因无法获取知情同意,这类医疗行为就都无法实现正当化显然不合理,有必要在一定范围内予以认可。为了解决此问题,国内外都不约而同地选择了医疗代理。代理的主体一般包括患者的监护人、近亲属以及医疗机构。究竟该优先采用"监护人"或"近亲属"还是"医疗机构"的代理决定存在激烈争议。

如前述,在我国的民法典编撰背景下,医疗代理正由法定变为意定,由形式推定变为实质推定。这符合加强保护患者自我决定权的世界潮流。因此,究竟应当优先考虑何种"代理"应通过"患者的推定同意"去判断。换言之,应当尽可能地从各种证据去推断患者的真实想法,去推定如果患者能够表达意愿,他会作出怎样的决定。所谓患者的推定同意,是指并不存在患者现实的同意,但推定如果患者知道事实真

---

① 参见 J. Raz. The Morality of Freedom. Clarendon Press,1986 年,第 369 页。
② 参见[日]星野亚纪子:《インフォーム・コンセントの法理の法哲学的基礎づけ》,载[日]甲斐克则:《インフォーム・コンセントと医事法》,信山社 2010 年,第 30 页。
③ 参见 Albin Eser:《医事刑法から统合的医事法へ》,上田健二,浅田和茂译,成文堂 2011 年,第 289 - 290 页。

相的话就会给出同意。患者推定的同意毕竟是推定出的患者想法,有时未必就一定会符合患者的真实想法。比如,因交通事故失血过多而昏迷的患者被紧急送至医院抢救,医院对其予以紧急输血。但患者苏醒后出于宗教信仰的理由强烈反对医院输血,未能给予事后追认的同意。由于违法性的有无应当以行为时的各状况为基础进行判断,应属于事前的推断。只要在输血当时不存在患者明确拒绝接受输血的信息,即使事后患者的真实意思并不同意,也不应影响其违法性的判断。① 虽然说推定的同意仍然存在与患者意思相反的可能性,但医疗行为的顺利实施会带来优越法益,因此应当获得允许。由于推定同意的阻却违法性的效果不如现实的同意,所以,推定同意仅限于在无法获得患者现实同意时才能适用。即,推定同意的适用应具有补充性。但主要问题在于,在不同情形之下,监护人、近亲属以及医疗机构,究竟谁的意见更能代表患者推定的同意,以下结合具体案例对不同类型的医疗代理刑法效力进行分析。

1. 代理决定与患者本人现实意见不一致

2017 年 8 月,在陕西榆林市第一医院绥德院区住院部,产妇马蓉蓉在待产时,从医院 5 楼坠亡。事发后,医院方面表示,由于家属多次拒绝剖宫产,最终导致产妇难忍疼痛跳楼。但是产妇家属却声称,曾向医师多次提出剖宫产被拒绝。② 虽然患者家属和医院方的主张不一致,但显然产妇马蓉蓉本人的意见未得到尊重。知情同意权的主体原本就是患者本人。如果患者本人拒绝剖宫产,医院不得强制进行。理由在于:现实存在的人并不一定都是能够进行正确价值判断的"理想人",并不能总是采取合理的思考和行动。因此,即使是公认的利益,如果本人不希望,刑法也没有必要对其予以保护,这种不合理的意思也应当获得尊重。出于对个人"自我决定权"的尊重,即便在客观上看起来是不合理的,但也必须予以保护。③ 但本人明明希望,却仅因监护人、近亲属不同意而无法进行手术显然不妥。医疗行为的正当化理论在于保护患者更为优越的利益。既然患者已经通过明示的方法选择了自身的利益,即使该选择在客观上并非为一般人所认同的优越利益,那么该患者的选择的仍然是优越利益。民法总则第 130 条明确规定:"民事主体按照自己的意愿依法行使民事权利,不受干涉。"此外,《民法典各分编(草案)》第 994 条和侵权责任法第 55 条也明确规定了患者的自我决定权,即患者本人有权知道病情和医疗措施,并有权自主作出决定。即使某些患者在就诊时将知情同意权以明示或默认委托给监护人、近亲属代理行

---

① 参见[日]甲斐克则,[日]手嶋丰:《医事法判例百选》,有斐阁 2014 年,第 80 – 81 页。
② 参见央视独家采访《陕西榆林产妇坠楼事件在场人员还原事情经过》,https://www.sohu.com/a/207017623_100009894,最后访问日期 2019 年 10 月 1 日。
③ 参见[日]增根威彦:《刑法学基础》,黎宏译,法律出版社 2005 年,第 64 页。

使,但监护人、近亲属的代理权仍然来自患者,当监护人、近亲属和患者的意见出现矛盾时,医师显然应当优先尊重患者本人的自我决定。当监护人和近亲属意见不统一时,优先尊重监护人的决定。同理,医院也无权要求患者必须选择某种医疗行为。因此,对于本案,孕妇其实是有知情同意能力的,不管是监护人、近亲属还是医院,只要干涉孕妇行使自我决定权就存在侵权行为。如本案中孕妇不是因自己跳楼而亡,而是因大出血或剧烈疼痛而亡,相关医务人员或患者家属需要被追究刑事责任也是完全可能的。因此,当代理决定与患者本人意见不一致时,代理决定无效,一定要优先尊重患者本人的自我决定。

2. 无法获得监护人同意

2007年11月,怀孕9个月的李丽云因呼吸困难和"丈夫"肖志军(二人尚未登记结婚)一起来朝阳医院京西分院看感冒。医院诊断李丽云感染重症肺炎,建议立即进行剖宫产手术,由于李丽云陷入昏迷,肖志军成为唯一有权签字的人,但肖志军5次拒绝签字同意。结果,当天李丽云因严重的呼吸、心肺衰竭,和腹中的孩子双双身亡。[①] 本案涉及的主要问题是,在患者因丧失意识无法行使自我决定权的情况下,究竟是优先监护人、近亲属的代理决定,还是优先医师根据客观状况所给出的符合患者客观医疗利益的代理决定?

此问题争论的本质在于"监护人、近亲属的决定"与"医师、医疗机构的决定"哪个更符合患者的优越利益。即便没有现实的同意但仍然要考虑代理决定是否与患者的个人意思方向一致,应当在现实同意的延长线上考虑该问题的见解。在通常情况下,医师、医疗机构应当尊重"监护人、近亲属的决定",因为监护人、近亲属与患者接触得比较多,能更为了解患者的真实想法,其作出的决定应当最为接近患者本人的真实愿望。如果监护人、近亲属所做决定明显不利于患者的医疗利益,就属于滥用监护权或亲权,自然不能称之为患者的推定同意,医师可以不必受监护人、近亲属意见的约束。此外,如果不存在监护人、近亲属的知情同意则无法实施医疗,那么那些没有监护人、近亲属的未成年人或精神病患者将无法获得有效治疗,则可能会助长儿童虐待或重病患者被过早放弃医疗等情形的发生,显然不合适。[②] 因此没有必要坚持监护人、近亲属的决定总是优越于患者的医疗利益,而应当通过追寻患者推断的同意去判断。针对本案,医师出于客观医疗利益的判断更为符合患者的推定同意,无须取得患者"丈夫"肖志军的同意,医师需要履行救治义务。但是,本案中的医

[①] 参见《肖志军拒签字致孕妇死亡案终审:医院无责》,https://news.qq.com/a/20100429/001072.htm.,最后访问日期2019年10月1日。

[②] 参见[日]米村滋人:《再論·患者の自己決定権と法》,载《刑事法·医事法の新たな展開(下卷)》,信山社2014年,第106页。

师已请示过上级主管机关,但被通知如家属不签字则不能擅自实施手术。所以,医师对其未予救治的行为缺乏违法性认识,不具备期待可能性,因而不构成犯罪。至于肖志军行为的刑法评价,主要取决于他对于"妻子"濒临死亡危险性的认识及自己对于拒绝签字行为可能导致"妻子"死亡的结果持何种主观态度。①

3. 监护人的同意有害于患者的医疗利益

2005年,南通市儿童福利院两名13—14岁的智障少女月经初潮,福利院觉得收拾起来非常麻烦,经福利院两领导(监护人)的要求,南通大学附属医院的两位医师切除了两名智障少女的子宫。经崇川区法院审理,两名监护人为了减少护理麻烦而同意两位医师实施手术,因为这种同意不是为了被监护人的利益,而是为了监护人的自己利益而作出的,所以,该同意无效。尽管智障少女没有生育的权利,但不能完全排除智障少女将来病情缓解的可能性,而且子宫对未成年少女的身心发育具有不可替代的增进功能。在子宫本身没有因病危及少女生命的情形下,不顾少女的健康利益,仅仅为了降低监护难度而事先予以切除,显然缺乏正当性。4名被告在无手术指征的情况下,对两被害人施行了子宫全切除术,致两被害人重伤,严重侵害了被害人的生命健康权,构成故意伤害罪(共同犯罪)。② 监护人的代理决定明显有害于患者的医疗利益,如果患者拥有意思决定能力,显然不会同意让其代理。监护人的同意显著不符合患者的优越利益,就不能代表患者的推定同意,该代理决定应当无效。具体到本案,两监护人为了减少护理麻烦而给出的手术同意有悖于两少女的健康利益,无法推定两少女会同意,所以该代理同意无效,即欠缺"知情同意"。此外,该手术不会带来恢复或增进两少女健康的效果,不存在正当的医学目的,欠缺"医学适应性",所以,本案中的子宫切除手术不符合医疗行为的正当化要件,无法实现正当化。因此,法院判处4名被告成立故意伤害罪(共同犯罪)是妥当的。

五、结语

患者的自我决定权十分重要,应当通过复数的法律构成予以保护。只有行政法、民法以及刑法合理分工与配合,才能为患者提供体系性法律保障,才能有效保障患者人权、降低医务人员法律风险,才能改善医患关系并提高医疗质量。民事案件主要通过认定违反说明义务追究医务人员的法律责任,相对比较容易认定,一般判处的赔偿金金额也并不高。与此相对,构成刑事犯罪的,刑事处罚则十分严厉。如两者做好分工与协作,可以起到事半功倍的效果。近年来的民法典编撰充分体现了

---

① 参见刘明祥、曹菲、侯艳芳:《医学进步带来的刑法问题思考》,北京大学出版社2014年,第185页。
② 参见《南通福利院切除智障少女子宫案宣判,四人被定罪》,http://news.sohu.com/20060705/n244110845.shtml,最后访问日期2019年10月1日。

加强保障患者自我决定权的趋势。受其影响,依据法秩序统一性原理,刑法在评价医疗代理效力时,应当认定意定监护人的医疗代理优越于法定监护人的医疗代理,监护人的医疗代理优越于近亲属的医疗代理。当监护人、近亲属的代理决定与患者现实决定不一致时,应尊重患者本人的现实决定。当患者丧失意识无法行使自我决定且无法获得其监护人、近亲属的代理决定时,应当尊重医师出于客观医疗利益而作出的判断。当监护人、近亲属的代理决定明显有害于患者的医疗利益时,医师无须听从监护人、近亲属的代理决定。总之,针对各种类型的"医疗代理决定",应通过是否符合"患者的推定同意"的标准去判断其效力。今后为了更好地保障患者的权益,可以进一步探讨在民法典各分编中创设和完善可以停止或限制监护人医疗代理决定权限的相关制度。

第四节 医务人员违反守密义务的犯罪界限[*]

德翼航空(德国之翼航空公司)4U9525航班2015年3月24日在从西班牙巴塞罗那飞往德国杜塞尔多夫途中在法国阿尔卑斯山附近坠毁,机上150人全部遇难。黑匣子记录的声音显示副驾驶安德里斯·鲁比茨把机长锁在驾驶舱外,故意坠机制造了这起空难。调查显示鲁比茨曾被确诊患有严重的抑郁症,因有自杀倾向而接受过心理医生的治疗(案例1)。[②] 经搜查发现的一份已经被撕毁的医疗诊断书显示医生认为其在坠机当日不适合出勤。该诊断书为一名精神科医生所开,虽然没有直接写出病名,但明确指出鲁比茨身心状态极差,不适合操控飞机。检察部门认为鲁比茨很有可能对德翼航空公司隐瞒了病情。因此,事后看来,如果当时该精神科医生能够把针对鲁比茨的诊断结果告知德翼航空公司,那么该空难完全能够避免。对此,德国有议员提议,应当修改法律,在类似情形下,科处医生负有向雇主传达患者不适合出勤的义务。当然,医师自古以来就被科处守密义务,轻易违反该义务,要被追究法律责任,甚至构成犯罪。因此,该提议在德国遭受了来自行政部门和医师界的强烈反对。[③] 该事件在德国、法国、日本等多个国家已引发热议。

该事件如果发生在我国,精神科医师是否可以将该飞行员的医疗信息直接通知其单位?如果通知,是否会被追究违反守密义务的法律责任?根据我国刑法第253

---

[*] 本节主要内容最初发表于《中国刑事法杂志》2017年第4期。

[②] 参见张程:《外媒:德翼坠机副驾驶曾因自杀倾向接受治疗》,http://www.cankaoxiaoxi.com/world/20150331/724770.shtml,最后访问日期2017年7月17日。

[③] 参见《医師の守秘義務に見直し論=独機墜落で発言相次ぐ》,http://news.yahoo.co.jp/pickup/6154875,最后访问日期2017年7月17日。

条之一的规定,违反国家有关规定,将在履行职责或提供服务的过程中获得的公民个人信息,出售或者提供给他人的将构成侵犯公民个人信息罪。因此,在我国,医务人员违反守密义务对外泄露患者信息,如果不存在正当化事由,会被处以刑罚。那么,医务人员的守密义务来源是什么?能够解除医务人员守密义务的正当化事由有哪些?其容许界限又是什么?2015年颁布实施的《中华人民共和国刑法修正案(九)》对侵犯公民个人信息罪的行为加大了处罚力度[①],而且我国的个人信息保护法制定步伐也在加快[②],可见此问题的重要性正日益突出。有鉴于此,本节将主要结合具体案例对医务人员的守密义务来源及违反守密义务的正当化事由展开探讨。

一、医务人员守密义务的来源

医务人员不可以擅自将在诊疗活动中所知悉的患者信息出售或提供给他人。其守密义务首先来自其职业伦理。关于这一点,在医学伦理经典著作《希波克拉底誓言》中有非常精彩的论述:"在我行医的过程中,不论是否与医疗行为有关,凡我所见所闻,只要是应该保密的事项,我坚决不予泄露。"这段文字体现了医师不应该泄露他人秘密这一反伦理行为的崇高理念,现代社会各国对医务人员守密义务的各种法律规定可能正是以这种思想为理论根基。[③] 医务人员的守密义务涉及多个法制领域,被多种部门法规予以重叠规制。[④] 在我国无论是宪法、民法还是行政法都规定医务人员具有守密义务,违反了这些规定,相关的责任医务人员将会被依法予以降级、撤职、开除的处分,并可以依法被暂停、吊销执业证书。而违反了这一守密义务,情节严重的,原则上可能构成侵犯公民个人信息罪。

那么,刑法为什么要对医务人员科处守密义务,其保护法益是什么?首先,为了保护患者的隐私权。隐私权不仅是指个人信息不得被随意公开,而且还意味着个人对自身信息的有效控制。这对于人的自我意识和个性发展而言不可或缺,是人类个体得以自律的必然要求。因为人有效控制其自身信息,才能回避那些因敏感信息被

---

① 将本罪的主体由特殊主体修改为一般主体,并规定对特殊主体要从重处罚。

② 2015年两会期间,已有全国人大代表提交建议国家出台个人信息保护法的议案。参见《代表建议出台"中华人民共和国个人信息保护法"》,载全国人大网 http://www.npc.gov.cn/npc/dbdhhy/12_3/2015-03/04/content_1908095.htm,最后访问日期2017年7月17日。

③ 参见[日]甲斐克则:《医疗信息保护与利用的刑事法问题:以精神鉴定医泄露秘密案最高裁决定为契机》,刘建利译,载《法学论坛》2014年第5期,第33页。

④ 宪法第38条规定:公民的人格尊严不受侵犯。民法通则第101条规定:公民享有名誉权,公民的人格尊严受法律保护。侵权责任法则直接规定了医务人员的守密义务,其第62条规定:医疗机构及其医务人员应当对患者的隐私保密。泄露患者隐私或者未经患者同意公开其病历资料,造成患者损害的,应当承担侵权责任。对医务人员的守密义务作出详细规定的主要是行政法。在执业医师法第22条第3款、《艾滋病监测管理的若干规定》第21条、护士管理条例第18条、传染病防治法第12条、《医疗机构病历管理规定》第6条等条文中均有体现。

公开而带来的尴尬与难堪,才能保障其可以实施不合惯例或习俗的言行。这样,个人才能控制他人能够参与自己人生的范围。[①] 可见隐私权对于个人而言何其重要。隐私一般包括4种类型:信息隐私、身体隐私、决断隐私、财产隐私。而患者的隐私权主要与前3种类型相关联。有效的医疗离不开正确的患者信息,患者到医院就医,医务人员自然要询问患者的病情与病史,要根据患者的陈述制作病历。在必要的情况下,还需对患者的身体进行接触、观察或检查,以便对疾病进行有效治疗。正是基于诊疗活动的这些特点,医务人员在其执业活动中极易掌握患者的医疗信息。这些医疗信息为提高医疗服务质量及效率提供了便利。但同时,这些信息隐私性强,一旦医疗机构或医务人员在利益的诱惑之下,违反守密义务,将患者的医疗信息泄露给他人,将会扰乱患者的自律生活,给患者的人格、人身或财产等法益造成重大侵害。

其次,为了保护患者与医务人员之间的信赖关系[②]。医疗工作的顺利开展离不开患者的配合,如果患者不能敞开心扉向医务人员如实提供相关信息,医务人员就不能实施有效治疗。一般而言,人只有在确信自己的隐私不会被公开的情况下,才会愿意与他人分享自己的敏感信息。换言之,如果隐私权得不到保障,人类成员相互之间就难以发展亲密的人际关系。所以,医务人员为了维持患者对其信任就应该为患者保守秘密,医务人员随意泄露患者隐私,将会使患者身心受损,令其对医务人员失去信任。如果医务人员不能履行守密义务,那么患者就会感到不安,无法在医疗中获得真正的选择权。[③] 这会导致患者向医务人员提供信息时有所保留,不利于医治患者的疾病。长此以往,将不利于整个医疗行业的存续与发展。而且,最终也不利于社会整体利益。比如,患者得了传染性疾病,前来医院就诊,但患者不信任医务人员,对自己的身体状况、行踪以及与他人的接触史守口如瓶,那么医务人员就无法真正掌握该疾病的流行传染情况,不但该患者的疾病无法得到有效医治,而且也不利于防止该传染病的进一步蔓延。

二、医务人员违反守密义务的正当化事由

如前述,出于保护患者隐私权以及患者与医务人员之间的信赖关系,法律科处医务人员负有守密义务,不可以将患者的医疗信息随意提供给他人。如违反了该守密义务,除民事责任、行政责任外,医务人员还会被追究刑事责任。但医生的守密义务并不完全绝对,医务人员并不是在任何情况下,都不能将患者的医疗信息提供给

---

① 参见[德]Sabine Michalowski: Medical Confidentiality and Crime, Ashgate, 2003, p.14.
② 参见[日]上田信太郎:《犯罪に関わる患者情報と医師の守秘義務》,载川端博、椎橋隆幸、甲斐克則编集:《立石二十六先生古稀祝賀論文集》,成文堂2010年,第631页。
③ 参见 Sabine Michalowski, Medical Confidentiality and Crime, Ashgate, 2003, p.17.

第三人。换言之，即使符合侵犯公民个人信息罪的构成要件，作为例外，在一些特殊情形之下，只要存在阻却违法性事由，医务人员违反守密义务就可以获得正当化。问题是这些正当化事由的范围是什么？其容许要件以及背后的理论根据又是什么？

（一）保护法益丧失要保护性

1. 患者的同意

"被害者的同意"，意味着法益主体通过自身的意思表示处分法益或放弃法益的要保护性。只要法益主体对该法益拥有自由处分权，就能够阻却侵害行为的违法性。依照当下刑法理论通说的见解，除生命法益和重大健康法益不可处理之外，法益主体可以处理自己的财产、隐私等一般法益。因此，患者本人的同意会对医务人员的守密义务产生重要影响。譬如：甲医生经乙患者的同意将乙的医疗信息提供给丙医药公司搞医学研究（案例2）。

患者的医疗信息属于患者隐私权法益的保护范畴，依照被害人同意的法理，患者可以通过自身的同意来放弃法律对自己隐私权法益的保护。所以，在案例2中，只要医务人员甲是在已经获得患者本人口头或书面同意的情况下，将相关医疗信息提供给医药公司或其他第三者就能阻却违法性获得正当化。但此处值得注意的是，患者本人的同意必须是患者在听取了医务人员充分说明基础之上的同意。

在实际的医务活动中，提供医疗信息时获得患者明示同意的情形其实并不多，大多数情况是只存在患者默认的同意或推定的同意。譬如：甲医生在向患者家属说明病情时，将乙患者的大量医疗信息告知乙的妻子丙（案例3）。

向患者家属说明病情，有利于患者获得来自家属的物质帮助以及精神支持，有助于增大患者的治疗利益。因此在这类场合，一般都可以推断患者会同意，所以应当能够正当化，有时甚至是一种义务。这在我国的司法解释上也有所体现。例如，1998年9月15日施行的《最高人民法院关于审理名誉权案件若干问题的解释》规定，医疗卫生单位的工作人员擅自公开患者患有淋病、麻风病、梅毒、艾滋病等病情，致使患者名誉受到损害的，应当认定为侵害患者名誉权。医疗卫生单位向患者或其家属通报病情，不应当认定为侵害患者名誉权。因此，案例3中甲的行为，一般而言，可以看作存在乙默认的同意，所以能够实现正当化。

但值得注意的是，医务人员向患者家属提供患者的医疗信息，并不一定总能获得合法化。比如：患者张某去医院要求做人工流产，经产科医生检查后，将检查结果告知张某丈夫，"你夫人已经做过两次人流，在短期内再做第3次人流的话，会对你夫人今后再孕造成障碍"。未料这对夫妇结婚还不到半年，张某丈夫一听就急了，"我们刚结婚还不到半年，怎么已经做了两次人流？"回家就与妻子办理了离婚手续。次日,张某就将医院和医生告上法院(案例4)。[①] 显然此处患者默认的同意无效,医生需要承担违反守密义务的责任。因此在这类场合,为了最大限度保障患者的自我决定权,在患者清醒状态下,首先应该考虑获取患者现实的同意。在实在难以取得患者现实同意时(比如患者已处于昏迷状态),才需要站在患者意思的延长线上作判断。具体而言,只有在患者本人事前没有明确要求不得将其医疗信息告知其家属,而且不存在能够足以推断患者不会同意的情形(患者与其家属明显关系紧张或利益不一致等情形),才能实现正当化。另外,关于遗传信息,除患者本人法益之外还涉及其亲属的法益,需要特别对待,这将在下文另行详述。

在医疗实务中存在医疗机构内部处理和利用患者信息的现象。特别是在团队医疗(不仅指某一单纯手术中的团队医疗,还包括由多个诊疗科室或医院共同参加的广义团队医疗)中,为了保证安全,提高效率,团队成员之间相互共有诊疗信息非常重要。譬如:乙患者得了重度疾病,需要对其进行紧急手术,主治医甲在手术前将乙的相关医疗信息传递给参与本次手术的助手、麻醉医、护士等(案例5)。

这种情形涉及各种类型的医务人员。医疗信息在医疗机构内部的传递,是为了提高治疗效率,有利于增进患者的生命和健康法益。一般而言,只要患者没有明确表示反对,都应当推定患者对此同意。所以,案例5中甲的行为能够实现正当化。但是,只有在为了实行该团队医疗不可或缺范围之内的工作人员相互之间传递医疗信息的情形才能获得刑法上的正当化。[②] 而且,医疗机构在处理和利用患者个人医疗信息时,应受到医疗目的的制约。即医疗机构只能依照医疗的目的来储存、变更、传递和利用患者的医疗信息,不得超出原定目的对个人信息进行处理和利用。否则,患者的推定同意无效,不会成为阻却违法性的正当化事由。

在入学、入职或加入保险时,申请人往往会被要求接受体检。譬如:大学毕业生乙为了入职丙公司,到丙指定的甲医院参加体检。事后,甲将乙的体检报告通报给丙。与此同时,还擅自通报给对乙有考察意向的猎头公司丁(案例6)。

一般而言,只要是在为了实现该体检目的的必要范围内,比如按照事前协议将入职体检报告提交给拟聘用单位,就应当能够实现正当化。如果是向体检目的的范围外提供,比如将入职体检报告提供给了与拟入职单位无关的第三方,则不能实现正当化。因为,体检报告会被送至拟入职单位已经是体检者事前预料之中的事,体检者事先可以选择参加或不参加,如果参加则可以认定其存在推定的同意。所以,案

[①] 参见李爱平、梁佳:《试论医院知情权与患者隐私权的冲突与协调》,载《中国卫生事业管理》2007年第6期,第401页。

[②] 参见[日]甲斐克则:《医疗信息保护与利用的刑事法问题——以精神鉴定医泄露秘密案最高裁决定为契机》,刘建利译,载《法学论坛》2014年第5期,第37页。

例6中甲将体检报告通报给丙的行为能够实现正当化。但是,丁乃是与此次体检无关的第三方,所以,甲擅自将体检报告通报给丁,则明显超出了乙的预期,不存在推定的同意,不能实现正当化。

2. 患者死亡

患者乙已经死亡,应其遗属(妻子和子女)的要求,医务人员甲向乙的遗属提供死者的死亡原因、经过等医疗信息(案例7)。

死者的医疗信息一般多数与患者遗属自身的隐私有关,对死者医疗信息的保护法益可以看作是"遗属的人格权"或"遗属对死者的虔诚感情"。[①] 因此,遗属作为法益主体,只要作为"遗属的合意"要求医疗机构或医务人员提供,相当于是法益主体自己处分能够处分的法益,医务人员提供死者的医疗信息应当能够正当化,有时甚至是义务。根据我国《医疗机构病历管理规定》第17条的规定,医疗机构应当受理患者本人或者其委托代理人、死亡患者法定继承人或者其代理人复制或者查阅病历资料的申请,并依规定提供病历复制或者查阅服务。即,在患者本人死亡的情况下,其近亲属或者该近亲属的代理人等,均可依法对相关医学文书及有关资料进行查阅和复制。当然,此时对遗属的范围应该有一定的限定。当遗属之间出现意见分歧时,应对其各自的固有法益进行比较衡量之后再决定提供的对象及内容的范围。如果向遗属之外的第三者提供死者的医疗信息,应当将法益主体由患者置换成患者遗属,具体判断标准可参照患者未死亡时的各种情形。[②] 因此,在案件7中乙的遗属相互之间不存在意见分歧,所以,甲的行为可以实现正当化。

(二) 为了保护其他优越法益

患者既没有死亡,也没有给出有效同意,则患者医疗信息的保护法益仍然存在,医务人员就得遵从守密义务。但是,患者的隐私权法益经常会与其他某种法益起冲突。在这些情形之下,要对冲突对立的法益进行比较衡量,使用保护大利益而牺牲小利益的"优越利益原则"则比较妥当。[③] 因此,医务人员是否可以解除守密义务,关键是看患者医疗信息保护的法益与所冲突的法益哪个更为优越。为了保护更为优越的利益而放弃守密义务就能够获得正当化。当然,在此基础之上,还应该适当考虑目的和手段的正当性以及社会伦理规范等因素。这种利益衡量可以分为3种类

---

① 这是日本的通说,与此相对,根据德国刑法第203条第4款的规定,在德国即使患者死亡,医务人员的守密义务范围仍然与患者生前同样。参见[日]村山淳子:《医療情報の第三者提供の体系化(一)》,载《西南学院大学法学論集》2006年第39卷第3号,第23页。

② 参见[日]村山淳子:《医療情報の第三者提供の体系化(一)》,载《西南学院大学法学論集》2006年第39卷第3号,第27页。

③ 参见[日]村山淳子:《医療情報の第三者提供の体系化(一)》,载《西南学院大学法学論集》2006年第39卷第3号,第26页。

型：与国家法益之间的冲突、与社会法益之间的冲突、与个人法益之间的冲突。以下分别对这3种类型的正当化范围和要件进行探讨。

1. 守密义务与保护国家法益之间的冲突

国家法益是指维持国家存在及正常运转的利益。其中国家存在的法益主要指国家安全利益，国家正常运转利益主要体现在行政和司法的有序运行上。有时为了维护这些国家法益，医务人员会被要求配合国家的行政和司法工作而提供患者的医疗信息。譬如：乙与同居的丙吵架，在争吵过程中后背被丙用刀刺伤，出了不少血，被送至医院救治。主治医师甲为了检查乙的刀伤是否伤及内脏，对乙实施了尿液检查。因为乙的言行过于兴奋，于是甲在对乙的尿液做常规检查时顺便进行了毒品测试，结果显示乙服用了毒品。甲医师在没有获得乙同意的情况下，将该检查结果通知了警察。警察以此为线索展开调查，发现乙非法吸食、持有毒品，于是予以拘留（案例8）。①

刑事诉讼法第110条规定："任何单位和个人发现有犯罪事实或者犯罪嫌疑人，有权利也有义务向公安机关、人民检察院或者人民法院报案或者举报。"同法第125条规定："询问证人，应当告知他应当如实地提供证据、证言和有意作伪证或者隐匿罪证要负的法律责任。"而且我国并不存在类似于德国、日本等国刑事诉讼法上所规定的特殊职业人员证言拒绝权②。所以，当医务人员应要求协助司法机关调查事故、办案破案而提供患者病历等医疗信息，或者是在法庭上提供证言都是属于阻却违法性事由之一的"法令行为"，是为了推动司法有序高效运行，这一国家法益显然优越于患者医疗信息的保护法益。所以，医务人员在此类情形下违反守密义务能够得以正当化。针对案例8，由于我国刑事诉讼法针对违反举报犯罪义务的行为并没有规定罚则，所以，该举报义务是提倡性而非强制性。因此，案例8中甲发现乙存在毒品犯罪的嫌疑时，依照刑事诉讼法的相关规定向警方报案的行为能够实现正当化。当然，如果甲更为重视其作为医务人员的守密义务，不向司法机关举报也不会因此而受到责罚。

此外，在现实中，当医务人员发现患者患有高度危险的传染性疾病时，一般也会向政府有关部门汇报。譬如：乙发高烧来医院就诊。经检查，医务人员甲发现乙是当下仍然在非洲肆虐的埃博拉病毒携带者（案例9）。

执业医师法第29条规定：医师"发现传染病疫情时，应当按照有关规定及时向

---

① 参见［日］最高裁平成十七年七月十九日决定《刑集》第59卷6号，第600页。
② 根据我国刑事诉讼法第188条规定，经人民法院通知，证人没有正当理由不出庭作证的，人民法院可以强制其到庭，但是被告人的配偶、父母、子女除外。证人没有正当理由拒绝出庭或者出庭后拒绝作证的，予以训诫，情节严重的，经院长批准，处以10日以下的拘留。

所在机构或者卫生行政部门报告"。传染病防治法第 30 条规定:"疾病预防控制机构、医疗机构和采供血机构及其执行职务的人员发现本法规定的传染病疫情或者发现其他传染病暴发、流行以及突发原因不明的传染病时,应当遵循疫情报告属地管理原则,按照国务院规定的或者国务院卫生行政部门规定的内容、程序、方式和时限报告。"这两个规定都是为了防止传染病肆虐,促进公共卫生,而免除了医务人员和医疗机构的守密义务。因此,案例 9 中的医务人员甲发现前来就诊的乙是当下正在非洲肆虐的埃博拉病毒携带者时,就有义务向卫生行政部门报告,这属于医务人员承担特定法定义务的"法令行为",当然不会因违反守密义务而被追究责任。因此,医务人员依据有关传染病的法律法规而向有关部门报告的行为属于违反守密义务的正当化事由之一。

"法令行为"虽然是被当下刑法理论通说所认可的阻却违法性事由之一,但并不意味着只要是"法令行为"就一定能够合法。具体的"法令行为"是否正当,仍然需要通过参照全体法秩序以及刑法的一般正当化原理进行个别判断。只有在一定的条件之下,"法令行为"所要保护的法益比所侵害的法益更为优越,该"法令行为"才能得以合法化。打击犯罪、预防传染病等这类由国家法律予以确定的国家法益,具有较高的公益性,因此只要这类法令不违反宪法,一般都优越于个人隐私权法益。所以,医务人员依照相关法律法规向司法机关或行政机关提供患者医疗信息的行为都能阻却违法性。但是,在考虑这类情形时需要注意,应该警惕公权力的滥用,要考虑该法令是否违反宪法,而且在提供患者医疗信息时必须严格按照法定程序进行。①

2. 守密义务与保护社会法益之间的冲突

医疗以医学研究的持续积累为基础而不断进步。而医疗的持续进步又离不开对医疗信息的分析和利用,而且,该"宿命"在未来也不会改变。其中较为典型的事例有:为了医学研究、医学教育,医务人员让实习生现场观摩手术,利用患者的医疗信息进行学术研究,把患者的医疗信息提供给新闻媒体予以报道等。譬如:患者王某到某医院就诊,被诊断为早孕,在朋友的陪同下到该院做无痛人工流产手术。手术过程中王某一直处于睡眠状态,醒来后从朋友口中得知,自己做人流的整个过程被医学院的众多学生观摩。王某觉得受到了羞辱,于是向法院起诉。法院审理认为,被告未经原告同意擅自组织实习学生观摩原告人工流产的行为,侵犯了原告的隐私权,判决被告赔偿原告精神损害抚慰金人民币 2 万元(案例 10)。② 本案在现实中为民事诉讼,但如果发生类似被害人因此得忧郁症或精神失常等严重危害结果的

---

① 参见[日]甲斐克则:《ブリッジブック医事法》,信山社 2008 年,第 47 页。
② 参见陈伟、陈特:《擅自组织实习生观摩,医院侵犯患者隐私权遭赔偿》,载《中国社区医师》2011 年 1 月 21 日。

话,成为刑事诉讼也不是没有可能。

医务人员利用患者的病症、病状、疗程、疗效等信息进行学术研究并在学会或学术杂志上发表的事也经常发生,有时甚至是连着患者的照片及姓名也一并公开。譬如:某医科大学的甲教授既是学校的科研人员也是该大学附属医院癌症科临床医生。甲教授在参与治疗乙患者胰脏癌症的过程中,发现乙的病症发展过程具有重要医学研究价值,于是甲教授在没有获得乙同意的情况下,将乙的病例在当年的医学年会上予以报告,而且,在会场上散发了乙的病历(未进行匿名化处理)复印件,供参会人员作为科研资料使用(案例11)。

案例10和案例11这两类情形究竟是否能够实现正当化?医学的继承和发展离不开医学教育和医学研究。医学教育和医学研究的发展有利于提高医疗服务水准,是一种与公民生命、健康有直接联系的社会法益。这类增进医学水准的法益与患者的隐私权法益究竟谁更为优越,其实比较难判断。判断其正当性的基准只能是所在社会的共同价值观,即国民合意,不同的国家或社会可能会有不同的选择。其理想模式是由国家有权机构在充分考虑民意的基础上通过制定相关法律法规予以规定。但遗憾的是,针对这个问题,我国目前还没有形成真正意义上的合意。

世界医学会于1995年所通过的《关于患者权利的里斯本宣言》修订版,在"自我决定权"原则中增加了"患者有权拒绝参加医学研究或医学教育的权利"。这意味着患者的个人权利与医学教育、医学研究的社会利益发生冲突时,患者的个人信息控制权优先。[1] 日本的官方观点是,只要没有进行匿名化处理,就必须要获得患者本人的同意。具体而言,在将特定患者的症状和事例在学会或杂志上发表时,可以考虑对其进行去掉姓名、生日、住址等匿名化处理,如果实在难以进行充分匿名化处理的,则必须要获得患者本人的同意。关于临床见习、实习,医疗机构要么事先将此类学术研究目的的利用在院内予以通告,在患者来就诊时予以充分说明并获得患者的概括性同意,或者也可以在具体利用之时获得患者本人的同意。[2]

人是社会的人,从人类社会群体之间具有"连带性"的角度出发,为了维护和促进人类健康,患者有义务在自己不受伤害,或者受益与伤害成比例的情况下,配合医务人员开展医学教育和医学研究等活动。但这些义务都是道德义务而不是法律义务,因此从事这类活动不能不经患者知情同意,更不能采取强迫方式,否则就不能阻

---

[1] 参见[日]増成直美:《診療情報の法的保護研究》,成文堂2004年,第164-165页。
[2] 参见日本厚生劳动省:《医療・介護関係者における個人情報の適切な取扱いのためのガイドライン》以及该"ガイドライン"的《Q&A事例集》,文部科学省、厚生労動省《疫学研究に関する倫理指針》,厚生劳动省《臨床研究に関する倫理指針》。

却违反守密义务的违法性。① 因此,案例 10 和案例 11 中的医务人员都没有获得患者的同意,所以他们违反守密义务的行为都不应该获得正当化。另外,值得注意的是,在这类事件中,即使存在概括性同意也不一定就能保证其一定能够获得正当化,因为还需要结合其研究目的以及研究方法进行判断。明显的目的外利用行为仍然违法。②

此外,有时患者的医疗信息会被媒体公开。在这种场合,冲突的是患者的隐私权法益与普通公众的知情权法益。此时需要比较的是公开该事实所能够带来的法益和患者的隐私权法益。所公开的医疗信息必须要有公共性,而且,只有当医务人员通过媒体公开某些公众人物的医疗信息,确实能够带来重大社会利益时,才能成为正当化事由。③ 譬如:去年美国大选时,有媒体公开总统候选人希拉里曾经接受过相关医学治疗的健康信息(案件 12)。由于这是能够左右选举结果的重要信息,涉及美国未来的国家命运,具有重大社会利益。显然该媒体以及相关医务人员不会(实际上也没有)被追究违反守密义务的责任。除这类极其少数的特殊情况,媒体随意公开患者的医疗信息几乎都不能实现正当化。

另一个典型事例就是患者隐私权法益与公共安全起冲突(譬如前述案例 1)。当医务人员发现飞机驾驶员等特殊职业的患者继续出勤可能会危害到不特定他人的生命和健康等公共安全法益时,能否解除守密义务,将该患者的医疗信息提供给用人单位? 此时相冲突的是患者的隐私权和公共安全这一社会法益。一般而言,公共安全利益优越于个人隐私权,当医生确实有理由相信从事特殊职业的患者会给公共安全造成危害且具有高度盖然性时,违反守密义务通知患者单位的行为能实现正当化,确实有一定的合理性。但是,这样会导致从事特殊职业的患者因害怕医务人员告密而遭受不利(被解雇等),明明有检查和治疗的需要却不愿意前往医疗机构就诊,这样反而会因错失医疗良机,给公共安全带来更大隐患。因此,在这类情形下,最佳的解决方法不是解除医务人员的守密义务,而是应该让航空公司这类单位主动承担强制性地让驾驶员等重要职位员工到特定医疗机构定期接受检查和治疗并自动获得评估结果的义务。这样既能保护公共安全,又能最大限度减少对医患之间的信赖关系的破坏。

---

① 参见杨慧艳:《对一起侵犯患者隐私权引发的医疗诉讼案的分析》,载《中国医药指南》2009 年第 2 期,第 140 页。
② 参见[日]甲斐克则:《医疗信息保护与利用的刑事法问题:以精神鉴定医泄露秘密案最高裁决定为契机》,刘建利译,载《法学论坛》2014 年第 5 期,第 38 页。
③ 参见[日]村山淳子:《医療情報の第三者提供の体系化(三)》,载《西南学院大学法学論集》2007 年第 40 卷第 1 号,第 115-116 页。当然,国外也有学者主张"知情权"乃是一项宪法权利,其位阶应该高于社会法益。

3. 守密义务与保护个人法益之间的冲突

现实生活中确实存在为了保护特定的生命、健康或重大财产法益而不得不披露患者医疗信息的情形。此时,结合具体事例对两法益进行衡量,才能判断是否能够成为正当化事由。其实这类问题可以利用刑法上的紧急避险法理来解决。即,看具体事例是否符合紧急避险的各项要件(尤其是危险的重大性、现实性、行为的补充性等),能够符合紧急避险要件的就合法,不符合要件的就违法。首先是患者个人法益内部的冲突。譬如:来医院就诊的患者乙告诉主治医生甲,觉得生活没有意义,并向甲透露出自己的自杀计划(案例13)。

依照当下刑法理论通说的观点,个人不可以处分自己的生命权和重大健康权法益,而且生命法益高于隐私权。所以,案例13中的医生甲为了保护患者的生命法益,违背患者乙本人的意愿,将其医疗信息提供给乙的亲属或监护人的行为,作为紧急避险能够实现合法化。

其次是患者隐私权与第三者个人法益之间的冲突。当医务人员发现特定患者患有恶性性病时,其是否可以向有受该疾病感染风险的特定第三者提供该医疗信息?譬如:医务人员甲发现患者乙患有艾滋病,于是甲向陪同该患者来就诊的同居者同时也是甲的患者的丙提供了该医疗信息(案例14)。

艾滋病是现代医学还未攻克的疑难病症之一,非常容易通过性行为传播,一旦被传染,在当下不会获得治愈,会对健康和生命造成重大侵害。案例14中的丙是该病的潜在感染者,而且具有非常大的感染风险,而且,避免患艾滋病对于丙而言涉及其生命和健康的重大法益,属于优越法益。但是,值得注意的是,经过比较衡量,仅仅以存在危险发生的高度盖然性以及优越法益为由还并不能立即成为违反守密义务的阻却违法事由。因为,要成立紧急避险还需要考虑为了防止该危险发生除违反守密义务直接告知潜在受害者之外不存在其他有效方法的"补充性"要件。因此,案例14中的甲首先应该向乙说明其健康状况以及传染给丙的风险,尽最大可能说服乙主动告知丙,只有在乙实在不配合也没有其他办法的情形下,甲将乙的医疗信息告知丙的行为才能够实现正当化。

关于患者隐私权与第三者生命权的冲突,美国曾发生过与此相关的案件。这就是1976发生在美国加利福尼亚州的Tarasoff事件。患者告诉心理医师,他正计划杀害Tatiana Tarasoff。该心理医师没有将此事告知Tarasoff或其家人,只是要求大学的校园警察把患者临时拘禁起来,在确认患者确实已经恢复到能够辨别是非状态的时候将其释放。但是,两个月后,该患者真的把Tatiana Tarasoff杀害了(案例15)。于是被害人的父母以侵权为由将该心理医师告上法院。该心理医师主张正确预测患者是否会实施暴力行为十分困难,警告潜在受害人的行为会泄露患者的秘密,会破坏医患之间的信赖关系。但法院最终判定,当心理医师认定或者应当认定患者具有伤害他人的危险性时,负有对潜在受害者发出警告,向警察通报,保护潜在受害者脱离该危险的注意义务。① 针对此案,可能会有学者认为精神科医疗比普通医疗更为依赖医患之间的信赖关系,此举会促使患者更加踌躇是否要向精神科医生敞开心扉,影响精神科医疗的效果,最终可能会给社会或他人造成更大的法益侵害。但是,生命法益显然优越于患者的隐私权,所以如果当时本案中的心理医师将患者医疗信息告知被害人或其亲属,只要符合危险发生存在高度盖然性及紧急性,不存在其他能够回避危害结果发生的方法等紧急避险的相关要件,将不会被追究违反守密义务的刑事责任。但,此时的告知行为究竟是权利还是义务在美国学界还存在激烈争议。现实问题是,在此类案件中,医务人员很难正确预测患者究竟是否真的会采取暴力行为,即判断是否存在"现实危险"非常困难。因此,应该限定适用范围,对于那些不能明确具体受害者或者根本不可能控制患者的事件,即使医务人员没有积极披露患者信息,也不应该追究医务人员的不作为责任。

在现代社会,患者的医疗信息具有十分重要的经济价值,蕴含着丰富的商机。所以,经常有医务人员违反守密义务将患者的医疗信息透露给第三方用以做广告或推销等商业活动。譬如:患者甲在某中心医院被诊断为风湿性心脏病、二尖瓣狭窄、心衰三级、心功能三级、肺部感染。采用医院推荐的新型手术后出院。后来,甲发现当地的都市报社依据中心医院授意在报纸上以自己的真实姓名和病历将其病况、治疗情况以及夸大的新型手术疗效刊出(案例16)。②

本案中的医院在没有获得甲同意的情况下,将患者的医疗信息通过媒体公开报道,并夸大疗效,为其新型手术做广告,意在推广该手术,获取经济利益。因为,医院的经济利益很难说比患者的隐私权利益优越,不符合紧急避险的要件。所以,该医院泄露患者医疗信息的行为不会获得正当化。再比如,医务人员向奶粉厂商提供孕妇信息的行为,也不能实现正当化。总之,纯粹为了第三方的经济利益而违反守密义务提供相关医疗信息的行为都是违法的,不存在正当化的余地。

三、针对遗传信息的医务人员守密义务

在2003年,在多个国家的共同努力之下,人类已经完成"基因解读工程",标志着人类已经进入基因信息社会。基因信息不同于一般的个人信息。通过基因检查所获得的个人基因信息既是被检查者的个人信息,也是与被检查者有血缘关系的人的

---

① 参见 Tarasoff V: Regents of the University of California, 17 C. 3d 425 (Cal. Sup. Ct. 1976).
② 参见李显东主编:《中华人民共和国侵权责任法条文释义与典型案例详解》,法律出版社2010年,第335页。

共同信息。而且,检查的结果在人的一生当中几乎不会发生变化。一方面,检查基因信息能够使遗传疾病的诊疗更加准确,能够使某些遗传性疾病的早期预防和治疗成为可能,可以为血缘关系者提供遗传风险警告,使人在教育、就业、保险以及对人关系方面更容易制订人生规划。另一方面,负面的基因信息容易使人增加不安及罪恶感等心理负担,使自己及血缘亲属容易被特殊对待,在就学、就业、加入保险等方面受到歧视。例如,"5 年后 90%的概率得绝症"这样的负面基因信息可能被作为解雇的重要资料来使用,也有可能使该基因携带者在加入医疗保险时遭到拒绝等。① 对于这类基因信息,医务人员的守密义务是否会不同于普通的医疗信息?

刑法的侵犯公民个人信息罪所保护的对象是"公民个人信息",是指以电子或者其他方式记录的能够单独或者与其他信息结合识别特定自然人身份或者反映特定自然人活动情况的各种信息,包括姓名、身份证件号码、通信通讯联系方式、住址、账号密码、财产状况、行踪轨迹等。② 所以,医务人员所提供的无论是患者的医疗信息③、诊疗信息④,还是遗传信息⑤,都有可能依据本罪被追究刑事责任。但医疗信息、诊疗信息和遗传信息对患者而言敏感程度并不一样,同等行为所造成的侵害后果严重性也不相同,因此,对他们的保护力度也应该有所区别。根据患者信息性质的不同,医师违反守密义务的法律后果也应该不同。正如有学者所指出的那样,在我国对公民个人信息的保护尚未建立全面和完备的法律机制的情况下,立法机关以"情节严重"的概括性表述予以应对,可以较为灵活地对上述难题作出处理。⑥ 因此,一般的个人信息所受的保护程度相对比较低,要构成犯罪必须要符合量大、现实损害后果严重等"情节严重"要件,医务人员即使违反守密义务所受的刑罚也应该比较轻。医疗信息(包括诊疗信息)与一般的个人信息相比,隐私性更强,应该受到更高级别的保护,在判断"情节严重"这一要件时,可以相对比较缓和,违反守密义务所受的刑罚也应该相对较重。而遗传信息具有最高级别的隐私性和敏感性,一旦外泄将给患者造成难以弥补的重大损害,因此,应该受到更为严格的保护,只要外泄,并不

---

① 参见[日]岩志和一郎,[日]增井彻,[日]白井泰子,[日]长谷川知子,[日]甲斐克则:《生命科学と法》,尚学社 2008 年,第 119 页。

② 参见 2017 年 5 月 9 日《最高人民法院、最高人民检察院关于办理侵犯公民个人信息刑事案件适用法律若干问题的解释》。

③ 医疗信息,是指诊疗记录、处方笺、手术记录、助产记录、看护记录、检查记录、X 光照片、介绍状、住院患者在住院期间的诊疗经过概要、配药记录等与医疗相关联的个人信息。

④ 诊疗信息的范围则相对小一些,是指在诊疗过程中,医务人员所获得的关于患者的身体状况、病状、治疗等信息。它既包括对患者施行客观检查而得到的数据,也包括医师对其写下的判断和评价。

⑤ 遗传信息是指通过基因检查和基因治疗而获得的信息。它既是被检者的个人信息,也是与被检者有血缘关系的人的共同信息。

⑥ 参见赵秉志:《公民个人信息刑法保护问题研究》,载《华东政法大学学报》2014 年第 1 期,第 120 页。

需要出现现实的法益损害,就可认定"情节严重",违反守密义务所受的刑罚也应该相对更重。

2005年,B(45岁女性)被诊断为乳腺癌,随后接受遗传基因检查,检查结果显示B的乳腺癌起因于基因BRCA1变异,是一种家族性乳腺癌。负责基因检查的医生X认为B的女儿A(25岁)在将来也有可能患有同样的病症,于是X就劝说B将这件事告知A,但是B拒绝了这一提议。如果X不顾B的反对,强行将B的检查结果告知A,X需要承担违反守密义务的刑事责任吗(案例17)?

针对这类事件,我国法学界目前还鲜有研究。对此,在美国的判例中存在"通知义务说"和"通知特权说"之争。前者更为强调遗传信息血缘者之间的共有性,与其他医疗信息相比,应采取更为特殊的保护机制。主张依据当时的医学知识,在能够预测到接受基因检查者的血缘亲属在将来也会遭受相同损害时,医生有义务向他们发出警示。医生的职业义务不仅仅是维护患者的利益,而且还应该包括维护患者近亲属的利益。[①] 后者认为,遗传性疾病与感染性疾病不同,并不是患者自身的行为给亲属造成伤害,而且,通知行为义务化可能会侵害亲属"不想知道的权利",所以,不能轻易解除医务人员的守密义务。因此,主张只有在满足以下5个要件的情况下,作为例外,才能解除医生的守密义务:(1)未能成功促使患者自己提醒其血缘亲属;(2)损害发生的可能性高,而且程度严重;(3)确实能够联系到处于危险中的亲属;(4)该病症能确实有效预防或治愈,或者通过早期关注能够减少发生的风险;(5)因不公开而引起的损害超过因公开而引起的损害。此时医生的告知行为不是义务,而是一种可以违反守密义务的特权,最终取决于医务人员自己,他们拥有自由裁量权。当然,该说也强调,此时的医生虽然不承担向患者近亲属通知患遗传病风险的义务,但是其仍然负有说服义务。即,向患者说明其亲属的患病风险,努力让患者自己将这一信息告知其亲属。[②] 其实,该问题的本质在于,医生到底是应该与以往一样只重视眼前患者的利益,还是也应该适当考虑患者背后亲属的利益。

针对本案,按照"通知义务说",医生X已经预见到B的女儿A在将来也有可能患有同样的病症,而且,通过一定的预防手段(比如,预防性地切除乳房等),A具有避免患有乳腺癌的高度可能性。所以,医生X负有向A传达患病风险的义务。因此,X不顾B的反对,违反守密义务,将B的遗传信息告知A的行为是能够获得正当化的。与此相对,依照"通知特权说"的观点,比照其所提出的上述5个要件,虽然(1)和(3)两个要件是符合的。但是,当时(2005年)因BRCA1变异而引发患乳腺癌的概率及医学原理还存在很多不明之处,不符合要件(2)所要求的"损害发生的可能

---

① 参见[美]Safer v. Estate of Pack,677 A. 2d 1188 (N. J. Super. Ct. App. Div. 1996).
② 参见[美]Pate v. Threlkel,661 So. 2d 278 (Fla. 1995).

性高,而且程度严重";而且,在当时虽然存在切除乳房等预防术,但还不能称之为"确实有效",是否符合要件(4),有待进一步的商榷。如斯,自然就不符合要件(5)"不公开而引起的损害超过因公开而引起的损害"(公开可能引起基因歧视等损害)。因此,并不允许 X 将 B 的遗传信息告知 A,否则就是违反守密义务。可见,临床医学研究的发展与成果对于最终判断是否符合上述要件具有重要影响。① 考虑到我国当前医务人员工作繁重的现状以及更多地重视眼前患者利益的医疗传统,与"通知义务说"相比,"通知特权说"更为适合我国。

关于遗传信息,还有另外一类问题,即患者的亲属能否撤回患者的同意。譬如:专门解析遗传基因的研究者甲在乙死亡之前获得其本人的同意,在乙死亡后对其基因信息进行分析整理,并准备将乙的基因信息纳入对外公开的数据库中。对此,乙的儿子丙表示坚决反对,要求甲销毁乙的基因信息。甲是否需要接受丙的要求(案例 18)?

本来,如上述,针对一般的医疗信息,患者拥有完全的处分权不受他人干涉,经其本人同意,医务人员的守密义务就会获得解除。但遗传信息是存在血缘关系的人的共有之物,因此,适当考虑患者亲属的信息控制权也有一定的合理性。关于这一点,日本政府所颁布的《关于解析研究人类染色体、基因的伦理指针》②规定,如果包括遗属在内的代诺者撤回患者当初的知情同意,那么,原则上关于患者的相关试验材料以及研究成果必须要销毁。此外,冰岛的最高法院针对 15 岁少女反对科研人员将其已故父亲的遗传信息转送、添加至国家保健数据库的案件,认为家属对被验者的遗传信息拥有隐私利益,判定少女拥有拒绝的权利(案例 19)③。因此,针对案例 18,丙的部分遗传信息与乙的遗传信息应该相同,如果乙的基因信息被甲对外公开,不怀好意者可以从中推测出丙的遗传信息,而这些信息对丙而言又极为敏感,可能导致丙的法益遭受严重侵害。所以,案例 18 中的甲应当接受丙的要求,否则就是违反守密义务,可被追究刑事责任。

四、今后的展望

以上,针对医务人员违反守密义务对外提供医疗信息的行为,结合具体事例,对其犯罪界限进行了详细分析。今后,随着信息流通手段的进步,可以做到信息瞬时传递瞬时到达,致使医疗信息被非法利用的风险不断增加。另一方面,利用医疗信

---

① 参见[日]甲斐克则:《ブリッジブック医事法》,信山社 2008 年,第 209 – 210 页。
② 具体内容可参见日本政府网站: http://www.mhlw.go.jp/general/seido/kousei/i – kenkyu/genome/0504sisin.html,最后访问日期 2017 年 7 月 17 日。
③ 参见[日]甲斐克则:《ブリッジブック医事法》,信山社 2008 年,第 212 页。

息预防医疗事故,降低传染病肆虐的概率,推动医学发展的价值也越来越受到重视。医疗信息既是"我的",也是"我们的"。针对前者,要求对其加强保护,针对后者,要求对其加强有效利用。为了解决医疗实务中医务人员违反守密义务泄露患者医疗信息问题的困惑,今后有必要在制定个人信息保护法的同时考虑制定关于保护和利用医疗信息的特别法,其中需要针对遗传信息给予更为特别的保护,构建可以明确医疗信息的保护与利用的体系性法律规制,为公众卫生以及国民福祉作贡献。当然,虽说是要用立法来完善,但并不意味着一定要强化刑罚。因为,在该领域,刑法应该避免过度介入,否则会限制医学的健康发展。

第三章 人体器官移植的法律规制

第一节 人体器官移植法律规制的问题及完善[*]

一、序言

人体器官移植,是为救助几乎完全丧失器官功能的患者,而将他人的健康器官移植给患者的一种医疗行为。这项令人瞩目的尖端医疗技术为器官损伤、衰竭甚至患有不治之症的患者带来希望,为他们提供了恢复健康、回归正常生活乃至延长寿命的机会。人体器官移植涉及供体、受体、医疗机构等多方主体,包括捐献、摘取、保存、运送、植入等多道环节。在这些环节中违反法定要件或法定程序的行为具有严重的社会危害性,不但无法让器官移植技术实现帮助患者恢复健康、延续生命的目的,反而会对供体(捐献器官的人)或受体(接受器官的人)的生命权和健康权造成侵害或危险,同时还会打击器官供体捐献器官的积极性。因此,需要法律对人体器官移植作出行之有效的规制。我国已经制定《人体器官移植条例》(下称《移植条例》)和《中华人民共和国刑法修正案(八)》的相关条文,对人体器官的临床应用进行了全面规制。但遗憾的是,近年非法摘取人体器官、买卖人体器官、侵害离体器官、走私人体器官、非法植入人体器官等各类违法犯罪行为逐年多发。而且,我国每年需要器官移植的患者超过 150 万,其中只有几千名患者有幸获得器官移植,供需比约为 1∶30,绝大多数患者等不到供体器官就遗憾地离开了人世,器官的供需严重不平衡。[①] 我国的人体器官移植事业正面临着新的挑战与机遇,亟须从法治层面予以配合和推动。本文聚焦于器官移植的捐献与摘取、分配、保存与运输以及植入等主要环节,就我国人体器官法律规制现状与不足进行探讨并提出改善建议。

---

[*] 本节主要内容最初发表于《东南大学学报(哲学社会科学版)》2019 年第 6 期。
[①] 参见佚名:《中国每年 150 万人等候器官:供需比却只有 1 比 30》,http://tech.163.com/16/0815/12/BUGQM2BL00097U81.html#f=techrank,最后访问日期 2019 年 6 月 30 日。

二、人体器官移植法律规制现状及问题

（一）人体器官的捐献与摘取

1. 死体器官

器官摘取的前提是有人愿意捐献器官。人体器官捐献分为死体捐献与活体捐献。死体捐献即公民在死后捐献出自己的器官。依照《移植条例》第8条的规定，死后器官捐献要符合以下2个要件之一：① 供体在生前表明死后同意捐献器官，且应当是具有完全民事行为能力并年满18周岁的成年人；② 供体生前没有明确表达同意但也未表示不同意，但存在其近亲属共同出具的愿意捐献器官的书面同意书。此要件后来通过《中华人民共和国刑法修正案（八）》得到了来自刑法的强力保障。刑法第234条第3款规定："违背本人生前意愿摘取其尸体器官，或者本人生前未表示同意，违反国家规定，违背其近亲属意愿摘取其尸体器官的，依照本法第302条的规定定罪处罚。"即，违背死者生前意愿摘取其尸体器官的行为按照盗窃、侮辱尸体罪定罪处罚。本条的保护法益是死者的残存人格尊严以及死者亲属对死者的情感。所以，只有当死者本人同意或者其家属共同同意捐献其器官时，摘取该尸体器官的行为才能阻却违法性得以出罪。

死体器官捐献的前提是供体已经死亡。死亡的判定标准在医学上分为"心脏死亡"与"脑死亡"。目前，我国法律还未明确规定法律上的死亡标准。判定死亡的传统标准是心脏死亡，认为只有心脏死亡才意味着人真正死亡。而脑死亡则是指包括脑干在内的全脑功能已经不可逆转地丧失。法律上不确立脑死亡的死亡标准，就没有真正的器官移植。因为，人体心脏停止跳动后，只要血块完全凝结，器官就不能用于移植。器官留有活性的时间很短，必须在心跳停止后的几分钟内进行灌注，最多保存十几个小时。而患者脑死亡后，其身体器官并未停止运转，这样有活性的器官用于器官移植其匹配度和成功率相较于死体器官都要更高。特别是心脏移植，如果不认可"脑死亡"，心脏移植几乎难以开展。当下我国器官移植临床上，为了确保移植的成功率，针对脑死亡的器官供体，医疗机构一般都会在获得患者或其家属同意捐献器官的基础上，让其家属再签署一个放弃治疗同意书。① 貌似可以解释为，应患者家属的要求而放弃对脑死亡患者的积极治疗，脑死亡患者必然短时间内心脏死亡，因患者或其家属同意捐献器官，所以可以紧接着摘取器官。这似乎可以为医疗机构及医务人员规避日后被追责的法律风险。但其实只要未确立"脑死亡"，即使患者家属签署放弃治疗同意书，在患者心脏停止跳动之前，摘取患者器官的行为仍然

---

① 参见上海广播电视台和上海市卫计委联合策划拍摄的医疗纪录片《人间世》（导演：周全）第一季第3集内容。

存在违法之嫌。因为，按照刑法理论通说的观点，"被害人同意"能够阻却违法性的范围仅限于对财产法益以及轻微身体法益的处置。依照心脏死亡的标准，脑死亡患者仍然是活人，其本人或其家属的同意根本无法处置其生命权，所以，医务人员的摘取器官行为未必能够实现正当化。

2. 活体器官

我国对活体器官的摘取条件有严格限制。依照《移植条例》的相关规定，除获得捐献人的知情同意之外，活体器官供体需年满18周岁、具有完全行为能力。而且，器官的受体仅限于活体器官捐献人的配偶、直系血亲或者3代以内旁系血亲，或者有证据证明与活体器官捐献人存在因帮扶等形成亲情关系的人员。可见，《移植条例》要求活体器官供体不能是未成年人和精神病患者，而且要求供体和受体存在姻亲、血亲等亲情关系。血亲之间的活体器官捐献与移植是基于血缘关系的利他行为，在多数国家均能获得理解与尊重。对于姻亲间的器官捐赠与移植，各国之间区别较大。《移植条例》把能够捐献器官的姻亲限定于"配偶"，但对配偶这一要件未作任何限定，为器官买卖留下了较大操作空间。现在结婚与离婚成本都很低，器官买卖双方只要去领证，就能披上合法外衣进行活体器官的买卖与移植，移植后再离婚，卖方很自然地就能分得与器官金额相当的财产，不仅合法，而且受婚姻法保护，显然这一规定存在漏洞。其次，具有因帮扶等形成亲情关系的人员之间也可活体器官移植，这是我国《移植条例》中非常有特色的规定。但究竟何种关系才能称之为因帮扶等形成亲情关系，法律并未有明确规定，在学者和实务工作者之间存在较大争议。总而言之，应当对其进行限定解释，否则可能会发展为变相的器官买卖。

虽然《移植条例》允许活体器官的捐献和摘取，但学界对摘取活体器官行为的正当化根据研究却并不充分。《刑法》第234条之一第2款规定："未经本人同意摘取其器官，或者摘取不满十八周岁的人的器官，或者强迫、欺骗他人捐献器官的，依照本法第二百三十四条、第二百三十二条的规定定罪处罚。"即，本罪强调针对未经本人同意摘取其器官、摘取不满18周岁的人的器官和强迫、欺骗他人捐献器官的三种行为按照故意杀人罪或故意伤害罪定罪处罚。对其进行反向解释，经本人同意，摘取成年人的活体器官行为不属于犯罪。据此，学界通说认为医生实行的活体器官摘取行为符合伤害罪的构成要件，之所以不构成犯罪，是因为其特殊性在于被摘取器官的被害人事先承诺捐献器官，即存在"被害人同意的伤害"这一阻却违法事由，从而使行为实现正当化。[①] 但是，捐献器官涉及供体的重大健康法益，如上述，仅仅依靠"被害人同意理论"无法使活体器官摘取行为合法化。其实，活体器官摘取行为的合

---

① 参见刘明祥、曹菲、侯艳芳：《医学进步带来的刑法问题思考》，北京大学出版社2013年，第187页。

法化依据应当是,在活体器官移植中,供体自我决定权得以实现的利益(供体特别希望通过自己救助特定受体)加上受体因器官移植而增加的生命或健康法益远超过供体因器官被摘取而受损的健康法益,符合优越利益原则。此情形下的活体器官摘取行为属于"器官移植(包括摘取和植入)"这一"正当治疗行为"的一部分。而"正当治疗行为"是各国普遍认可的能阻却违法性的"正当业务行为"。当然,治疗行为要成为正当业务行为还需要符合 3 个实质性要件:其一是医学适应性,即该医疗行为的实施是为维持或恢复患者生命和健康所必需;其二是医术正当性,即该医疗行为应当符合行为当时的医学水准;其三是具有患者的知情同意,即在给出充分说明基础之上所获得的患者同意。只有具备这 3 个要件,医师的治疗行为才是"正当治疗行为"。因此,活体器官摘取行为要想获得正当化,除具备成年供体的知情同意之外,还需考虑该摘取器官手术的医术正当性和医学适应性。医术正当性主要衡量该器官摘除手术不能给供体造成重大的生命和健康损害,且供体摘取器官的法益损害不能明显高于受体所获得的法益增长。由于摘取器官的行为对于供体本身并不具有医疗目的,因此医学适应性需要结合受体患者的移植手术予以认定。摘取供体器官的行为必须要有明确的治疗受体的目的,即,为了救助特定受体,且该受体只能通过植入供体的器官才能获救。比如,摘取供体器官仅仅是为了科研,或者仅仅是为了留给某患者作备用移植器官,此类情形下,虽经供体本人同意,但因欠缺医学适应性,该摘取供体器官的行为不能实现正当化。

(二) 人体器官的分配与买卖

"自愿、无偿原则"是《移植条例》所规定的基本原则。我国器官捐献的登记和分配工作由中国红十字会直属的"中国人体器官捐献管理中心"实施。当器官供体出现后,其相关信息被输入全国人体器官分配系统,系统会自动将其器官分配给相匹配的待机患者。器官分配的目标为:① 降低等待者死亡率;② 提高器官移植受者的术后生存率;③ 保障人体器官分配与共享的公平性;④ 减少人体器官的浪费。[①] 整体而言,我国人体器官分配的合理性、规范性与透明性在不断增高。

截至 2018 年 4 月,中国已累计完成公民死后器官捐献 17085 例,捐献大器官突破 4.8 万个。[②] 整体而言器官捐献数量逐年上升,进步不小,但相对于我国器官需求量而言仍然无异于杯水车薪,器官供需严重不平衡。基于"身体发肤,受之父母,不敢毁之"的传统思想,依然有很多国人希望死后能留有全尸。在现有的捐献制度框架下,捐献器官既没有补偿也没有物质激励,甚至没有完善的保障制度,致使很多人

[①] 参见国家卫健委 2018 年 7 月印发的《中国人体器官分配与共享基本原则和核心政策》。
[②] 参见范凌志:《在世卫会看中国器官捐献与移植事业发展:登顶之路》,http://world.huanqiu.com/exclusive/2018-06/12138518.html,最后访问日期 2019 年 3 月 16 日。

产生不出捐献的动力。

正是由于器官的严重短缺,器官买卖在黑市上不断蔓延,"少年卖肾买苹果手机"等案也逐年多发。我国禁止器官买卖,刑法第234条之一第1款规定:"组织他人出卖人体器官的,处五年以下有期徒刑,并处罚金;情节严重的,处五年以上有期徒刑,并处罚金或者没收财产。""组织出卖人体器官罪"是我国刑法中正式设立的第一个与人体器官移植有关的罪名,为《中华人民共和国刑法修正案(八)》所增设。为何设立本罪,学界通说认为本罪的保护法益是器官供体的生命健康权,比如,"出卖器官的人,都是在处于困境乃至走投无路的情况下被迫出卖自己的器官,其意志受到了处境的压制,表面上是自主决定,实际上存在自主缺陷"①,"随意买卖器官的行为极易诱发身体的病变,会造成供体身体健康的伤害,甚至危及其生命安全"②。但是,本罪除保护供体的生命健康法益外,更为重要的应当是"人类尊严",即人的不可"物化"性,人体器官的非商品性。③ 我国法律并不支持迫于生计而进行的器官"捐献"(买卖),但目前有一部分出卖器官的人甚至都不是迫于生计。这类器官买卖的行为,涉及重大健康法益的处分,已超出了被害人同意的有效范围,无法依靠被害人同意理论实现正当化。更为重要的是,人体器官是不可再生的人体重要组成部分,不可贬低为"物",不可像商品一样进行交易。因此买卖器官的组织行为自然需要通过刑法予以禁止。为了贯彻这一思想,有学者进一步主张,"有必要对出卖、购买器官进行刑事规制"④。但笔者并不赞成此观点,为了保护人类尊严,确实不应当允许器官交易,但处罚对象不应包括单纯的"卖器官行为"以及"买器官行为"。理由在于,卖器官者原本就是器官买卖中的最大受害者,正如刑法不处罚自杀未遂者一样,刑法没有必要再对其施加额外的处罚;而买器官者往往就是需要通过器官移植来延续生命的重症患者,要求其即使丧失生命也要坚持做到能买而不买,根本不具备刑法上的期待可能性,自然无须处以刑罚。

(三)人体器官的保存与运输

人体器官的保存和运输主要由医疗机构实施。此环节中的器官处于一种脱离人体的状态,会引发不少新型违法犯罪行为。比如,侵害离体器官或走私人体器官就是其中的典型。所谓侵害离体器官,是指故意盗窃或毁坏处于保存和运输环节中的移植用器官。离体器官究竟是物还是人,目前我国法律对其还未有明确定性。如

---

① 参见张明楷:《组织出卖人体器官罪的基本问题》,载《吉林大学社会科学学报》2011年第5期,第91页。
② 参见熊永明:《活体器官移植合法化条件解读》,载《云南大学学报》2009年第5期,第96页。
③ 参见[日]甲斐克则:《人体構成体の取り扱いと「人間の尊厳」》,载ホセ・ヨンパルト等编:《法の理論26》,成文堂2007年,第20页。
④ 参见杨丹:《尖端医疗领域刑法理论及立法对策研究》,法律出版社2016年,第246页。

果其属于普通的物,则盗窃或毁坏离体器官的行为应当成立盗窃罪或故意毁坏财物罪,但依照"两高"的司法解释,这两个罪名的立案追诉标准分别为1 000元和5 000元以上,离体器官不是普通的物,难以直接计价。另外,从受害人的角度而言,因离体器官遭受窃取或毁坏,供体遭受了健康损害却未能实现救助受体的目的(自我决定权的积极行使未能得以实现),受体未能获得器官移植,原本能够期待的健康恢复或生命延续利益落空。显然仅仅追究行为人盗窃罪或故意毁坏财物罪的刑事责任,难以平复受害人的被害情感,违背罪责刑相适应原则,换言之,这种思路存在刑法对器官供体和受体的法益保护不足之嫌。为了加大对离体器官的保护力度,似乎也可考虑直接定故意伤害罪。但故意伤害罪的构成要件要求行为伤害的对象必须是"他人的身体",把离体器官解释为身体,显然属于类推解释,违反罪刑法定原则。因此,在现有刑法体系内对盗窃或故意毁坏离体器官的行为实在难以准确定性。此外,在现实生活中也曾发生过走私器官的违法行为。但走私型犯罪一般针对的是国家禁止进出口的物品,侵犯的法益主要是国家的对外贸易秩序。而人体器官无论是在人体内还是脱离人体都不具有流通性,不属于可以进出口的物品,而且走私人体器官的犯罪侵犯的是人的生命权或健康权以及医疗卫生秩序,这与其他走私类犯罪侵犯的保护法益并不相同。[1] 因此,走私人体器官的犯罪行为不能简单地被归类于现有的走私型犯罪。

(四)人体器官的植入

能够从事人体器官移植的医疗机构需要具备4个要件:① 有与从事人体器官移植相适应的执业医师和其他医务人员;② 有满足人体器官移植需要的设备、设施;③ 有由医学、法学、伦理学等方面专家组成的人体器官移植技术临床应用与伦理委员会;④ 有完善的人体器官移植质量监控等管理制度。[2] 如果不具备这些条件而擅自开展人体器官移植的,除依照《医疗机构管理条例》对医疗机构和相关责任人员予以行政处罚外,情节严重的,对其中非法行医人员要追究非法行医罪的刑事责任。

与摘取器官行为同样,器官的植入行为要成为正当业务行为,需要符合医学适应性、医术正当性以及患者的知情同意这3个要件。换言之,除具备医学目的以及受体的知情同意之外,还需要考量器官移植的必要性与有效性,特别要谨慎进行利益与风险的衡量。这其中的风险既包括供体被摘取器官的生命、健康受损风险,也包括受体被植入器官的风险。那些风险显然高于利益的器官植入,比如,有其他可以救治受体疾病的常规治疗方法,植入的是已经癌变的器官,或者因配型不符成功率只有1%等情形,即使具有受体的知情同意,也难以实现正当化。器官移植作为特殊

---

[1] 参见熊永明:《现代生命科技犯罪及其刑法规制》,法律出版社2012年,第175页。
[2] 参见《人体器官移植条例》第11条。

的治疗行为,其正当化要件由人体器官移植技术临床应用与伦理委员会(以下简称"伦理委员会")进行预审。伦理委员会对人体器官捐献人的捐献意愿是否真实、有无买卖或者变相买卖人体器官的情形、人体器官的配型是否合适等事项进行审查。如不同意摘取人体器官的,医疗机构不得作出移植人体器官的决定,医务人员不得移植人体器官。伦理委员会在我国人体器官移植中发挥着重要作用。但遗憾的是《移植条例》虽然规定伦理委员会中医疗专家的人数不得超过总人数的四分之一,但并未明确规定其中不能包括与所审事案有关联的器官移植医生。负责器官移植的医生为了追求器官移植后的治疗效果,自然希望尽可能多、尽可能快地获得器官,难以避免倾向于投赞成票,作为利益相关方参加伦理委员投票显然难以确保审查结果的公正性。而且,伦理委员会各自为政,欠缺全国性的统一判断程序和标准,从而导致事案相同但审核结论却不同的现象时有发生。比如,2007年,湖南有两位尿毒症患者均有亲属愿意捐献活体器官给自己移植,但配型均不符,不过对方亲属的器官恰好能和自己配型成功,于是两人申请"交叉肾移植"。该申请在广州附属医院被伦理委员会以8比1票予以否决,后来在海南农垦总局医院却获得了伦理委员会13票的全票通过。

三、人体器官移植法律规制的完善建议

1. 确立"脑死亡"标准

我国尚未确立"脑死亡"的死亡标准。"脑死亡"标准的合法化与器官捐献并不存在必然联系,接受脑死亡并不等同于同意捐献器官。目前世界上已有很多国家确立了"脑死亡"的标准,比如英国、德国、奥地利、瑞士、日本等。[①] 我国如能够确立,可以让死亡判断标准更为科学,在医学和法律上增强与世界各国的联系与接轨。作为附带结果,自然有利于推动器官捐献。纵观国外立法,规定死亡判断标准共有四种模式:心脏死亡模式、脑死亡选择模式、脑死亡拒绝权模式以及脑死亡一元模式。[②] 日本在1997年《器官移植法》中规定了脑死亡的判断标准,但规定死者在生前需书面同意接受"脑死亡"的判定标准且同意捐献器官(脑死亡选择模式),显然过于严苛;后来在2009年修改《器官移植法》时,便将明示接受改为推定接受(脑死亡拒绝权模式)。1997年至2009年之间依照旧法接受脑死亡判定愿意捐献器官的只有82例,而新法施行后至2015年7月,脑死亡者器官捐献已经达到331例。[③] 可见,脑死亡认定标准的修改对国民捐献器官的推动效果十分明显。

---

① 参见[日]甲斐克则:《臓器移植と医事法》,信山社2015年,第8页,153页,175－176页。
② 参见刘建利:《中国の「人体臓器移植条例」について》,载[日]《法研论集》2010年第133号,第280页。
③ 参见[日]甲斐克则:《臓器移植と医事法》,信山社2015年,第8页。

确立"脑死亡"符合医学和法律的发展趋势。对于那些已经获得同意而摘取脑死亡者器官用于器官移植的行为,法律不宜以犯罪待之,更不宜对其处以刑责。① 因此,我国有必要通过立法确立"脑死亡"标准。由于中国传统思想的影响,脑死亡在我国被社会大众接受需要一个过程。因此,在方法上可以借鉴日本的经验,先采取"脑死亡选择模式"的做法,一段时间内让"心脏死亡"标准和"脑死亡"标准共存,将死亡标准的选择权交给患者及家属。当然,随着脑死亡概念的普及,到条件成熟时再过渡到"一元脑死亡模式"。

2. 合理确定活体器官的供体范围

为了打击"移植婚姻",明确"因帮扶等形成亲情关系"的范围,原卫生部于 2009 年发布了《关于规范活体器官移植的若干规定》。依据其第 2 款的规定,活体器官捐献人与接受人的关系,除直系血亲或者三代以内旁系血亲外,配偶关系仅限于结婚 3 年以上或者婚后已育有子女的配偶,因帮扶等形成亲情关系仅限于养父母和养子女之间的关系、继父母与继子女之间的关系。此规定严格限定了活体器官的供体范围,有利于打击变相的器官买卖行为。但是,此规定矫枉过正引出两个新问题:其一,对配偶的限定过于严格。有些夫妻虽然结婚未满 3 年,但其中一方被确诊为需要进行器官移植的情形发生在结婚之后,上述规定排除了这种情形之下的活体器官移植的合法性显然不合理,应当通过修改予以认可。其二,未能给"交叉移植"留有合法化的余地。上述,湖南"交叉移植"案伦理委员会审查结果的不同主要起因于两医院伦理委员会对于"交叉移植"是否符合"因帮扶等形成亲情关系"存在较大分歧。如果严格适用上述规定,这种"交叉移植"显然不合法。但如果一味禁止,明显会伤害患者和社会的根本利益,毕竟维护患者生命法益最为重要。而且,《移植条例》并没有明文禁止"交叉移植",作为部门规章的上述规定却排除了"交叉移植"的合法性,显然有违反上位法之嫌。② 交叉移植模式改变了患者被动等待分配的局面,鼓励其寻找适合自身需求且同样有器官移植需求的家庭。奥地利和瑞士在严格审查的条件之下允许"交叉移植",不仅没有增强器官商业化的风险,反而解决了部分器官需求,抑制了器官买卖的增长。③ 因此,我国按理不应禁止,将来应当适当修改《关于规范活体器官移植的若干规定》,在规范技术应用和避免社会危害的情况下,进一步优化针对活体器官供体范围的限定。

---

① 参见刘长秋:《人体器官移植的刑法规制研究》,载《南昌大学学报(人文社会科学版)》2011 年第 2 期,第 66 页。

② 参见唐义红,荣振华:《活体器官移植法律与伦理问题研究》,中国政法大学出版社 2017 年,第 279-280,305 页。

③ 参见[意]Maggiore U, Oberbauer R, Pasual J, et al. Strategies to increase the donor pool and access to kidney transplantation: an international perspective. Nephrol Dial Transplant, 2014, 30(2), p. 2.

3. 加强解释，完善立法，有效规制新型器官犯罪

因器官移植技术发展而带来的侵害离体器官、走私人体器官等新型违法犯罪行为，可以用加强刑法解释和完善刑事立法的方式予以应对。由于离体器官已经脱离人体，不再是身体，具有了物的属性，但其与普通的物相比，具有一定的生命性、人格性、独立性、可利用性、不可再生性和易损性，应当享有更高的"要保护性"。[1] 在理想状态下，应当通过刑事立法对此予以专门保护，比如通过刑法修正案增设"侵害离体器官罪"，提供高于"盗窃罪"和"故意毁坏财物罪"却又低于"故意杀人罪"和"故意伤害罪"的刑法保护。但在既有刑法体系下，未完善立法之前，为了实现对其予以刑法保护，暂且只能将离体器官认定为一种特殊的物。这样盗窃和故意毁坏离体器官的行为就可以暂且通过盗窃罪或故意毁坏财物罪加以处罚，虽然保护不够充分，但至少强于没有刑法保护（即不构成犯罪）。通过刑法解释追求实质正义，可以实现法治的实质人权保障机能。[2] 另外，走私人体器官不仅侵害供体和受体的生命权或健康权以及医疗卫生秩序，更是侵害器官的不可交易性，即人类尊严法益，所侵害的法益已达到需要刑法加以规制的程度，而刑法现有法条无法规制走私人体器官的行为。而且，走私人体器官本质上比组织买卖器官行为的危害性更为严重，因此有必要通过刑法修正案将走私人体器官的行为增补到走私罪之中。[3]

4. 器官的"开源"与"节流"

我国器官供需严重不平衡，一方面是因为供体不足，另一方面是因为器官需求量过大。只有"开源"和"节流"双管齐下才能解决此问题。

首先，激励人们积极参与死后捐献。捐献器官、奉献爱心的意识应当从小开始培养，充分利用学校教育以及各类媒体宣传，普及器官捐献的法律规定和政策，在全社会形成一种大爱奉献的氛围。在此基础上，逐步建立器官捐献的鼓励、促进和补偿机制。比如，可以学习日本和美国[4]，在《移植条例》中增补供体亲属可优先获得捐献器官的规定。此外，可以考虑对供体进行经济补偿和激励。虽然，在我国单纯买卖行为没有被规定为犯罪，但所有围绕器官捐献的付款行为几乎都违法。问题的关键是如何让器官捐献方获得一定利益，但同时此利益又并不会增加不富裕受体方的负担，相反，还要使这些不富裕的患者也可以公平地享受到器官移植医疗服务。获得别人的捐献器官，接受方想表达自己的感激值得理解，但并非所有的接受方都有经济能力去负担表示"感激"的费用，而器官捐献方出于善良而捐献出自己的器官理

---

[1] 参见杨丹：《尖端医疗领域刑法理论及立法对策研究》，法律出版社2016年，第221页。
[2] 参见刘艳红：《实质刑法观》，中国人民大学出版社2009年，第115－116页。
[3] 参见熊永明：《现代生命科技犯罪及其刑法规制》，法律出版社2012年，第175页。
[4] 参见［日］伊藤晓子：《アメリカの2006年改訂統一死体提供法》，载《外国的立法》2014年第262号，第2－3页。

应得到一定的补偿。鉴于此,笔者建议修改《移植条例》中关于器官捐献无偿性的规定,允许设立一个"基金池",与受体向供体直接支付酬金不同,该"基金池"统一汇集所有受体方给出的报酬,每隔一段时间"放一次水",将所得资金以一种公平的方式分配给所有供体方或供体家属。理由在于不是所有受体方都有能力给予报酬以示感恩,但所有供体方都应获得补偿和激励。感激并给予报酬是一个较高的标准,但身体机能受损得到补偿则应在更低的门槛上得以实现。

其次,拓展活体器官捐献来源。《移植条例》出于保护弱者的原则而禁止精神病患者和未满 18 周岁的未成年人捐献活体器官。但其实该规定未必符合这两者的最佳利益。精神病患者尤其是间歇性精神病患者,在符合其自身利益的情况下捐献器官,比如救助其唯一的监护人,应当承认其在精神正常期间捐献器官决定的合法性。14—17 周岁的未成年人已经具备一定的同意能力,会衡量自己的利益且能够表达自己的真实想法,比如为了救助其单亲母亲或父亲而主动要求捐献其器官,不仅符合其父母的利益也符合其自身的利益最大化。其实国外已有这方面的立法先例,根据英国《人体组织法案》的施行规则第 12 条的规定,在符合一定严格要件的前提下,精神病患者和未成年人也可以捐献活体器官[①]。因此,我国应修改《移植条例》,为精神病患者和 14—17 周岁的未成年人捐献活体器官留有一定的余地。这样也可以在一定程度上缓解我国器官需求的压力。当然,考虑到精神病患者和未成年人群体的特殊性,在放宽限制的同时要进行严格规范,以免本末倒置。此外,还应当大力推动医学进步,比如,在保障安全性、符合伦理性的基础上,可以大力研发人造器官、异种移植[②]、医疗性克隆等。

最后,降低移植器官的需求量。预防是最好的治疗,应提高我国对心脏、肝脏、肾脏等器官疾病的防治水平,尽量在患者产生器官移植的需求之前将疾病治愈。当然,最佳的问题解决途径是,国家大力倡导健康的生活方式和理念,完善医疗卫生保障体系,提高人民群众的身体素质和健康水平,从源头上减少国民对器官移植的需求。

5. 完善伦理委员会制度

伦理委员会的成立宗旨是为了防止器官买卖等非法行为,保护供体和受体的合法利益。但在器官移植临床中,负责器官移植的医生作为伦理委员成员参加关联事

---

① 参见[英]The Human Tissue Act 2004 (Persons Who Lack Capacity to Consent and Transplants) Regulation 2006, S. I. 2006/1659.

② 即将人类基因导入到动物身上,然后将这些动物器官移植到人类患者身上。这种方式如能成功确实可以缓解器官不足的问题,但由于该技术还远未成熟,容易导致原本不会传染给人类的动物病毒通过动物器官感染到人身上,存在很大未知风险。因此,在其安全性得以确保之前,为保护患者权益以及抽象的人类尊严法益,应严格禁止异种移植。

案审查工作的现象较为普遍。作为利益相关方,其难以同时代表供体和受体双方的利益。因此,我国有必要修改《移植条例》,增加伦理委员会成员的"利益关系人回避制度",规定与审查事案有关联的器官移植医生不得作为伦理委员会的成员参与审查投票,当然针对审查内容可以给予其陈述意见的机会。此外,当下众多伦理委员会的审查标准以及程序差异较大,经常出现"同案不同判"现象,显然有失公平与正义,应当通过制定全国统一的审查标准和程序来解决。应由卫生行政主管部门牵头,组织全国重要的医学、法学、伦理学专家进行交流、研讨,形成全国通用的审查标准和程序,最后由卫生行政主管部门以指导原则或行业指针的形式发布。

四、结语

人体器官移植技术是一把双刃剑,一方面能够让原本陷于绝境的患者重燃希望,是医学史上的巨大进步;另一方面,一旦滥用就会侵害供体和受体的健康与生命法益甚至是人类尊严。法律是促进器官移植技术发展和保护供体与受体权益的最后一道屏障,合理有效的法律规制能够规避风险,更加充分地发挥其有利的一面,反之则可能侵害人权,给社会带来极大危害。我国应当在借鉴世界先进经验并结合我国现实情况的基础上,科学、合理地解决人体器官移植法律规制中的相关问题,促进人体器官移植事业健康发展,让更多的患者享受到这项技术所带来的喜悦与希望!

第二节 人体活体器官移植行为的刑法正当化事由[*]

人体器官移植是二十世纪最伟大的医学成就之一,可治愈以往无法救治的众多"绝症",已成为不少患者获得救助的最后希望。截至2019年7月21日,在中国人体器官捐献管理中心登记志愿捐献器官的人数已超过142万人,已累计完成公民器官捐献约2.5万例,捐献大器官已突破7万个。[①] 2015年实施的器官移植手术突破1万例,其中约有26%来自亲属间的活体捐献。[②] 虽然《移植条例》和刑法的相关条文已对活体器官移植进行了全面规制,但法学界一直未能为活体器官移植行为提供合适的刑事正当化理论依据,致使司法实务部门对此类案件进行定罪量刑时出现差异性较大的问题。因此,本文聚焦于活体器官移植的刑事正当性,深入探讨活体器官

---

[*] 本节主要内容最初发表于《江西社会科学》2019年第12期。
[①] 参见中国人体器官捐献管理中心的统计数据:http://www.rcsccod.cn,最后访问日期2019年8月16日。
[②] 参见佚名:《中国人体器官捐献与移植委员会工作会议召开》,http://www.gov.cn/guowuyuan/vom/2016-03/15/content_5053552.htm,最后访问日期2019年8月16日。

摘出和植入行为的刑事正当化事由及要件,为司法实务部门科学处理此类案件提供理论支撑。

一、人体活体器官移植行为刑事正当化传统理论的不足

人体器官移植主要包括从供体(捐献器官的人)身上摘取器官和往受体(接受器官移植的患者)身上植入器官。依据器官来源的不同,人体器官移植可分为尸体器官移植和活体器官移植。尸体器官移植指利用供体在死后提供的器官进行移植,为了保护死者的残存人格尊严以及死者亲属对死者的情感,依照刑法第234条第3款的规定,违背死者生前意愿摘取其尸体器官的行为按照盗窃、侮辱尸体罪定罪处罚。只有当死者本人或者其家属共同同意捐献其器官时,摘取该尸体器官的行为才能阻却违法性得以出罪。活体器官移植指利用供体活体提供的器官进行移植。从供体活体上摘取器官会给供体造成明显的伤害,甚至会侵害到供体的生命,而器官植入行为需要先摘出受体已经患病的器官,然后再植入供体所捐献的器官,对其健康和生命也会造成一定的侵害或危险。这些摘取或植入行为符合"故意伤害罪"或"故意杀人罪"的构成要件,但通常不会被司法实务界作为犯罪处理,其背后的理由(刑事正当化事由)却并不明确。

1. 活体器官的植入行为

人体器官植入行为最为接近普通的治疗行为,只要符合治疗行为的正当化要件,就能实现正当化。"正当治疗行为"是各国普遍认可的"正当业务行为",即使符合一定犯罪的构成要件也能通过阻却违法性实现正当化。当然,治疗行为要成为正当业务行为还必须要符合3个实质性要件:其一是医学适应性,即该医疗行为的实施是为维持或恢复患者生命和健康所必需;其二是医术正当性,即该医疗行为应当符合行为当时的医学水准;其三是具有患者的知情同意,即在给出充分说明基础之上获得的患者同意。只有符合这3个要件的治疗行为才属于"正当治疗行为"。活体器官的植入行为要成为正当业务行为,除具备医学目的以及受体的知情同意之外,还需要考量器官植入行为的医术正当性,即器官植入行为是否具有必要性和有效性,需要谨慎进行风险与利益的衡量。这其中的风险既包括受体被摘取病变器官时生命和健康的受损风险,也包括受体被植入供体器官后的风险,如这些风险显然高于植入的利益则不具备医术正当性。例如,有其他可以救治受体疾病的常规治疗方法,植入的是已经彻底丧失功能的器官,或者因配型不符成功率几乎为零等情形,即使具有受体的知情同意,也难以实现正当化。严重损害受体身体健康或造成死亡等重大后果的,有关医务人可能要被追究"医疗事故罪"甚至是"故意伤害罪"或"故意杀人罪"的刑事责任。

2. 活体器官的摘出行为

刑法第 234 条之一第 2 款规定:"未经本人同意摘取其器官,或者摘取不满十八周岁的人的器官,或者强迫、欺骗他人捐献器官的,依照本法第二百三十四条、第二百三十二条的规定定罪处罚。"即,本罪强调针对未经本人同意摘取其器官,摘取不满 18 周岁的人的器官和强迫、欺骗他人捐献器官的三种行为按照故意杀人罪或故意伤害罪定罪处罚。对其进行反向解释,就是经本人同意,摘取成年人的活体器官行为不属于犯罪。据此,学界通说认为医生实行的活体器官摘取行为符合伤害罪的构成要件,之所以不构成犯罪,是因为其特殊性在于被摘取器官的被害人事先承诺捐献器官,即存在"被害人同意的伤害"这一阻却违法事由,从而使行为实现正当化。

在供体承诺捐献器官的条件下,医生按规定摘取其器官必然会对其身体健康造成损害,但因其可以救助受体的生命,给受体所带来的利益超过对供体所造成的损害,对社会整体而言,减少了法益损害,是有益的行为。因此,法律允许公民在不危及生命安全的条件下,有权作出捐献自己器官的决定。当供体为了救助他人作出捐献器官的真诚承诺,并甘愿承受被摘取器官而使自己身体健康遭受损害时,医生摘取其器官的行为就不存在侵害其人身权利的问题,从而也就无违法性或社会危害性[1]。

在德日刑法学中,关于"被害人同意的伤害"的有效性问题,主要有 4 种学说观点:① 如果同意欠缺社会正当性,则同意无效,成立伤害罪;② 同意原则上有效,但如果造成的是重大伤害,即对身体重要部分造成不可恢复永久性伤害时无效,成立伤害罪;③ 同意原则上有效,但对于具有生命危险的伤害无效,成立伤害罪;④ 任何情形下的同意都有效,只要存在同意,就不成立伤害罪。[2]

依照观点①,同意是否有效,不仅要考虑同意是否存在,更要结合承诺的动机、目的,伤害的手段、方法、部位、程度等要素予以综合衡量判断。具体到器官移植的摘出器官行为,同意是否有效,需要综合考虑器官摘出的目的、摘出行为的医学适应性、医术正当性等要素来判断。该观点有一定的合理性,但其弱点在于,"社会相当性"的概念很不明确,需要考量的要素难以限定边界,难以提供具体的判断标准。

依照观点④,经被害人同意的伤害行为,因被害人自己起了犯意,其既是法益主体也是法益侵害的正犯,伤害行为的主体欠缺造成危害结果的正犯性,所以不符合伤害罪的构成要件,自然不可罚。具体到器官移植,只要获得供体的有效同意,只要不侵害到供体的生命,所有的器官摘出行为均能实现正当化。但是,人的自主性不能破坏其尊严和独立,且人作为社会共同体的一部分,其自主性应当受到外部因素

---

[1] 参见刘明祥,曹菲,侯艳:《医学进步带来的刑法问题思考》,北京大学出版社 2013 年,第 187 页。
[2] 参见[日]城下裕二:《生体移植と刑法》,载甲斐克则:《臓器移植と医事法》,信山社 2015 年,第 77 页。

的制约①,因此,此结论显然不妥当。

依照观点②,器官摘出行为造成重大伤害,对身体重要部分造成不可恢复的永久性伤害时,同意无效,成立伤害罪。但"身体重要部分造成不可恢复永久性伤害"究竟指的是什么伤害,为何此情形下的被侵害法益必须用刑法加以保护,其理由并不明确。有学者认为这主要是因为此类伤害致使作为患者自我决定权主要组成部分的行动自由造成难以恢复性的侵害。②贯彻此理论,活体器官移植中供体被摘出去的一个肾脏肯定不会重新长出来,属于永久性难以恢复的伤害,自然难以实现正当化。

至于观点③,同意是否有效,取决于伤害是否"具有生命危险"。国外有学者认为,"无生命危险"应当是指不属于重大而具体的危险,换言之,此危险对于生命的威胁程度几乎可以忽略。摘取供体器官的行为,只要符合一定的"医术正当性",能够避免对供体生命产生现实而具体的危险,且存在供体真挚的同意,该摘出行为就应当能够实现正当化。③

此观点的特点是将"医术正当性"作为同意的有效要件之一。如上述,治疗行为正当化三要件为医学适应性、医术正当性、知情同意。此观点从供体的角度出发,因无法涉及医学适应性将此要件排除,将摘出器官的行为套用了剩余的两个正当化要件。可见该观点将从供体身上摘出器官的行为看作准治疗行为。供体的器官捐献行为本质上是一种帮助受体和医疗机构完成治疗疾病的行为,因此,该观点具有一定的合理性。但,供体的这种捐献器官的利他行为对于其本人而言,并不具有延长生命增进健康的效果,且不存在必要性。毕竟不具备医学适应性,仅通过适用医术正当性、知情同意这两个要件,实现正当化确实比较勉强,说服力不够。综上,从供体身上摘出器官的行为,仅仅通过"被害人同意"理论难以实现正当化。

二、活体器官移植刑事正当化事由之"正当治疗行为说"

当下阻却违法性事由的正当化根据主要有两种观点。其一,社会相当性说,该观点认为在历史形成的社会伦理秩序的范围内,能够被秩序所允许的行为就是正当的(行为无价值论)。其二,法益衡量说,该观点认为违法的实质是法益侵害,当缺乏法益保护的必要性或所保护的法益优于所损害的法益的行为就是正当的(结果无价值论)。④由于社会相当性的概念很不明确,难以提供判断的具体标准,因此,下文采

---

① 参见韩大元,于文豪:《论人体器官移植中的自我决定权与国家义务》,载《法学评论》2011年第3期,第29页。
② 参见[日]佐伯仁志:《刑法総論の考え方・楽しみ方》,有斐阁2013年,第224页。
③ 参见[日]山本辉之:《生体移植—刑法上の問題点の検討》,载《成城法学》2013年总第82号,第8页。
④ 参见张明楷:《刑法学(上)》,北京法律出版社2016年,第194—195页。

用法益衡量说分析人体器官移植的正当性。

世界主要国家制定相关活体器官移植的法律法规时,不仅对供体方规定了相关要件,还不约而同地对受体方也规定了其他要件。比如,日本人体器官移植学会发布的《关于活体器官移植的指导意见》规定器官供体的基本条件是:"必须能预测肾脏捐献者在提供器官后,肾机能以及健康状态不会恶化,在有生之年应当不会出现晚期肾功能不全的状况。在评价要素中,除肾脏机能、感染可能性等身体状况外,供体捐献器官后能否较好地进行自我健康管理也同样重要"[1]。德国的《器官移植法》同样规定,作为能够摘出活体器官的要件之一,能预测到不会让供体承担除摘出手术之外的伤害风险,除摘出器官的直接结果外,不会造成供体受到其他的重大健康损害(第8条第1项第1号)。[2] 可见日本和德国都认为不能给供体增加过多的负担,强调供体自身的"适应性"。将其与前述关于"被害人同意的伤害"的有效性问题的观点[3]相结合,可以将其作为判断是否属于"具有生命危险的伤害"要件之一的"广义的医术正当性"。即从供体身上摘出器官,如不会对其今后的健康造成重大影响,摘出行为就没有对其生命造成现实而具体的危险,该行为就属正当性的器官摘出行为。

在现实中,供体捐献活体器官都是为了想救助特定的某人(受体),如果不存在这些特定的受体,往往不会出现供体。而且,各国法律也都不约而同地对供体范围进行了限制。因此,不结合受体而考虑器官摘出行为的正当化确实困难。日本的上述指导意见规定,医务人员在履行说明义务时,除说明供体被摘出器官的风险外,还要向供体说明受体接受器官移植手术的成功可能性,并征得供体的书面同意。该同意书中包含有供体承诺向特定受体捐献器官的内容。而且规定"因为活体器官移植总是会对供体造成一定的伤害,只有在不得不实施的例外情形下才能实施"。这其实体现出的是活体器官移植的补充性和例外性原则。只有当某患者陷入不通过器官移植就无法维持生命的状况,且没有合适的尸体捐献器官可以利用时,才允许考虑活体器官的摘取和移植。补充性和例外性要件不结合受体,根本无法判断。因此,针对供体的器官摘出行为的"医术正当性"必须结合受体的状况才能正确判断。

其实,现实中的活体器官移植,一般都是特定患者陷入必须通过器官移植才能挽救生命的状况,然后出现愿意通过捐献活体器官挽救患者的供体,随后从供体身上摘出器官移植给该特定患者并使其获得救助。这是个连续的整体,其合法性完全

---

[1] 参见[日]日本移植学会:《体腎移植のドナーガイドライン》,https://cdn.jsn.or.jp/guideline/pdf/Donor-guidelines.pdf,最后访问日期2019年8月16日。

[2] 参见[德] Gesetz über die Spende, Entnahme und öbertragung von Organen und Geweben,8 Abs. 1 (1997).

应当作为一个整体行为予以论证。即"器官移植行为"中的"摘出行为"和"植入行为"都实现正当化,整个"器官移植行为"才能被评价为具有正当性。关于前者,为了维持受体的生命和健康,只能通过摘出该供体的活体器官予以实现,且摘出该供体的活体器官不会对其生命和身体造成重大危险的情况下,在对供体和受体予以充分说明的基础上取得各自的有效同意,具备相应资格的医务人员实行的器官摘取和器官植入行为,只要器官摘取和器官植入行为分别符合各自的正当化要件(各自的狭义正当化要件:前者为医术正当性、知情同意;而后者为医学适应性、医术正当性、知情同意),活体器官移植作为一个整体成为"正当治疗行为",作为"正当业务行为"可以实现正当化。① 换言之,两者的合法性彼此依赖,只有一方合法了,另一方才能合法,有一方不合法,另一方也难以实现正当化。比如,器官植入行为符合医学适应性、医术正当性、知情同意,但器官来源不合法,该器官植入行为自然属于违法行为。再如,虽然器官摘出行为符合医术正当性、知情同意,但即使植入受体也无法有效救助其生命,该摘出行为当然也无法实现正当化。虽然"摘出行为"和"植入行为"的法益主体并不相同,但法律允许的器官移植行为都是以两者连续发生为前提,都是以彼此都能实现正当化为前提而实施,通过各自的违法阻却,从而实现整体评价上的违法阻却。

虽然被害人对于重伤的同意原则上无效,但在器官移植的场合,供体为了保护另一重大法益而自愿采取合法途径将器官移植给特定患者时,应当尊重其自主决定权,肯定其承诺的有效性。② 在刑法理论上,活体器官摘取行为的合法化依据,应当是在活体器官移植中,供体自我决定权得以实现的利益(供体特别希望通过自己救助特定受体)加上受体因器官移植而增加的生命或健康法益远超过供体因器官被摘取而受损的健康法益,符合优越利益原则。此情形下的活体器官摘取行为属于"器官移植(包括摘取和植入)"这一"正当治疗行为"的一部分。而"正当治疗行为"作为"正当业务行为",自然能够阻却伤害罪的违法性,实现正当化。

因此,活体器官摘取行为要想获得正当化,除具备成年供体的知情同意之外,还需考虑该摘取器官手术的医术正当性和医学适应性(广义)。医术正当性主要衡量该器官摘除手术不能给供体造成重大的生命和健康损害,且供体摘取器官的法益损害不能明显高于受体所获得的法益增长。由于摘取器官的行为对于供体本身并不具有医疗目的,因此医学适应性需要结合受体患者的移植手术予以认定。摘取供体器官的行为必须要有明确的治疗受体的目的,即,为了救助特定受体,且该受体只能

---

① 参见(日)城下裕二:《生体移植と刑法》,载甲斐克则:《臓器移植と医事法》,信山社2015年,第82页。
② 参见张明楷:《组织出卖人体器官罪的基本问题》,载《吉林大学社会科学学报》2011年第5期,第91页。

通过植入供体的器官才能获救。反之,摘取供体器官仅仅是为了科研,或者仅仅是为了留给某患者作备用移植器官,此类情形下,虽经供体本人同意,但因欠缺医学适应性,该摘取供体器官的行为不能实现正当化。

三、活体器官移植成为"正当治疗行为"的要件

根据上述正当化理论,活体器官移植要阻却违法性实现正当化,需要符合以下几个具体要件:

(1)供体必须是成年人,原则上需要具有同意能力。依照《移植条例》的相关规定,除获得捐献人的知情同意之外,活体器官供体需年满18周岁、具有完全行为能力。即未成年人和精神病患者不能成为活体器官的供体。其出发点是为了保护未成年人以及精神病患者的利益,但该规定未必符合这两者的最佳利益。精神病患者尤其是间歇性精神病患者,在符合其自身利益的情况下,比如救助其唯一的监护人,应当承认其在精神正常期间捐献器官决定的合法性。14—17周岁的未成年人已经具备一定的同意能力,会衡量自己的利益且能够表达自己的真实想法,比如为了救助其单亲母亲或父亲而主动要求捐献其器官,不仅符合其父母的利益也符合其自身的利益最大化,也应当赋予其一定的合法化空间。

(2)手术之前,一定要获得供体和受体双方的知情同意。医务人员在征求知情同意之前,一定要先履行充分的说明义务。说明的内容不仅要包括各自手术的危险性,还要对供体手术后可能产生的身体障碍或影响以及受体移植成功的概率及健康改善效果予以充分说明,并且获得双方的同意(不仅包括对自己风险的同意,也包括对对方风险的同意)。因欺骗而致使他人同意捐献器官的该如何处理?德国的通说认为只要存在欺骗这一事实,承诺即无效。而日本的通说则主张对与法益有关的事实发生错误时所作承诺无效,而如果仅仅是动机方面的错误,则承诺有效。此观点值得赞成,如果捐献者对法益意义、范围发生错误,该同意无效。例如,对被害人谎称捐献的器官会自己再生,如果被害人因此而同意捐献,那么属于对所放弃法益的意义存在认识错误,同意无效。如果仅仅对预期报酬产生错误,则属于动机错误,对于放弃器官的法益处分有正确认识,因而该同意有效。[①]

(3)供体和受体需要具备适合器官移植的条件。依据医师的判断,供体需要具备捐献活体器官的资格,应当不会遭受除摘出手术之外的其他健康风险,且除摘出手术的直接损害后果之外不会造成其他重大健康损害。此外,供体在术后能有效针对自身已被摘出部分器官的情况做好健康管理。依据医师的判断,受体接受器官移

[①] 参见陈家林:《〈刑法修正案(八)〉器官犯罪规定之解析》,载《法学论坛》2011年第3期,第26页。

植应有助于其维持生命,治疗重病,或缓和疼痛。而且,如果能够利用尸体器官进行移植的,不得利用活体捐献器官进行移植。

(4) 医务人员和医疗机构具备相应资质。为了保证移植手术能够达到一定的医学水准,符合"医术正当性",参与器官移植手术的医务人员必须具有相应的资格,手术所在医疗机构也需具备开展器官移植诊疗项目的许可资格。依照《移植条例》第 11 条的规定,在我国从事人体器官移植的医疗机构需要具备以下 4 个要件:① 有与从事人体器官移植相适应的执业医师和其他医务人员;② 有满足人体器官移植所需要的设备、设施;③ 有由医学、法学、伦理学等方面专家组成的人体器官移植技术临床应用与伦理委员会;④ 有完善的人体器官移植质量监控等管理制度。为了保护供体和受体的权益,这些规定还是比较合理的。

(5) 能够通过伦理委员会的审查。伦理委员会通过审查,确保供体和受体对于器官移植确实存在自由而真挚的同意,以及供体和受体之间不存器官买卖的嫌疑。遗憾的是《移植条例》未明确规定伦理委员会中不能包括与所审事案有关联的器官移植医生。负责器官移植的医生为了追求器官移植后的治疗效果,自然希望尽可能多、尽可能快地获得器官,难以避免倾向于投赞成票。其作为利益相关方参加伦理委员投票显然难以确保审查结果的公正性。而且,伦理委员会各自为政,欠缺全国性的统一判断程序和标准,从而导致事案相同但审核结论却不同的现象时有发生。[①]

(6) 供体与受体的应具备一定的关系限定。活体器官移植只能作为例外获得有限许可。该限制有助于防止过度损害供体的健康法益,能够保障供体捐献意愿的真实性,从而防止器官买卖或变相器官买卖。我国的《移植条例》将器官移植的受体仅限于活体器官捐献人的配偶、直系血亲或者三代以内旁系血亲,或者有证据证明与活体器官捐献人存在因帮扶等形成亲情关系的人员。该限定基本合理,但遗憾的是对配偶这一要件未作任何限定,为器官买卖留下了较大操作空间。现在结婚与离婚成本都很低,器官买卖双方只要去领证,就能披上合法外衣进行活体器官的买卖与移植,移植后再离婚,卖方很自然地就能分得与器官金额相当的财产,不仅合法,而且受婚姻法保护,显然这一规定存在漏洞,应当对其进行合理的限定解释。

四、活体病变器官移植的刑法评价

人体器官移植中最难评价的是使用人体病变器官进行移植的行为。日本宇和岛市曾发生过一起医生将一位供体已经得了癌症的肾脏移植给了一位需要接受肾

[①] 比如,2007 年,湖南有两位尿毒症患者均有亲属愿意捐献活体器官给自己移植,但配型均不符,不过对方亲属的器官恰好能和自己配型成功,于是两人申请"交叉肾移植"。该申请在广州附属医院被伦理委员会以 8 票比 1 票予以否决,后来在海南农垦总局医院却获得了伦理委员会 13 票的全票通过。

脏移植的受体的案件。肾脏病变包括尿管狭窄、肾动脉瘤、肾结石、肾脏癌等疾病。这类肾脏能够成为活体器官移植的对象，但这类移植行为能否实现正当化存在很大争议。将供体已经癌变的肾脏移植给受体，显然存在让受体出现癌症转移的风险，对于植入行为而言，不符合"医术正当性"，难以成为"正当治疗行为"，不易实现正当化。对此，日本的4个学会于2007年发表共同声明对此行为予以谴责。

病变器官究竟是否适合移植，属于医学判断。该信息应如实充分地向受体提供。如前述，如果受体存在法益关系认识错误，其愿意接受器官移植的承诺无效，植入行为成立伤害罪。但如果受体是在接受说明，充分了解病变器官风险之后而仍然决定愿意接受该器官移植，对此该如何处理？

首先，关于植入器官的行为，其问题在于是否符合作为正当医疗行为要件之一的"医术正当性"。根据国外的研究资料，首先，病变肾脏移植所用器官如果是已经被病毒感染或长有肾动脉瘤，会给受体带来病毒传染或肾动脉破裂的风险，有数据显示这类肾病病人的生存率与通常的肾病病人相比要低不少。其次，如果使用的是已长有恶性肿瘤的肾脏，可能会给受体直接带去肿瘤，即使通过免疫抑制疗法治疗，这些带入的肿瘤细胞仍有很高概率复发，导致受体生存率下降。① 因此，这类病变肾脏的移植难以符合"医术正当性"，自然无法通过"正当治疗行为"合法化，而且，由于其属于"具有生命危险的伤害"，通过"被害人同意"理论也无法实现正当化。②

至于从供体身上摘出器官的行为，由于供体患有肾脏疾病，涉及通常活体器官移植不用加以考虑的"医学适应性"问题。即，此处的器官摘出行为能够作为供体自身的"治疗行为"实现正当化。但国外有资料显示，首先，因功能性障碍引发的良性肾脏疾病，应当选择合适的内科治疗。其次，因器质性障碍引发的良性肾脏疾病，比如输尿管狭窄、肾动脉瘤、石灰化肾囊肿等，原则上首先应当选择保留肾脏的保守治疗。再次，即使是肾肿瘤等良性疾病，也应当通过给予抗生素予以治疗。最后，哪怕是肾癌等恶性肾脏疾病，为了降低患者的健康风险，临床一般也倾向于选择切除部分肾脏的疗法。③ 因此，即使是恶性疾病，完全摘出患者肾脏行为不仅欠缺"医学适应性"，而且不符合"医术正当性"，不仅不能成为"治疗行为"实现正当化，而且同样由于"具有生命危险"，无法通过"被害人同意"理论实现正当化。

综上，病变肾脏的活体器官移植，无论是摘出行为还是植入行为均难以通过"正当治疗行为"实现正当化。但是，从目前世界范围内人体器官不足的现状出发，美

---

① 具体内容参见日本移植学会，日本泌尿器科学会，日本透析学会，日本临床肾移植学会：《病腎移植に関する学会声明》，http://www.ehime-np.co.jp/rensai/zokibaibai/ren101200704019146.html，最后访问日期2019年8月16日。
② 参见[日]山本辉之：《生体移植—刑法上の問題点の検討》，载《成城法学》2013总第82号，第11页。
③ 参见[日]相川厚：《病腎移植の問題》，载町野朔等：《臓器移植のこれから》，信山社2011年，第89页。

国、日本等国都有学者反对全面禁止病变肾脏移植。确实,肾脏疾病多种多样,受体情况紧急,迫切需要器官移植,明确表示即使是病变器官也希望植入,而供体也表示希望捐献自己的患病器官救助受体,并且对于双方均不存在生命危险的情形,全面禁止未必合适。

其实,病变器官移植可归类于治疗型临床试验。新药或新疗法的开发,无论前期的理论研究和动物实验实施得如何充分,最终一定离不开运用到人体身上。刚开始在人体上运用,必然存在不少未知风险。医学正是在这些实验的基础上逐步发展与成熟。因此,世界各国都没有全面禁止医学临床试验。其理论根据在于,人类社会成员在风险可忍受的情况下,负有相互支持和帮助的义务。我们当代人所享受到的成熟的医疗服务,离不开前人在当初新药和新技术开发试验时所给予的付出和奉献。从社会连带性出发,我们也有义务在风险可以忍受的范围内,参加当下的新药和新技术的临床试验,为我们的子孙后代造福。临床试验在具备实验计划合理,受试者的知情同意,实验行为的利益大于风险,实验通过伦理委员会的审查等合法化要件时,即使最后实验失败造成伤亡后果,该实验行为本身仍然可以实现正当化。具体到病变器官移植,事前在制订合理的病变器官移植计划,建立各种后果的对策预案的基础上,对供体、受体双方予以充分的风险说明并获得双方的知情同意,对器官的摘出和植入行为的风险与利益进行充分衡量,确保利益确实大于风险,经伦理委员会审查获得许可,且在试验过程中,严格按照事前制订的合理试验计划予以实施。这些要件均符合,病变器官移植作为临床试验就能够实现正当化。刑法上的出罪事由,可以通过"危险接受理论"予以说明。即,供体和受体在充分认识到移植病变器官的行为可能会给自己带来风险(移植后的健康恶化甚至是生命危险)的情况下,为了救助受体,仍然希望挑战风险,请求医务人员进行器官移植,即使最后出现伤亡后果,供体和受体乃是侵害自己法益的间接正犯,作为法益主体自然不符合伤害罪或过失致人死亡罪的构成要件,根据共犯从属性原理,参与移植的医务人员的行为也不符合任何犯罪的构成要件,自然可以实现正当化。① 当然,对于那些不符合正当化要件的病变器官移植行为,则应当依照刑法的有关规定追究其刑事责任。

五、结语

刑法不应成为社会管理法,在当下的法定犯时代坚守以法治国的罪刑法定原则具有更加特殊的意义。② 罪刑法定原则要求刑法规范应当具有明确性。活体器官的捐献者主要为近亲属,往往彼此之间亲情纽带越强,供体越希望救助受体,即使是牺

---

① 参见[日]甲斐克则:《生体肾移植》,载《法学教室》2007年总第321号,第60页。
② 参见刘艳红:《法定犯与罪刑法定原则的坚守》,载《中国刑事法杂志》,2018年第6期,第60页。

牲自己的重大健康利益也渴望成为供体。但难以否认的是,在现实生活中受亲情绑架,因周围人的压力而不得不表示同意的情形也确实存在。因此,今后关于活体器官移植,应当借鉴德国的做法,在《移植条例》中增加活体器官摘出和植入的具体要件,在充分保障供体意思表示的自发性和真实性的基础上,予以有限许可。器官不足的问题,应当主要通过鼓励和激励公民死后捐献器官,提高器官捐献数量,以及倡导健康的生活方式和理念,完善医疗卫生保障体系,提高群人民群众的身体素质和健康水平,从源头上减少国民对器官移植的需求等方式解决。活体器官移植只能作为不得已而为之的补充途径。

第四章 晚期医疗行为的刑法规制

第一节 死亡的自我决定权与社会决定权[*]
——中日安乐死法律问题比较研究

一、序言

谁也逃避不了死亡,这是人类的命运。即使运用目前最先进的医疗知识和技术,也难以消灭所有伴随剧烈疼痛且难以治愈的疾病,这是不争的事实。如果患了这类疾病的患者,必须忍受剧痛,一直受煎熬至死亡到来的瞬间才得以解脱,那么不得不说这样苛求患者是十分残酷的。在这种情况之下,能够帮助处于癌症晚期的患者除去痛苦,让其安详地迎接死亡的"安乐死"行为是否能够获得法律的允许,对于晚期医疗来说尤为重要。

针对这一问题,有人开始主张自我决定权,即自己的事情自己做主,在人的生命的晚期阶段也应该值得尊重,这有一定的道理。我国已经进入高龄化社会[①],必须要认真考虑"人该如何迎接自己的人生终点?或人该如何度过自己的人生终点?"的问题。[②] 但是,即使承认自我决定权,这一课题也不会轻易得以解决。因为"自我决定权虽然重要,但并非万能"[③]。安乐死问题的核心,在于究竟应该尊重我们的"自我决定权"到何种程度。

我国现在每年的死亡人数大约是1 000万,其中有近100万人是在伴随剧烈疼痛(癌症晚期的疼痛)的情况下去世的。[④] 另一方面,日本已经进入"高龄社会",在2005年高龄者就已经占总人口的20.04%,照此发展趋势,预计到2025年高龄者所

---

[*] 本节主要内容最初发表于《法律科学》2013年第5期。
[①] "高龄化社会"是指超过65岁的人口已经超过总人口14%的社会。
[②] 参见[日]甲斐克则:《安楽死と刑法》,成文堂2003年,第1页。
[③] 参见[日]甲斐克则:《尊厳死と刑法》,成文堂2004年,第5页。
[④] 参见张田勘:《安乐死立法千呼万唤不出来》,载《中国改革》2000年第3期,第58页。

占比例将达到30％。① 在这样的环境之下，可以很容易地预测到安乐死问题对中日两国而言，同样都是迫切需要解决的课题。而且，两国的文化背景也较为接近，因此，分析比较两国对该问题的探讨与实践就显得尤为重要。

本文将从比较法的角度对中日晚期医疗中的安乐死问题进行探讨。首先，分析安乐死的概念和分类。其次，以我国和日本的晚期医疗现状为基础，分别对两国关于安乐死的判例与学说等进行概括与总结，找出各自的问题点并加以分析。最后，在汲取两国合理之处的基础之上，尝试建构能够合理解决安乐死问题的阻却刑事违法性理论。

二、什么是安乐死

"安乐死"一词，由来于希腊语 euthanatos，是英语 euthanasia、德语 Euthanasie 的翻译语。这个词有时指"好死"，有时指"大往生"，有时甚至指"抹杀社会中无价值的生命"，意思非常多。因此，如何理解、如何使用该概念，因国家或个人的不同存在重大分歧。

在日本，现在安乐死一般被定义为"应患者诚挚的要求，帮助即将死亡的患者缓和或除去剧烈的肉体疼痛，让患者安详地迎接死亡的行为"②。当下在我国，安乐死的概念存在多种定义，还未能形成共识。因此，在关于安乐死的争议当中，根据主张者的不同，在探讨安乐死问题时，不仅包括典型形式（应癌症晚期患者的明确要求，医生为了帮助其除去疼痛而结束其生命），还包含重度障碍新生儿以及重度植物人等已经不可能明确表达其自身意志的事例。而且，如日本和美国那样的"尊严死"（death with dignity）③概念也还未能得到普及与认可。"医疗中止行为"一般都是在"消极安乐死"的范畴内被讨论。而且，由于传统习惯，"医疗中止行为"在现实生活中时有发生，并没有被作为重要法律问题加以追究。④ 争论得最为激烈的就是"积极安乐死"。

1948年，德国的刑法学者 Engisch 提倡将安乐死分为以下五类：（1）纯粹安乐死；（2）间接安乐死；（3）积极安乐死；（4）消极安乐死；（5）毁灭无生存价值的生命。⑤ 此外，在美国和德国也出现了强烈主张应该予以承认的"医生的自杀帮助"。

---

① 参见《現代用語の基礎知識 2005》，自由国民社 2005 年，第 895 页。
② 参见［日］甲斐克则：《安楽死と刑法》，成文堂 2003 年，第 2 页。
③ 尊严死是指为了抵抗因延命技术的开发而导致患者成为医疗客体，拒绝人工延命治疗，医生允许患者自然迎接死亡的行为。参见［日］甲斐克则：《尊厳死と刑法》，成文堂 2004 年，第 1 页。
④ 参见林亚刚：《关于安乐死的认识及立法思考》，载《法律科学》1990 年第 4 期，第 29 页。
⑤ 参见［德］Karl Engisch：Euthanasie und Vernichtung lebensunwerten Lebens in strafrechtlicher Beleuchtung, 1948, Kreuz, Stuttgart, SS. 40.

可以认为,这也是安乐死的一种变化形态。这种划分为六类的分类方法,在日本已经成为通说,得到了众多学者的支持。①

这六类安乐死的法律评价可概括性地归纳为:(1)"纯粹安乐死",是指仅仅缓和患者的疼痛,并不伴随缩短患者生命。这种纯粹安乐死,只要患者本人希望,就不存在任何问题,作为正当的治疗行为,其合法性是毋庸置疑的。(2)"间接安乐死",是指通过连续使用镇痛药或麻醉药来缓和或除去患者的疼痛,其副作用会引起死亡时间提前。在这种情形中,虽然在从开始使用镇痛药或麻醉药一直到最后一次使用的过程当中,患者随时都有死亡的可能,但是,只要是出于患者本人真挚的要求而实施,其就应该是合法的。(3)"消极安乐死",是指为了尊重患者本人不希望接受延命治疗的意见,因控制采用各种积极的延命治疗措施而导致患者死亡时间提前。这是为了尊重本人拒绝延命治疗的要求,所以法学界一般也承认其正当性。(4)"积极安乐死",是指患者即将面临死亡且身体正遭受剧烈疼痛,应患者本人的真挚要求而通过剥夺其生命的方式助其除去痛苦。现在,包括我国和日本,世界上的众多国家针对积极安乐死的法律评价都存在严重分歧,还未能解决这一问题。(5)"毁灭无生存价值的生命",是指如同当年纳粹德国出于政治需要,从而残杀重度身体障碍者、重度精神病患者等社会弱势群体的行为。其实这是对安乐死概念的滥用,是完全违法的行为。当下,在任何国家都不会被允许。(6)"医生的自杀帮助",是指医生应患者要求,帮助晚期患者进行自杀的行为。这是安乐死的一种变型,其法律评价如同"积极安乐死"一样存在较大争议。② 为了使争论更有建设性,我国也应该考虑引进该分类方法,根据类型的不同,对安乐死进行分类探讨。

三、日本的安乐死问题

在日本,安乐死问题的争论核心在于这类行为促使患者提前死亡,符合了刑法上杀人罪和嘱托杀人罪的构成要件,其究竟能否被刑法所允许。

(一)判例

现实中曾经发生过的案件几乎都是关于积极安乐死的案件。从 20 世纪 50 年代起先后发生了七起安乐死事件,几乎都是受晚期癌症患者的嘱托,患者的近亲属直接将患者杀死的案件。经过法院审判,最终行为人都是被法院判为有罪。其中,较为重要的有 1962 年的"名古屋高等裁判所判决"和 1995 年的"横滨地方裁判所判决"。

---

① 参见[日]甲斐克则:《安楽死と刑法》,成文堂 2003 年,第 3 页。
② 参见[日]甲斐克则:《安楽死と刑法》,成文堂 2003 年,第 3 页。

1. 名古屋高等裁判所 1962 年 12 月 22 日判决①

被告人的父亲 F 因患脑出血,导致全身不遂,只要略加动弹就会产生剧痛。医生告知其家人,F 大约还能活七至十天。随着病情的恶化,F 不时地会感到剧烈疼痛,大呼"想早点死","很难受,杀了我吧"。被告人耳中听到这些,眼中又看到 F 病情发作时的痛苦神态,就意识到满足父亲的要求让其免除痛苦是自己应尽的最后孝道,于是,就将有机磷杀虫剂混入到家里订购的牛奶瓶中,并重新盖好瓶盖,放回原处,让不知情的母亲将该牛奶端给 F 喝,结果导致 F 中毒身亡。

第一审的名古屋地方裁判所判处被告成立日本刑法(旧)第 200 条的尊属杀人罪。后经抗诉名古屋高等裁判所重新审理,最终认定成立刑法第 202 条所规定的嘱托杀人罪,判处被告有期徒刑 1 年,缓刑 3 年。该判决首次提出,只要能符合以下六个要件,安乐死的违法性就能够被阻却。即(1)患者患有不治之病,而且死期临近;(2)患者承受着难以忍受的痛苦;(3)其目的是为了减轻患者的痛苦;(4)有患者本人真挚的要求或同意;(5)一般应由医生来实施,如果不是由医生而是由其他人实施则必须有充分的理由;(6)从伦理上看其方法是妥当的。由此可以看出,本判决从一般论而言,承认安乐死行为存在能够阻却违法性的情况。

2. 横滨地方裁判所 1995 年 3 月 28 日判决②

被告人 D 是多发性骨髓肿瘤患者 H 的主治医生。在治疗的过程中,H 症状恶化,进入昏睡状态,即使对疼痛刺激也不起反应。随后,考虑到 H 最多只能再活 1 至 2 天,在患者家人的要求之下,拔掉点滴和导尿管,全面中止了医疗措施,准备让 H 自然地迎接死亡。但是,在经过几个小时之后,H 仍然没有停止那看起来十分痛苦的呼吸。于是,在 H 的儿子 S 的再三要求之下,D 对 H 注射了具有抑制呼吸作用的镇静剂和精神抑制药,而且是超量、超速注射。但是,尽管采取了以上措施,H 仍然看似十分痛苦。在 H 家人的一片指责声中,D 为了让 H 迅速停止呼吸,给 H 注射了致死量的氯化钾,导致 H 急性钾中毒死亡。

横滨地方法院依据刑法第 199 条所规定的杀人罪以及第 66 条所规定的酌情减轻,判处被告人 D 有期徒刑 2 年,缓刑 2 年。本判决以"紧急避难法理"和"自我决定权理论"为根据,认为只要满足以下四个要件,积极安乐死就能够阻却违法性。即(1)患者承受着难以忍受的肉体痛苦;(2)患者死亡在所难免,而且死期临近;(3)没有其他可代替的能帮患者缓和与清除其肉体痛苦的方法;(4)对于缩短其生命,必须

---

① 参见[日]名古屋高等裁判所昭和三十七年十二月二十二日判决,《高裁刑集》1962 年第 9 期,第 674 页以下。

② 参见[日]横滨地方裁判所平成七年三月二十八日判决,《判例时报》1995 年总第 1530 期,第 28 页以下。

有患者明确表示的同意。该判决在基本思想上,基本继承了上述名古屋高院的判决。但是,其基于患者的自我决定权,不同于上述名古屋高院判决,要求必须有患者明确的同意,认为仅仅有推定的同意是不够的。这表明日本判例在"安乐死合法性要件"上出现了重大变化。①

(二) 学说

在日本,围绕安乐死的争论主要集中在积极安乐死问题上。有部分学者认为在一定的条件之下,安乐死能够成为阻却违法性事由,即合法说;也有部分学者认为安乐死至多只能成为阻却责任事由,即违法说。

1. 合法说(阻却违法性事由说)

(1) 人道主义说

小野清一郎教授认为,能够要求允许安乐死的理由是"对人类苦恼的同情之心。用东洋话来说,就是仁慈或恻隐之心;用近代概念来表达就是人道主义"。人道主义说的立场是,在承认尊重生命是基本原则的同时,作为例外,可以允许出于人道的同情、恻隐之心,实在忍不住而实施的安乐死。②

针对人道主义说,有学者作如下批判,"人的同情或恻隐之心,乃是行为的动机,即使动机再怎么人道,也不能使直接杀害行为实现正当化"③。以同情和人道主义为基础的安乐死论会成为"杀人者的理论"。因为,该理论会允许在并不清楚本人是否希望安乐死的情况下,仅仅出于同情心而实施的安乐死。患者本人有可能并不希望安乐死,因此,以"可怜""为了本人"等为理由来正当化注射致命药物的积极行为,确实难以让人接受。而且,如果安乐死的合法性要通过行为者的主观心情、动机来认定,那么,该认定就会变得很不安定。④

(2) 死因转换论

龙川幸辰教授主张,可以将患者的死因置换成其他死因来解决安乐死问题。他认为"讨论安乐死问题,有必要首先明确其发生的前提状况。第一,确实即将死亡;第二,患者忍受着巨大疼痛。这两个是必要条件。在死亡临近的时候,只能用没有痛苦的其他死因来代替现在的死因。这就不再是法律意义上的杀人行为,而是难以避免的死因转换。实际上纯属治疗行为……所以,安乐死乃是阻却违法性事由"⑤。

针对该学说,有学者指出这就要求该行为不符合杀人罪的构成要件才说得通。

---

① 参见[日]町野朔:《"東海大学安楽死判決"覚書》,载《ジュリスト》,1995年总第1072期,第113页。
② 参见[日]小野清一郎:《刑罰の本質について・その他》,有斐阁1955年,第210页。
③ 参见[日]金泽文雄:《刑法とモラル》,一粒社1984年,第221页。
④ 参见[日]町野朔:《安楽死》,载《法学教室》,1993年总第152期,第69页。
⑤ 参见[日]龙川幸辰:《刑法各論(増補版)》,世界思想社1951年,第266页。

如果仅仅是不存在因果关系，那么就应该主张成立故意杀人未遂罪。① 确实，"受他人嘱托而将他人杀害，被嘱托者以杀害目的而实行的行为与被害者死亡之间，只要存在从经验看来死亡是由该行为所引起的关系，就必须得承认这两者之间存在因果关系"②。明明存在事实上的杀害行为，却说是死因转换，该学说过于取文字之巧，现在在日本已经几乎没有支持者。

(3) 患者的自我决定权说

在日本最先以自我决定权为实质根据来主张积极安乐死合法性的是町野朔教授。他主张，在考虑作为阻却违法性事由的紧急避险中的利益衡量时，"有痛苦的生命"与"无痛苦的死亡"到底哪个更优越，必须由患者本人来决定才能确定。因为，通常的紧急避险是属于不同利益主体之间的利益冲突问题，究竟要牺牲哪种利益来救助哪种利益，与各个利益主体的主观意志无关，只能是通过客观地比较价值高低来决定。而安乐死，利益主体只有一个人，且只与他一个人相关。所以，不适合由第三者根据客观的"利益衡量"来为其本人下结论。患者的自我决定才是安乐死的本质要素。③ 他的结论是，如果要想将安乐死合法化，就必须以"患者行使自我决定权"的理论为基础，即应该采用"被杀方的理论"，关于日本刑法第 202 条（参与自杀罪、嘱托杀人罪），"其真正的前提应该是自杀意思存在瑕疵"，因此，"在死期逼近、疼痛难耐的安乐死状况下，如果本人所表明的选择死亡的意思不存在瑕疵，那么该安乐死行为就应该处于刑法第 202 条的禁止、处罚范围之外"④。

针对该学说，存在以下两种批判意见：第一，即使是以本人的自我决定为基础，那也是由已经处于弱势地位的患者所作出，此时由他人经手的杀害行为最终有可能会演变为"毁灭无生存价值的生命"⑤；第二，该学说有接近"只要患者希望死亡，就可以将其杀害"这一命题的危险性。⑥ 在经历过上述批判之后，町野教授自身也否定了患者的自我决定权说。⑦ 因此，综合以上，看来仅仅依靠患者的自我决定权难以使安乐死合法化。

(4) 作为人权论的自我决定权说

在日本积极安乐死合法说当中最有影响力的是福田雅章教授的作为人权论的自我决定权说。福田教授认为，自我决定权是宪法中具有最高价值的个人尊严的核

---

① 参见[日]小野清一郎：《刑罰の本質について・その他》，有斐阁1955年，第119页。
② 参见[日]东京地判昭和二十五年四月十四日判决，载《裁判所时报》，1950年总第58期，第4页。
③ 参见[日]町野朔：《安楽死——ひとつの視点(2・完)》，载《ジュリスト》，1977年第63期，第121页。
④ 参见[日]町野朔：《安楽死——ひとつの視点(2・完)》，载《ジュリスト》，1977年第63期，第70页。
⑤ 参见[日]内藤谦：《刑法講義総論(中)》，有斐阁1986年，第539页。
⑥ 参见[日]甲斐克则：《安楽死と刑法》，成文堂2003年，第37页。
⑦ 参见[日]町野朔：《犯罪各論の現在》，有斐阁1996年，第36页。

心内容,是宪法所规定的各种自由的上位概念,只有在其将要"危害他人"或"毁灭本人的自律生存可能性"这两种情况之下,才能限制自我决定权。嘱托杀人罪是一种"为了保护公民将来自律性生存可能性,国家强加给公民的一种国家亲权性干涉"。当公民已经失去了将来的自律性生存可能性时,其选择死亡的意思的真实性如又能得到客观保证,这时就应该尊重患者对自己生命的处分权。简言之,福田教授的观点就是,"在一定的特殊情况下,人拥有作为基本人权的死亡的权利"[1]。

对于福田教授的观点,主要有两种代表性的反对意见。第一,"作为刑法的大原则,在保护生命时不应该考虑生命的质量。只要生命还存在,即使拥有本人的自我决定,至少可以认为积极夺取生命的行为是一定不合法的。也就是说,遵守禁止积极杀人的刑法规范是无条件的,仅仅以生命的属性(例如:仅剩下一点点且充满痛苦)这一理由并不能打破这一规范"[2]。第二,"宪法上规定了'生存的权利',并没有规定'死亡的权利'和'请求杀害的权利'。法是社会的产物,如果承认了后者就会伤害社会构成的本身,就会出现自我矛盾。另一方面,如果给予经济贫困人群'死亡的权利',难免就会出现'只要穷人想死,就可以杀掉他们'的局面。这样就会隐藏社会与国家帮助他们的责任"[3]。

2. 违法说(阻却责任事由说)

在日本,不承认积极安乐死行为能够成为阻却违法性事由的学者,几乎都承认其可以成为阻却责任事由,责任阻却说的代表者为内藤谦教授和甲斐克则教授。

内藤教授指出,违法说的根本思想在于,如果承认存在合法的积极安乐死,就会动摇人们"人的生命是不可侵犯的"信念,有可能逐渐发展为允许"毁灭无生存价值的生命",导致其升级变化为抹杀患有绝症的患者、瘫痪在床的老人、精神病患者、残疾人、智力障碍儿童的借口。因此,安乐死只能作为期待可能性的问题在阻却责任阶段进行考虑。[4] 甲斐教授虽然对积极安乐死一向持反对态度,但是承认存在能够阻却责任的场合,即"当家属实在出于无奈才剥夺患者的生命,或者是与患者长年相识,出于良心上的同情不得已而为之的安乐死行为,即使属于违法行为,由于在那种紧急状态之下不存在期待可能性(处于很难期待其实行合法行为的心理状态)或者说是存在义务冲突,在刑法上作为例外应该承认其存在阻却责任的场合"[5]。针对责任阻却说,加藤久雄教授指出,"阻却责任说只是回避了用第三者的视点去判断用

---

[1] 参见[日]福田雅章:《日本の社会文化構造と人権》,明石书店2002年,第117,372页。
[2] 参见[日]井田良:《安楽死・尊厳死》,载《现代刑事法》2000年第总第7期,第85页。
[3] 参见[日]甲斐克则:《安楽死と刑法》,成文堂2003年,第171页。
[4] 参见[日]内藤谦:《刑法講義総論(中)》,有斐阁1986年,第538页。
[5] 参见[日]甲斐克则:《安楽死・尊厳死》,载西田典之,山口厚:《刑法的争点》,有斐阁2000年,第40页。

'安乐死'这一手段去剥夺他人生命的行为到底是合法还是违法的问题,并未能彻底解决安乐死问题的争论"①。

近年,在日本违法说(阻却责任说)之所以会由弱变强,可能与随着医疗技术的进步与普及,以往只有通过杀害才能除去的疼痛,现在通过纯粹的医疗措施或者是间接安乐死就可以解决的社会背景有关。针对该问题,福田教授提出以下疑问:第一,是不是确定能保障,所有的患者只要提出要求,就一定能够获得除去疼痛的恩典? 第二,如果限定合法的安乐死只能是间接安乐死,那么,患者就只能是不断地重复"疼痛来袭—使用麻醉药—降低意识层次—苏醒—再次疼痛来袭"这一过程,直至迎来"最后一次用药"②才能走向死亡。现代已经是伦理多元化社会,为什么要强制要求已经处于死亡过程之中的患者"无论如何都要坚持到最后一次用药的阶段"呢?③ 针对这两个疑问,阻却责任说论者还未能作出能够令人信服的回答。

正如阻却责任说所主张的那样,从"尊重人类生命"的基本理念看来,伴随缩短生命的积极安乐死不应该合法化,确实也有一定的道理。但是,对于正在遭受比死还难受的疼痛折磨的患者而言,尊重其本人最后意愿的必要性,在医学进步的今天则显得尤为重要。如果是针对死亡,经过深思熟虑之后的自我决定,就应该非常值得尊重。尊重该自我决定的行为,作为行为本身有必要进行正当化。④

(三) 小结

综上所述,日本的判例在符合一定要件的情况下是承认积极安乐死的。在学说上,合法说和违法说之间存在激烈争议。以往,主张在一定的要件之下积极安乐死能够成为阻却违法性事由的合法说曾经是通说,但是,近年来主张积极安乐死的不可罚性只能以期待可能性为基础的阻却责任论说则逐渐变得有力。现在,两者恰好处于旗鼓相当的地位。

与我国不同,关于"医疗资源的合理分配""家庭经济负担"等社会问题因素,在日本并没有被正面讨论。安乐死问题涉及"巨额的经济负担",围绕无益、过剩的医疗,确实与"如何合理分配有限的医疗资源"等社会问题、社会利益有关。即使在日本,患者的医药费也不是100%都能使用保险报销。而且,并不能保证所有的人都能无限制地享受最新的医疗技术等医疗资源。因此,今后在日本安乐死争论中,有必要进一步探讨"增加支援患者家属的措施""进一步完善医疗制度"等社会问题。当然,毋庸置疑,对这些社会利益的关心不能成为判断该问题的第一要素,必须优先保

---

① 参见[日]加藤久雄:《ポストゲノム社会における医事刑法入門》,东京法令出版社2004年,第465页。
② 用来止痛的麻醉药,必须不断加大用量才能维持其效果,但是,随着药量的增加,最终会达到致死的量。达到致死量的药,就是"最后一次用药"。
③ 参见[日]福田雅章:《日本の社会文化構造と人権》,明石书店2002年,第345页。
④ 参见[日]川端博:《刑法総論講義》,成文堂2006年,第321页。

护患者的生命权。

四、我国的安乐死问题

我国对安乐死问题的研究起步较晚,在 20 世纪 80 年代中期之前只有少量研究成果,直至 1986 年陕西省汉中市安乐死事件经媒体曝光之后,安乐死问题才真正引起医学界、法学界、伦理学界的重视,从此这一问题在各行各业中引起了激烈争论。

我国与日本相同,并不存在允许或禁止安乐死的特别法律或法规,而且,也不存在类似于国外的参与自杀罪或嘱托杀人罪。在司法实践中,在处理安乐死事件时主要适用的是刑法第 232 条的"故意杀人罪"。如果"情节显著轻微危害不大的"则有可能同时适用刑法第 13 条,减轻或免除刑罚。

(一) 审判案例

1986 年 6 月 28 日,陕西省汉中市居民夏某因肝硬化腹水、肝肾综合征等病,陷入昏迷状态。在夏某的儿子和女儿再三要求之下,主治医师濮某开出 100 毫克的复方冬眠灵处方让护士给夏某注射。三小时后,在夏某子女的两度要求之下,值班医生黎某根据濮某的委托又开出 100 毫克的复方冬眠灵让护士注射。夏某于次日凌晨死亡。经过审理,汉中市法院于 1991 年 5 月 17 日作出判决,认为冬眠灵不是夏某的直接死亡原因,只是促进了死亡,被告人濮某和黎某的行为虽然属于故意剥夺他人生命的行为,但由于情节轻微不构成犯罪,所以被无罪释放。随后,检察院抗诉,1992 年 6 月 25 日,陕西省汉中市中级人民法院维持原判宣布无罪。[①]

本案是我国关于安乐死的最早的刑事案例。虽然根据最终认定,死亡的直接原因并不是安眠药复方冬眠灵,但是针对以安乐死为目的的故意剥夺他人生命的行为,法院最终判决无罪。由此也许能够推断,司法实务部门对安乐死持容忍态度。但是,在其后发生的河南丈夫用农药毒死因晚期肝癌而痛苦不堪的妻子[②],上海市 67 岁的儿子用电击结束因脑出血而瘫痪多年、仅靠输液维持生命的 92 岁老母[③],江苏妻子与邻居帮助病情恶化痛不欲生的丈夫实现上吊自杀[④],广东孝子用农药帮助因中风等病而全身瘫痪痛苦不堪的母亲自杀[⑤]等安乐死事件中,行为人最后都被判成立故意杀人罪、被处以有期徒刑。因此,可以认为目前司法实务部门并没有从正面承认安乐死。但是,在五个案件当中,一个被判处无罪,四个被判处有罪但量刑却几乎都是接近于刑法第 232 条故意杀人罪法定刑的下限。可以肯定,司法实务部门已

---

① 参见宋慰林:《"安乐死"与杀人罪》,载《民主与法制》1987 年第 8 期,第 37 页以下。
② 参见周启华:《我国安乐死大事纪要》,载《中国医学伦理学》1999 年第 1 期,第 51 页。
③ 参见《科技日报》2001 年 12 月 12 日的报道。
④ 参见《农民日报》2005 年 9 月 17 日的报道。
⑤ 参见《检察日报》2012 年 6 月 6 日的报道。

经在有意识地将安乐死与一般故意杀人罪进行区别对待。

(二) 学说

在我国,关于安乐死的争点也是主要集中在积极安乐死的可否问题之上。赞成安乐死的见解大约可以分为两类,一类是形式合法说,另一类是实质合法说。形式合法说关注的是现行法体系内部的协调一致问题,走的是实证主义法学的路线。实质合法说更为追究安乐死行为本身的合理性与正当性,而不是仅仅顺应现行法,走的是自然法学的路线。

1. 形式合法说及其批判

形式合法说,是指在现行刑法框架之内通过刑法解释论来寻求合法化依据的学说。其中有三类代表性学说。第一类形式合法说,以刑法第3条的后段"法律没有明文规定为犯罪行为的,不得定罪处刑"为根据,主张安乐死为合法行为。即"我国的现行刑法没有规定安乐死为犯罪行为,既然不存在触犯条文,那么认定实行安乐死的行为为犯罪则缺乏法律上的根据"[①]。第二类形式合法说的主张是,安乐死不符合刑法第232条故意杀人罪的构成要件。因为安乐死的构成要件在犯罪的客体、客观方面、主观方面以及主体方面不同于故意杀人罪的犯罪构成,所以,安乐死不构成杀人罪。[②] 第三类形式合法说主张,安乐死不具有社会危害性,所以它是合法的。该说主要以刑法第13条的但书为理由,认为安乐死行为情节轻微、危害不大,所以不是犯罪。[③] 在我国刑法学界,以上三种形式合法说属于少数派。通说的观点是,在现行法律法规下,没有任何规定允许医疗工作者可以对绝症患者实行安乐死,其非法性不容否定,是一种故意杀人行为。[④]

2. 实质合法说与安乐死反对说

实质合法说承认在现行刑法框架之下积极安乐死属于违法行为。但是,主张安乐死不具有实质性的违法性,应该通过立法对其进行合法化。实质合法说与安乐死反对说主要围绕以下几个问题展开争论。

(1) 人道主义精神

安乐死反对说主张,人的生命是高贵而神圣的,如果不把安乐死作为犯罪来处理,就是违反人道主义的基本原则,就不符合我国刑法的立法精神。[⑤] 与此相对,实质性合法说对此作如下批判。确实,尊重人的生命是人道主义的基本要求,但是,这

[①] 参见刘国祥:《对我国安乐死立法的几点思考》,载《中华医院管理杂志》2005年第1期,第57页。
[②] 参见朱勇、崔玉明:《新医疗处遇的法律问题与研究》,中国经济出版社2005版,第151页。
[③] 参见莫妮:《安乐死合法化初探》,载《法理学·法史学》,2002年第1期,第86页。
[④] 参见高铭暄、马克昌:《刑法学》,北京大学出版社、高等教育出版社2011版,第464页;张明楷:《刑法学》,法律出版社2011版,第758页。
[⑤] 参见王作富、王勇:《关于安乐死是否构成犯罪的问题的探讨》,载《法学研究》,1988年第6期,第73页。

只适用于一般情况。现代人道主义应该建立在"生命神圣论"和"生命质量论"相统一的观念基础之上。对于一个身患绝症、无法治愈且正在遭受难以忍受的痛苦折磨的临死患者,其生命价值和生命意义即将不复存在,与其让他们备受折磨、受尽痛苦而死,不如按其愿望实施安乐死,让其在保有尊严的状态下迎接死亡。这是对他们要求死亡权利的尊重,更加符合现代人道主义。①

(2) 对医学发展的影响

依据安乐死反对说,如果允许安乐死,就是违反"救死扶伤"这一医疗行业的基本方针。② 而且,如果对不治之症都可以实施安乐死,那么医生就很难再去攻克各种疑难杂症,也不会去开发各种医疗新产品,只会等待患者安乐死。因此,如果实现安乐死合法化将会阻碍医学事业的发展。③ 前者的理论在某种程度上可以让人理解,而后者的观点则是完全错误的。确实,医学的发展离不开医疗工作者的努力,一般医学上的成果都首先产生于实验室,再通过动物实验,然后进入临床试验,最后才能临床使用,这中间必须经过严格的程序控制。如果为了所谓的"医学事业的发展",而忽视患者不愿忍受万分痛苦的事实,把患者作为研究对象以期发现救命良方,这恰好就是违法的人体实验,是不可取的。因此,安乐死是否合法化与现代医学的发展不存在必然联系。④

(3) 生命的处分权

安乐死反对说强调生命具有绝对价值,认为包括安乐死在内的任何否定生命的行为都是不正当的。传统伦理观点认为,"身体发肤,受之父母,不敢毁损",随便处分是不孝。人的生命具有绝对价值,不仅属于自己,也属于社会和国家,即使生命享有者本人也不能随意处置。因此为了保护国家和社会的利益不可以提倡安乐死。⑤ 对此,实质性合法说作如下质疑,如果生命具有绝对价值,那么为何还存在死刑和战争?既然赛车选手、拳击运动员等可以承担自己的生命和健康受到损害的风险来进行比赛,那么为什么出于临死状态的患者就不能处理自己的生命呢?实质性合法说并不承认生命具有绝对价值,主张在特殊情况下,人有处分自己生命的权利。⑥

(4) 社会利益

实质性合法说坚持的最大理由就是,限定了严格要件的安乐死,不仅不会危害

---

① 参见李惠:《安乐死与社会伦理探究》,载《上海大学学报》2004年第2期,第53页。
② 参见王作富、王勇:《关于安乐死是否构成犯罪的问题的探讨》,载《法学研究》1988年第6期,第73页。
③ 参见张鹏:《安乐死不宜立法之我见》,载《开封大学学报》2002年第2期,第35页。
④ 参见李惠:《安乐死与社会伦理探究》,载《上海大学学报》2004年第2期,第54页。
⑤ 参见孟祥虎:《由生命权看安乐死》,http://www.law-lib.com/lw/lw_view.asp?no=1473,访问时间2013年6月20日。
⑥ 参见刘建利:《終末期医療をめぐる比較法の考察》,早稻田大学出版部2012年,第119页。

社会,还会创造社会利益。即安乐死有利于减轻患者的家庭负担和社会的负担:第一,能够让医疗工作者把有限的精力用在其他更有希望的患者身上,提高工作效率;第二,能够使患者的家属和朋友从看护和悲痛中解脱出来,尽快恢复正常的生活;第三,可以避免不必要的医药资源浪费,使有限的社会医药资源得到更合理的配置。① 针对该观点,反对说认为使用单纯经济学原理论证安乐死问题本身就是一个悲剧。有很大一部分人会要求放弃生命,不是因为痛苦,而是因为贫穷。安乐死恰好就是贫穷病人从对家庭的愧疚感和对社会的耻辱感中得以解脱的最佳选择。②

(5) 同情论

"同情"是实质性合法说的一个主要依据。该说认为,一个真正仁慈而富有爱心的人,在面对他人被疼痛折磨得死去活来时,不应无动于衷。如果只能在患者的死亡与极端痛苦之间作出选择,那么同情心将倾向于帮助患者尽快摆脱苦难,这是一种善举,最符合患者的利益,不应定罪处罚。反对说则认为,借同情之名,有的人可能只是为了摆脱负担,有的人可能是为了攫取或争夺财产等等,在这类事件中,自私可以得到容忍,贪婪可以得到回报,残酷可以得到伪装,这是对伦理的最大亵渎。③

(6) 滥用的危险

经常被安乐死反对者所列举的理由是"滥用的危险"。具体而言就是"滑坡理论"和"诊断失误论"。根据生活常识,一旦为某类行为开创了先例,此类行为中较为极端的事情就会比较容易发生。以此类推,安乐死反对论者认为,一旦安乐死得以合法化,其就会被逐渐适用至具有生理缺陷的新生儿、老年人、严重残疾人,以及所有成为家庭和社会负担的人身上。而且,晚期患者的病情复杂,难免会发生误诊。对此,实质性合法说则主张,这种防微杜渐的理论其实是因噎废食,当今社会不能因为汽车和飞机发生事故造成人员伤亡而停止对它们的使用。④ 此外,关于医学诊断失误,这并不是法律问题,仅仅是医学技术的问题。只要法律制定出含有严格要件以及合理程序的安乐死制度,不仅可以尽可能地防止诊断失误,同时也可以避免出现滥用现象。⑤

(三) 小结

从以上可以看出,我国的司法实务部门并没有从正面承认安乐死,但是,有的判

---

① 参见李明华:《安乐死:生命的尊严》,载《西南民族学院学报(哲学社会科学版)》2000年第10期,第117页。
② 参见林光祺:《中国安乐死倡议与"道德陷阱"》,载《医学与哲学》2004年第2期,第41页。
③ 参见张毅:《安乐死争论与第三条路线的法律评价》,载《中国刑事法杂志》2002年第3期,第117页。
④ 参见张毅:《安乐死争论与第三条路线的法律评价》,载《中国刑事法杂志》2002年第3期,第121页。
⑤ 参见李江波:《在中国实行安乐死的迫切性》,载《西北人口》2009年第2期,第90页。

无罪,有的判轻罪,在一定范围之内有从轻从宽处理的倾向。在学说上,反对说与实质性合法说之间存在激烈争议,争点主要集中在安乐死是否应该合法化,实质性合法说略占上风。① 遗憾的是双方都是在列举安乐死的合法化的种种弊端或好处,只有论点的罗列而没有理论的创新。② 上海曾以问卷的形式对200名老年人进行了安乐死意愿调查,赞成者占72.56%;在北京的一次同样调查中,支持率则高达79.8%。③ 另,对浙江地区730名危重患者的家属进行安乐死意向问卷调查,结果显示,共有83%的人认为我国应该在10年以内实施安乐死。④ 可以看出,在我国民间,大多数人对安乐死持赞成态度。从1994年起,谭盈科、胡亚美、田世谊、王忠诚等全国人大代表或政协委员曾多次向"两会"提交有关安乐死立法的议案,但最终都没有被采纳。⑤ 可见,我国立法机关对安乐死合法化表现出较为消极或谨慎的态度。整体而言,我国对积极安乐死的态度可归纳为"官冷民热"。

为何我国大多数民众会对积极安乐死持支持或容忍态度,这可能与两个社会背景有关。第一,与社会原因有关。我国仍然属于发展中国家,社会福利制度和医疗保险制度还不够完善。特别是在我国的广大农村,老年人仍然主要依靠子女来赡养。而且,受计划生育政策的影响,我国正迅速步入"人口高龄化"社会,年轻人占总人口的比例正逐年下降,一对年轻夫妇需要照顾四位(有时甚至是八位)老年人的情况正逐渐增加,年轻人承担着过度的经济、精神负担。在这种情况之下,老年人就会产生不愿意给子女添麻烦的自尊心,而且,他们也确实希望在人生的最后阶段能够逃脱疾病带来的痛苦。这些因素都会导致普通民众支持安乐死合法化的现象。第二,受传统文化的影响。儒家文化是我国传统文化的根基。依据儒家的思想,人们在面对生死选择之时,一般而言,"生"具有较高价值,应该选择"生",但是,当"生"和"义"发生冲突时,就应该"舍生取义"。因为,"义"的价值要远远高于"生"。换言之,与在基督教文化中不同,在儒家文化里,"生命"并不具有绝对的最高价值,有时是应该放弃之物。除此之外,我国自古以来就强调"个人服从集体",而且将"为了集体而

---

① 我国曾在1988年、1994年和1997年召开过三次安乐死学术会议。在1997年上海举行的研讨会上多数代表拥护安乐死,个别代表认为就此立法迫在眉睫。参见周启华:《我国安乐死大事纪要》,载《中国医学伦理学》1999年第1期,第51页。

② 参见梁根林:《争取人道死亡的权利——世界范围内的安乐死运动》,载《比较法研究》2004年第3期,第27页。

③ 参见张毅:《安乐死争论与第三条路线的法律评价》,载《中国刑事法杂志》2002年第3期,第113页。

④ 参见何农,庞宁:《浅析安乐死——以浙江地区730例调查为基础》,载《法制与社会》2009年第19期,第228页。

⑤ 1994年6月全国人大法制工作委员会答复:"对'安乐死'立法涉及法律、医学和伦理学等方面的问题,目前世界上也没有取得一致认识,虽然有的国家制定了相关法律,但为数很少,大多数国家对此持慎重态度。目前可以促请有关部门积极研究这一问题。"

牺牲个人"定为美德标准,这些因素在某种程度上也可以解释上述安乐死问卷调查的结果。

现在,世界上已经以某种形式允许安乐死的国家,一般都是经济文化比较发达,法律制度比较健全,国民的自由、权利意识比较强,医疗水平比较高的国家。相对而言,虽然我国的GDP已经是全球第二,但是不可否认我国仍然属于发展中国家,法制的完善程度、医疗的保障水平,以及国民的权利意识都还有待进一步提高。而支持安乐死合法化的见解也是主要以"减轻患者家庭的经济、精神负担""合理分配社会医疗资源"等为理由。在这样的背景之下,短时期内直接通过立法来实现安乐死合法化比较危险,并不合适。

此外,在我国,对"同情""社会利益"持肯定态度的学者还比较多,这可能与受上述传统文化的影响有关。但是,正如日本学者所指出的那样,"同情""社会利益"会成为"杀人者的理论"①,有可能使并不希望安乐死的患者被动地成为受害者。因此,不管是承认还是否定安乐死,都应该将"自我决定权"作为首要因素来考虑。今后,我国在讨论安乐死问题时,有必要对"自我决定权"作深入研究。

五、安乐死问题新展开

目前,世界上已有三个国家通过立法将积极安乐死合法化。荷兰从1984年开始,经过长达20年的讨论与酝酿,终于在2001年4月制定了《关于终结生命与自杀帮助的法律》。依据该法律,只要医生满足六个关于注意的要件,其所实行的积极安乐死行为就不再是被刑法所处罚的行为。荷兰由此成为世界上最先承认安乐死的国家。紧接着,比利时以荷兰的安乐死法为蓝本于2002年5月制定《关于安乐死的法律》,继荷兰之后成为世界上第二个实现积极安乐死合法化的国家。随后,卢森堡于2009年也通过立法成为世界上第三个允许积极安乐死的国家。②

在德国,由于历史上德国纳粹曾经利用安乐死之名大量屠杀精神病患者以及犹太民族,为了避嫌,学者们用"临死介助"这一概念来探讨安乐死问题,大多数学者是赞成消极安乐死而反对积极安乐死的。英国虽然是世界上最早(1936年)向议会提出安乐死法案的国家,但是令人意外的是至今仍然未能成法。之后,于1961年制定并通过《自杀法》,虽然实现了自杀本身的非犯罪化,但是,教唆自杀、帮助自杀等行为仍然被规定为犯罪。经过多年的发展,判例也仍然没有将积极安乐死承认为合法行为。在美国,俄勒冈州和华盛顿州分别于1994年和2008年通过了《尊严死法》,虽然法律的名称为"尊严死法",但是,其内容却是对医生所实施的满足了一定条件下

---

① 参见[日]町野朔:《犯罪各論の現在》,有斐阁1996年,第27页。
② 参见刘建利:《終末期医療をめぐる比較法的考察》,早稻田大学出版部2012年,第137—148页。

的自杀帮助行为予以了合法化。而美国其他的州则反对包括医生的自杀帮助在内的积极安乐死行为。①

可以看出,在世界范围内,通过立法实现安乐死合法化的国家,虽然仍旧属于少数,但是有逐步增加的趋势。

1. 积极安乐死合法化的意义

当下,随着看护医疗的发展,患者的肉体疼痛已经可以在相当大的程度上得到良好控制。因此,有人认为现在已经没有必要继续探讨积极安乐死的合法性问题。此观点是不正确的。因为,首先,现代医学还未能进步到100%能够抑制患者疼痛的境界。其次,还并不能保障所有的患者都能充分享受到除去疼痛的医疗服务。再次,并不能除去癌症晚期患者要反复接受麻醉的"整体之痛"。最后,如果无论在什么情况之下,患者都绝对不拥有处分自己生命的权利,就会产生新的问题。即对于晚期患者而言,此时"生"已不再是个人的幸福,仅仅意味着遭受剧痛煎熬,那么,在这种情况之下,法律就是在强制要求个人履行忍受剧痛地"生"的义务。这就会导致人成为法律的工具。"法是为了人而存在,而人不是为了法而存在"②。所以,在当下继续探讨积极安乐死合法化问题仍然具有时代意义。

2. 积极安乐死合法化新理论

通过以上考察,在中日积极安乐死合法说中以"自我决定权说"最有说服力。依据该说,积极安乐死能够进行合法化的本质根据在于,在患者短时间之内即将失去"自律生存"的确定性和其选择死亡的意思的真实性都能够得到保障的前提下,患者本人通过比较"伴随剧痛的短暂生命"和"从难以忍受的剧痛中获得解脱"这两种利益,当其通过行使"自我决定权"选择了后者时,就应该排除作为"国家亲权"的"干涉"从而尊重该"终极选择"。③ 针对该说,甲斐教授指出,虽然生命属于个人法益,即使患者的死亡意思是真实的,嘱托杀人罪,不仅仅是出于"国家亲权"的考虑,而且体现人既是个体的存在也是社会的存在,人的生命具有不可处分性,人的生命确实是属于其个人,但是关于其处分权,既有个人能够处分的部分,也有个人处分不了的部分。④ 出于保护人类社会的生存与发展等全体利益,仅仅以自我决定权为依据来实现安乐死合法化确实存在困难。

立足于个人主义的自我决定权论的立场,在日本社会不仅作为其宪法秩序的基本原理得到广泛认可,作为构成其社会根基的社会构成原理也是较为妥当的。与此

---

① 参见刘建利:《終末期医療をめぐる比較法的考察》,早稻田大学出版部2012年,第149-170页。
② 参见[日]井田良:《講義刑法学·総論》,有斐閣2009年,第333页。
③ 参见[日]福田雅章:《日本の社会文化構造と人権》,明石書店2002年,第376页。
④ 参见[日]甲斐克則:《安楽死と刑法》,成文堂2003年,第41页。

相对,在我国这样的社会主义国家,"个人主义"并不占优势,为了维持国家的稳定与繁荣,以"国家主义"为基础的"社会决定权"被积极主张,仍然占据主导地位。"社会决定权"是指由无数"个人"所构成的"社会"来行使的"决定权",比较重视国家和社会的整体利益。不能说"自我决定"和"社会决定"哪一方绝对的好,这两者是一种辩证统一的关系,既有相互对立,也有相互统一的时候,具有相互支持、相互制约的机能。

一般而言,在不会严重影响社会"共同生活"时,"社会决定权"都应该尊重"自我决定权",但是,当本人的"自我决定"明显不合理时(比如将自己卖为奴隶),不管此时的当事人的自我决定是多么的真实与明白,也应该允许"社会决定权"对其进行限制。针对"积极安乐死",仅仅以"个人主义"的"自我决定"为理由显然不够充分,但是,如果此时作为社会共同体共识的"社会决定"也承认患者的"自我决定",那么作为终极手段,应该允许该患者的"积极安乐死"选择。① 用二选一的方法,舍弃代表个体的"自我决定"和代表社会全体的"社会决定"这两个原理之一,仅仅用其中的一个原理来建构安乐死合法论是行不通的。将这两个原理进行并列考虑,将它们作为相互补充的统合原理,就能够解决积极安乐死的问题。

尽量尊重个体的主观价值判断是自我决定权的重要思想。即使患者本人没有肉体上的疼痛,出于"消除精神上的痛苦"、"不愿意被插着多根管子活下去"、"不愿意给家人添麻烦"等原因,真情实意地要求积极安乐死的情况也是确实存在的。一般而言,个人法益都可以放弃,得到本人同意的"法益侵害"一般都是合法的。但是,关于嘱托杀人,依据我国刑法理论的通说以及日本刑法第202条的规定,即使被害人愿意放弃生命,杀害行为依然是违法的。由此,可以看出,在我国和日本的刑法中,本人一般不能自由处分自己的生命。要想阻却嘱托杀人的违法性,仅仅依靠"患者的自我决定"即"被害人同意"是不够的,必须还要增加一些"其他要件"。能够充当该"其他要件"的就是"社会决定"。作为"社会决定"的判断要素,主要由患者的余命(死亡究竟临近到什么程度)、疼痛的程度(包括肉体痛苦和精神痛苦)、家庭构成以及其他社会关系、社会整体的医疗资源等社会客观情况构成。

任何权利都是以一定的义务为界限。在现代社会中,生命属于自己,也包含着他人的利益和社会责任,比如,对子女的抚育,对老人的赡养,对爱人的呵护等。任意处分生命还会导致人们轻视生命,甚至将其作为逃避责任的一种手段。对此"社会决定"当然不能认可。但是,对于已经病入膏肓、痛不欲生的晚期患者而言,其已根本无力承担原有的社会责任,甚至会给他人带来更多不幸。此时,他选择安乐死

---

① 佛教并不承认"生命至上主义",只要满足一定的要件,是允许安乐死的。只是"得到周围人的同意是安乐死的必要条件之一"。这其中的"周围人的同意"与本文的"社会决定"有一定的相似性。佛教的观点参见[日]木村文辉:《"自殺"を是認する佛教の立場》,载《生命倫理》2008年第1期,第158页。

就谈不上对他人利益的损害,更不是对社会责任的逃避,有时甚至是增加国家和社会的利益。从法律层面来看,他们对他人的义务、对社会的义务,要么已经履行完毕,要么在客观上已经不可能或无力履行这些义务。① 此时,当大多数市民也认为可以尊重该患者的"自我决定"时,安乐死作为一种例外情况,不再是嘱托杀人罪的处罚对象。当然该"社会决定"的主要判断基准,并不是一种绝对的标准,而是具有一定的流动性,在不同国家、不同的时代、不同的文化中会有所不同。一般应该由各个社会中最能代表民意的机关或经该机关授权的机构依照严格的法定程序来行使。

"自我决定"与"社会决定"分别是允许积极安乐死的必要条件而不是充分条件。只有当两者都被符合时,该积极安乐死才是合法的。如果过分强调"社会决定",会容易成为"杀人者的理论","社会弱者"就可能成为社会利益的牺牲品。因此,为了充分保护个人的生命权,应该限定"社会决定"只能将"自我决定"朝保护生命方向进行修正,即"社会决定"只能被限定为发挥"消极机能"。换言之,患者的"自我决定"是前提,当不存在"自我决定",即患者本人明确反对安乐死,或者患者对于安乐死的态度并不明确之时(表4-1中的设例1到设例4),"社会决定"根本不会登场,此时绝对不允许实行安乐死。只有当患者本人有明确的要求时(表4-1中的设例5和设例6),"社会决定"才会登场。在考虑过各种因素之后,"社会决定"认为该患者并不适合实行安乐死时,"社会决定"就会朝保护生命方向修正该患者的"自我决定",不允许实行安乐死(表4-1中的设例5)。只有在不仅存在"自我决定",而且也获得了"社会决定"承认的情况下,才能允许积极安乐死,只有此时的积极安乐死行为才能阻却违法性(表4-1中的设例6)。

表4-1 积极安乐死的类型化法律评价

类型＼要素	自我决定	社会决定	积极安乐死的法律评价
设例1	×	×	违法
设例2	×	○	违法
设例3	■	×	违法
设例4	■	○	违法
设例5	○	×	违法
设例6	○	○	合法

×=反对　　○=赞成　　■=不明

---

① 参见李明华:《安乐死:生命的尊严》,载《西南民族学院学报(哲学社会科学版)》2000年第10期,第120页。

综上而言，只有在患者无论如何也无法解脱痛苦的极限情况之下，既有患者本人选择死亡来解脱痛苦的"自我决定"，又经过审查，"社会决定"也对其表示同意和尊重，第三者对于该"自我决定"的帮助，只要是以帮助患者实现作为自律人格上的个人尊严为目标，至少在理论上，应该承认该实行安乐死的行为能够阻却嘱托杀人罪的违法性。即，从自然法角度，符合一定要件的积极安乐死具有合理性与正当性，能够进行合法化。但如上所述，目前我国的整体社会状况还不适合立即通过立法来实现安乐死合法化。在现行刑法框架下，在具体个案判断中，运用本文上述理论，通过慎重适用刑法第13条就能够避免几乎对所有安乐死事件都一律定罪处罚的现象发生，从而让一部分符合要件的安乐死能够获得出罪。从而调和刑法一般规定的普遍公正性与个案处理时的具体合理性之间的矛盾。到将来物质文明和精神文明高度发达，病人的自由意志确实得到强力保障之时，再考虑用立法来实现安乐死合法化。

六、结语

安乐死问题不仅仅是个单纯的法律问题，其实也是一个社会问题。法律意义只是在于为其设定一个不可逾越的行为要求底线。社会应该承担更多的义务，通过采取进一步健全社会保障体系和医疗保险制度，进一步完善医疗界的医疗伦理水准等措施，发展临终关怀，尽一切可能去支持和帮助这些陷入不幸的患者及其家庭。作为一个和谐社会，最低限度也要编织一张疏而不漏的安全之网，让每个公民都能拥有最基本的安全感。不仅要让晚期患者在实在不行的极限状态下能够"安乐死"，更要创造条件，让更多的患者在人生的最后阶段无后顾之忧地"安乐生"。

第二节 刑法视野下医疗中止行为的容许范围[*]

一、问题的提出

2009年2月9日，被告人文裕章的妻子胡某在家中昏倒，在深圳市第二人民医院住院部ICU病房医疗期间一直昏迷不醒，有心跳、血压，靠呼吸机维持呼吸。2月16日下午3时许，文裕章到病房探望时将被害人胡某身上的呼吸管、血压监测管等医疗设备拔掉，阻止救治并放弃医疗，4时许胡某死亡。经法医检验鉴定，死者胡某

---

[*] 本书主要内容最初发表于《法学评论》2013年第6期。

检见脑血管畸形(小脑与脑桥、第三脑室交界部位)伴破裂出血,脑出血集中于大脑基底部、脑干及小脑部位;死者住院期间有自主心跳而无自主呼吸,由呼吸机维持呼吸,死亡原因为被拔去气管插管致呼吸停止死亡。深圳市中院于2010年12月9日以"故意杀人罪"判处被告人文裕章有期徒刑3年,缓刑3年。一审宣判后,深圳市检察院认为"量刑畸轻",提起抗诉。2012年9月14日,广东高院作出终审裁定,驳回检察机关抗诉,维持深圳中院的一审判决。①

至此,历时三年多的"深圳拔管杀妻案"终于落下帷幕。但是,此案所引发的法律问题却令人深思。本案中的"拔管"行为,必然有罪吗?是不是只要一旦插上呼吸机的管子,就永远不能拔下来,除非患者心脏停止跳动?难道不存在合法的"拔管"行为?如果"拔管"的行为人不是文裕章而是死者的主治医生,那结果是否会有所不同?其实,这是一个关于医疗中止的容许范围的问题,在西方也被称为"尊严死""自然死"问题。其主要涉及三个问题:首先,"拔管"等停止延命医疗的医疗中止行为是"作为"还是"不作为"?其次,这类医疗中止行为是否符合杀人罪的构成要件?最后,如果存在合法的医疗中止,其容许范围与理论根据是什么?如何来评价医疗中止行为,这不仅是应该引起刑法理论关心的问题,在医疗实践上也具有重大意义。本文以医疗行为的正当化事由为主线,展开对医疗中止行为的容许范围问题的探讨。

二、医疗中止行为的罪与非罪

上述案件被多家媒体以"安乐死"案件之名进行报道。安乐死是指"应患者诚挚的要求,帮助即将死亡的患者缓和或除去剧烈的肉体疼痛,让患者安详地迎接死亡的行为"②。本案中的患者并没有明确的意思表示,而且处于昏迷状态,是否存在剧烈的肉体疼痛也难以判断。因此,本案不符合安乐死的基本特征,所以不能称之为严格意义上的"安乐死"案件。其实,该案件所涉及的是关于医疗中止的问题。医疗中止是指不再继续进行为了维持患者生命而已经采取的医疗措施。医疗中止的内容,主要是指针对脑死亡患者、植物人状态患者以及其他晚期患者所实施的特别医疗措施(比如,手术、输血、人工透析、交换血浆、抗癌剂和升压剂的使用、人工呼吸机的使用等)、缓和疼痛的镇痛措施、维持生命的措施(补充水分和营养)以及看护措施(确保身体卫生等)。其实,依据医疗中止的目的,可以将医疗中止分为两类:(1)在继续实施延命医疗,仅仅是延长患者疼痛的情况下,为了解除患者的肉体疼痛而停止医疗。如果存在患者诚挚的要求,其实就是"消极安乐死"。(2)患者虽然感觉不到疼痛,但是死期临近而且已经不具有恢复的可能性,为了保护患者的"尊严"而中

---

① 参见洪奕宜,范贞:《ICU病房拔管杀妻案终审》,载《南方日报》2012年9月15日007版。
② 参见[日]甲斐克则:《安楽死と刑法》,成文堂2003年,第2页。

止医疗。这在西方一般被称为"尊严死"。因此,准确而言,医疗中止既包括"消极安乐死"也包括"尊严死"。① 因为"消极安乐死"几乎在世界上所有的国家都是合法的,所以,本文主要探讨后一种意义上的"医疗中止"。

要考察医疗中止行为的合法性,首先要明确刑法的评价对象。医疗中止行为主要有拔掉连接在患者身上的呼吸机管子或者关掉呼吸机开关等行为,这究竟是属于侵害生命的一种作为(以下称为"作为说"),还是属于停止坚持至今的医疗行为,不再继续进行延命医疗的不作为(以下称为"不作为说")?对此问题国外学者有不同的理解。

作为说认为,"拔管"或者关掉人工呼吸机的开关,都是为了终结生命而实行的身体动作,都是对既存现状的积极干涉,而且,该中止行为与死亡结果之间的因果关系也难以否定。因此,该行为的主体不论是医生还是第三者都应该是一种"作为"②。只要医疗中止引起生命死亡,就符合杀人罪或同意杀人罪的构成要件,只能通过阻却违法性的原理来具体探讨其是否存在合法性。将其定性为"作为",就意味着这是一种积极侵害生命的行为,即使是应患者本人明确要求而实行,也会成立同意杀人罪,要想实现合法化则比较困难。那么,即使是在患者已不存在救助可能性,而且意识也永久性地完全丧失的情况下,医生依旧不能改变现状,仍然必须要尽最大努力继续维持延命医疗。如此一来,出于对只要一旦开始医疗,直到患者心脏停止跳动之前都不能停止的担心,医生就会在很多原本应该开始医疗的情况下,犹豫不决或直接不开始进行医疗。

与此相对,不作为说则认为,医生在实行医疗中止之前,为了履行诊疗义务,为了抢救患者的生命,已经进行了先行的医疗行为,医疗中止其实与面向未来不采取医疗措施的行为相等价,将这些行为作为一个整体来看,其实就是指医生在医疗行为上不再继续倾注自身的能量,而且并没有因此而产生新的因果关系,只不过是不再继续帮助即将死亡的患者的一种消极行为,即"不作为"。③ 如果将医疗中止定性为"不作为",那么是否存在作为义务或是否处于保障人地位,就是判断其是否符合杀人罪构成要件的前提。只要不存在刑法上的继续医疗的作为义务,该医疗中止行为就不会符合杀人罪的构成要件。不作为说的难点在于,明明客观存在"不能否定

---

① 参见[日]武藤真朗:《川崎協同病院事件最高裁決定》,载《刑事法ジャーナル》2010年总第23期,第86页以下。
② 参见[日]神山敏雄:《作為と不作為の限界に関する一考察》,载《現代の刑事法学》,有斐阁1977年,第124页;[日]金沢文雄:《人工呼吸器の遮断と刑法》,载《広島大学政経論集》1977年第5期,第119页;[日]町野町:《違法論としての安楽死・尊厳死》,载《現代刑事法》2000年总第14期,第38页。
③ 参见[日]甲斐克则:《尊厳死と刑法》,成文堂2004年,第106页;[日]井田良:《生命維持治療の限界と刑法》,载《法曹時報》1999年第2期,第372-374页。

的身体动作"却将医疗中止评价为刑法上的不作为,在理论上该如何说明。

停止使用延命装置的医疗中止行为到底是"作为"还是"不作为",主要取决于是将其考虑为"不再继续",还是聚焦"中止"这一动作强调其"变更了因果变化的流向"。前者主要是从抽象价值的视点考虑,不论是医疗开始时的不使用延命装置,还是在医疗开始后的停止使用延命装置都是"不再继续医疗",这两者具有相同价值,都应该属于"不作为"。而后者的立场则重视具体事实,中止使用延命装置的行为是将向救命方向发展的事态改变为向相反方向发展,所以将其评价为"作为"。将医疗中止看作不作为的见解,可以将其放在"不作为犯"的框架之内探索医疗中止的不可罚性的理论依据;而将其看作作为的见解,却需要在违法论阶段,用一般的阻却违法性原理来寻找解决之道。①

在实际的医疗工作中,医疗是一连串行为的集合。医生根据患者的病状和发展趋势选择更为积极的医疗方法,或者是停止当前的医疗方法,将其更换为相对更为保守、更为消极的医疗方法,这其实每时每刻都在发生。而且现代医疗技术的发展已经能够使心脏停止跳动的时间在一定程度上延迟。医生的这种选择医疗方法的做法一般也都能被社会所认可,不能因为仅仅变更了医疗方法而将其定性为刑法上的犯罪。仅仅将整体行为中的一部分拿出来,认定其为积极的加害行为,显然是过于形式化,不符合现代医疗现状。② 因此,本文主张由医生实行的医疗中止行为的本质属性是"不作为",而第三者的"拔管"或"关掉呼吸机开关"的行为则是"妨碍医疗"的"作为"。如果与患者的死亡结果之间存在因果关系,那么第三者的"作为"就会构成"杀人罪",而由医生实施的医疗中止乃是一种"不作为",是否构成杀人罪,是否具有合法性则主要取决于实行了该医疗中止的医生是否具有为患者继续实施延命医疗的作为义务。至于明明存在"难以否定的身体动作"却认定其为不作为,在理论上可以用"以作为实现的不作为"理论来进行说明。比如,负有救助被害人义务的人,故意将自己的身体弄伤,使自己处于不能完成救助被害人的状态;负有按时切换铁路轨道义务的人,在列车到来之前故意喝醉酒使自己不能按时切换轨道从而引发交通事故。这两个事例中的行为人都是通过各自"身体上的动作"阻碍了自己履行作为义务。如果行为人在一开始就不存在作为义务,那么他们的作为就不被禁止,也就不会符合犯罪的构成要件。同样,"拔管"等医疗中止行为,只要不存在继续医疗的义务,该身体动作本身也就不被禁止。"以作为实现的不作为"理论的根本立场是,不作为犯的前提是命令规范,由命令规范产生二次性的禁止规范,该禁止规范的

---

① 参见[日]武藤真朗:《生命維持措置の取り外し——わが国の学説の分析——》,载《西原春夫先生古稀祝賀文集第一卷》,成文堂1998年,第374页。
② 参见[日]井田良:《終末期医療と刑法》,载《ジュリスト》2007年总第1339期,第42页。

对象就是使被命令的作为成为不可能的所有作为,只要违反了后者的禁止规范,也就违反了前者的命令规范。如果由命令规范所产生的义务被否定,那么二次性的禁止规范所产生的义务也会被否定。①

一般而言,患者到医院就诊,通过挂号与医院和医生成立医患关系,医生就承担了为患者持续医疗的作为义务,一直到患者康复为止。所以,医生一般不能单方面停止医疗,如果医生故意停止医疗行为从而导致患者死亡,则医生的不作为就能够成立刑法上的故意杀人罪。但是,医生的这种作为义务并不是绝对的,在一定的状态之下是可以自然消失或被解除的。只要其作为义务不复存在,其医疗中止行为就是合法的。那么,究竟在何种情况之下,医生的作为义务才能消失或解除,值得进一步探讨。

三、医疗中止行为的容许范围与依据

在晚期医疗当中,医疗中止在现实的医疗临床中是十分容易发生的事情,而且,在相当大的程度上已经被社会所接受。② 可以认为,在现实生活中,只要符合一定的要件,法律实务部门几乎都没有追究这类事件的法律责任。那么,在刑法理论上,究竟该如何说明、如何解释？如前所述,医疗中止在本质上是属于"不作为",所以,医疗中止要想不成立刑法所规定的杀人罪,就必须证明医生不具有刑法上的作为义务,即医生继续医疗的义务已经消失或被解除。只要作为义务消失和被解除,医生的医疗中止行为就是合法的。具体而言,能够导致医生作为义务消失或解除的因素有两种:一是客观因素,二是主观因素。客观因素是指医生在履行医疗义务上已经达到了极限状态,即客观上已经不存在"患者死亡"这一结果的回避可能性。而主观因素则是指患者主观上要求医疗中止,即患者主动行使自我决定权要求医生中止正在进行的医疗。这两种情况都可以致使医生的作为义务消失或解除,所以,这两者又被称为医疗中止的两个合法化依据。

(一) 医疗义务的界限

医疗的任务是帮助患者治病,尽量延长患者的生命。只要患者与医生成立医患关系,医生就承担了为患者医疗的作为义务。虽然,医生在如何医疗方面拥有一定的选择权,但是,医生不能随便单方面中止医疗。与此同时,法出于保护生命,也并没有要求医疗工作者决不能让患者死亡,哪怕是一分一秒,都要让患者的脑和心脏一直活动到极限状态。死亡是不可避免,也是不应逃避的,如果医疗措施本身已经"有害"或"无意义",那么该医疗就是"无益的过剩的延命医疗",已经不再属于医生

---

① 参见[日]井田良:《生命维持治疗的限界と刑法》,载《法曹时报》1999年第2期,第374页。
② 参见林亚刚:《关于安乐死的认识及立法思考》,载《法律科学》1990年第4期,第29页。

的作为义务范围。至少此时的医生已经不再负有刑法上的作为义务。这就是"医疗义务的界限"理论。该理论主张,"在医生已经尽最大可能做好医疗,并且已经达到有效医疗的极限时,针对那些从医学观点看来有害或者是无意义的医疗措置,即使患者本人希望,对于医生而言,已经不再背负继续医疗的义务。或者说是该义务已不再是法律上义务"①。换言之,在医疗达到极限的情况下,不管患者及其家属是否同意,医疗中止已不再具有刑事违法性。

那么,究竟什么是"有害"和"无意义"的医疗呢?"有害的医疗"是指为了维持生命而继续进行对患者身体的侵袭程度较大的医疗行为,对患者身体所增加的负担明显超过了维持生命的利益,甚至侵害到了患者的"人的尊严"。"人的尊严是指一种哲学、伦理观念,意味着人具有内在高贵的特质,是自治、自由、自主的行为主体。"②即人不可以仅仅被作为工具与手段等单纯的客体来对待。显然,例如,为了进行人体实验而尽量延长已经处于重度植物人状态患者的生命,或者是仅仅为了保存器官移植时所需人体器官而故意延长患者的生命都是在侵害患者的"人的尊严"。在这类极端情况下,继续医疗的义务显然已经消失,毋庸置疑,此时的医疗中止是合法的。

"无意义的医疗",是指对患者生命的维持和延长已经不具有任何意义,已经无法达到医疗目的的医疗措施。究竟何为"无意义",值得进一步探讨。作为判断标准,脑死亡就是其中一个比较重要的客观基准。如果承认脑死亡,那么只要患者到达脑死亡状态,继续医疗就是"无意义"的,就可以解除医生继续医疗的义务。但是,目前我国刑法在死亡认定标准上还未承认脑死亡标准,所以依照传统仍然采用"综合标准说",即以自发呼吸停止、心脏跳动停止、瞳孔反射机能停止作为死亡判断标准。③ 因此,在我国当下,即使患者已经处于脑死亡状态,此时的维持患者脑死亡状态的医疗措置还不能被直接解释为"无意义的医疗"。其实,医生和医疗的任务在于帮助和维持患者的自我认识和自我实现,如果患者不可逆转地丧失了反应能力和交流能力,也就意味着其已经完全丧失了自我认识和自我实现的可能性,此时医生维持其生命的义务就应该解除。至少可以说,患者不可逆转性地丧失了意识能力就属于这种情况。现代医学研究表明,如果患者已经达到"脑死亡状态"或者"重度植物人状态",那么无论采取何种医疗努力,患者都不会恢复任何意识。刑法不可能强制性要求医生采用一切方法,最大限度地推迟心脏停止,这是不应该,也是不现实的。因此,即使以"综合标准说"为前提,只要患者进入"脑死亡状态"或"重度植物人状

---

① 参见[日]《横滨地方裁判所平成十七年三月二十五日判决》,载《判例タイムズ》2005年总第1185号,第147页。
② 参见胡玉鸿:《人的尊严的法理疏释》,载《法学评论》2007年第6期,第3页。
③ 参见张明楷:《刑法学》,法律出版社2011年,第757页。

态",不管患者本人及其家属持何种态度,至少在刑法层面①医生的医疗义务已经消失。②

医生的医疗义务之所以能够因客观因素而消失,其理论根据是,在即使继续医疗也无法实现医疗目的的场合,医生就不再负有医疗义务。其实,对于"医疗目的",不同的国家和不同的社会依据其社会、经济、文化的发展水平可能会有不同的认定标准。社会经济、文化发达,医疗技术、医疗保障水平高的国家所设定的"医疗目的"就会比较高;而社会经济、文化欠发达,医疗技术、医疗保障水平较低的国家所设定的"医疗目的"就会相应地较低。

虽然医疗义务的界限可以解除医生的作为义务,但是它仅仅针对"有害或无意义的医疗",所以,它所能够解决的只能是针对那些已经处于脑死亡或疾病晚期阶段患者的医疗中止问题,适用范围相当有限。③而且,"有害或无意义的医疗"具有极大的不明确性,需要更为明确的判断基准。其判断要素应该包括死亡的临近性、恢复意识的可能性、继续医疗给患者增加的负担、医疗手段的特别性(例如,做大手术、侵袭性较强的插管、人工透析、血液净化、使用人工呼吸机等应该属于特别性较强的医疗手段)等。虽然有这么多要素,但判断基准仍然比较模糊,必须在一定程度上允许医生行使自由裁量权。因此,是否属于"有害或无意义的医疗",不应该由患者家属也不应该由个别医生来判断,最好是由多种不同职务的医疗工作者所组成的医疗团队来判断。在实际操作中,立法机关可能并不适宜直接制定纯客观的医学判断标准,但是应该制定能够从程序上保障医疗判断结果公正性的程序性法规。

(二)患者的自我决定权

在判断医生是否有"作为义务"时,患者的自我决定权也具有重要意义。例如,当精神状态正常的患者要求医生停止给自己输液时,医生就不再负有给患者输液的义务。至于用药和手术也同样如此。医疗行为的正当化三要件是医学适应性、医术正当性、患者的知情同意。④可见,在医疗活动中,患者的"同意",即"患者的自我决定"具有重要意义。患者已经昏迷等"紧急医疗"情况除外,如果医疗行为没有获得患者本人的同意,那么该医疗行为就是"专断的医疗行为",很难获得正当化。即使医疗的结果在客观上救助了患者,如果患者追究,医生仍然需要承担相应的法律责

---

① 此时医生如果不顾患者家属的反对而停止继续医疗,不会成立刑法上的杀人罪,但是,此时的医生在道德和伦理层面依然负有继续医疗的义务。
② 参见[日]甲斐克则:《尊厳死と刑法》,成文堂2004年,第106页;[日]井田良:《生命維持治療の限界と刑法》,载《法曹時報》1999年第2期,第371页以下。
③ 参见[日]《東京高等裁判所平成十九年二月二十八日判決》,载《判例タイムズ》2007年总第1237号,第153页以下。
④ 参见[日]甲斐克则编:《医事法》,信山社2008年,第56页以下。

任。所以,医生必须要尊重"患者的自我决定",即使患者的决定在第三者看来荒谬和草率,也不能轻易地否定,哪怕出于善意的立场。[①] 患者不仅可以在一开始就拒绝接受医疗,即使在医疗的中途,只要患者要求医生中止医疗行为,那么医生继续进行医疗的义务就会得到解除,医生就可以中止正在进行的医疗行为。因此,在医学上的理由等客观因素导致医生的医疗义务消失之前,患者的自我决定权可以先行否定医疗义务,也具有实现医疗中止合法化的可能。[②]

刑法的任务就是保护法益,在法益之中又是以人的生命为最高法益。故意侵害生命的行为,会被定为杀人罪,最高刑可处以死刑。我国刑法虽然没有明文规定帮助自杀、嘱托杀人等罪,但是依照通说的理解,虽然自杀未遂不被处罚,但是教唆和帮助他人自杀的行为和受他人嘱托或同意而杀害他人的行为都是要按杀人罪来处理,只是在量刑上有所从轻而已。[③] 这是因为,作为个人法益,一般情况下只要法益主体愿意放弃,那么他人即使侵犯该法益也不会是犯罪,但是,作为生命法益,即使法益主体要放弃,仍然具有要保护性。那么拒绝医疗是否属于自杀的范畴呢? 如果是的话,那么医生的医疗中止就是同意杀人或自杀帮助。其实,拒绝医疗中的自我决定并不等同于被害人的同意,拒绝医疗并不是自杀。首先,拒绝医疗的场合,患者所希望的是从医疗中获得解放和自由,而并不是终结自己的生命。其次,自杀是一种通过自己的破坏行动而引发死亡的积极行为,而拒绝医疗仅仅是不再阻止疾病的进一步恶化。[④] 从这个意义上说,患者在医疗中止中所主张的自我决定权,并不是一种可以积极要求死亡的"死亡权利",而仅仅是一种消极的"拒绝医疗的权利"。因此,当下在美国和日本,患者拒绝医疗并不被认为是自杀,医生应患者的明确要求而实施的医疗中止也不会被评价为帮助自杀或同意杀人。

医疗拒绝权的理论主要形成和发展于美国,主要是由保护身体完全性的权利发展而来。从1914年的Schloendorf事件以来,美国的判例就开始承认个人拥有是否允许外界侵袭自己身体的权利,他人不可以违反本人意愿侵袭其身体。将其运用到医疗场景,就是个人拥有是否允许医疗侵袭的决定权,换言之,个人拥有医疗拒绝

---

① 参见韩大元,于文豪:《论人体器官移植中的自我决定与国家义务》,载《法学评论》2011年第3期,第29页。
② 参见[日]井田良:《終末期医療と刑法》,载《ジュリスト》2007年总第1339期,第45页。
③ 参见高铭暄,马克昌:《刑法学》,法律出版社2011年,第462页以下;张明楷:《刑法学》,法律出版社2011年,第761页。
④ 参见[美]Superintendent of Belchertown v. Saikewicz, 370 N. E 2d 417(1977);[日]古川原明子:《安楽死・尊厳死の刑法的評価—終末期における治療行為論に向けて—》,载《现代法学》2009年总第18期,第91页。

权,即使是延命医疗也同样适用。① 之后,Quinlan 判决明确指出,医疗拒绝权属于受宪法保护的隐私权,由于州民的隐私权比保护州民生命的州的权利更为优越,所以,以隐私权为基础的医疗中止不符合杀人罪的构成要件,并不违法。② 之后,关于医疗拒绝权的具体根据,美国联邦最高法院在 Cruzan 判决中指出,医疗拒绝权并不是来源于隐私权,而是来自美国宪法修正案第 14 条中的"自由利益",具有意思决定能力的人享有拒绝补充用来维持生命的营养和水分的权利,这一权利受联邦宪法保护。③因此,依据该法理,只要患者是真心拒绝延命医疗,延命医疗就不能开始,正在进行的延命医疗也必须要中止,即使导致患者死亡也同样成立。从这个角度来说,拥有决定能力的患者的本人意思具有决定性作用。虽然,在外界对身体的介入致使生命丧失时,即使本人同意也会成立同意杀人罪,但是,因患者拒绝医疗而实施的医疗中止即使导致患者死亡也不成立同意杀人罪。

1. 事前指示

上述理论虽然有说服力,但是,比如处于植物人状态等,大多数晚期患者都是处于昏迷状态,其已经不具备表达自身意思的能力,在这种情况下,还能够中止延命医疗吗？为了解决这一问题,首先被考虑到的就是患者的生存意愿(living will)或事前指示(advanced directed)。这两者是指患者在拥有意思决定能力的状态时提前表明自己关于延命医疗的态度。具体而言,前者是指患者在健康的、有能力表达自身意思的时候,通过书面或口头方式,事先表明如果自己陷入了植物人等晚期状态时是否接受延命医疗;后者是指患者提前指定好第三者,委托其在自己陷入无法表明自身意愿的晚期状态时帮助自己决定是否接受延命医疗。患者可以通过这两种方式来决定自己的"死亡方式"。至 2000 年为止,美国所有的州都已经通过法律认可了生存意愿或事前指示这两者或其中之一的效力。④

但是,这种方式的问题在于,患者究竟是否拒绝延命医疗,应该是在真正出现需要进行延命医疗的时候向患者进行确认(就像被害人的同意必须与行为同时存在一样),因为,人的想法具有流动性,很容易发生改变,很难说人在健康状态下的想法,到真正成为植物人时不会发生变化。因此,生存意愿与事前指示只能说是一种用来推断当前患者意思决定的最为有力的资料,其并不完全等同于患者的现实意思决定,具有一定的虚构性。但是,这并不意味着生存意愿与事前指示就完全没有意义。

---

① 参见[美]Superintendent of Belchertown v. Saikewicz,370 N. E 2d 417(1977);[日]古川原明子:《安楽死・尊厳死の刑法的評価——終末期における治療行為論に向けて》,载《现代法学》2009 年总第 18 期,第 87 页。
② 参见[美]In re Quinlan, supra note 8 at 51,669.
③ 参见[美]Cruzan v. Director, 497 U. S. 261, 279, 110 S. Ct. 2841, 2852(1990).
④ 参见[日]甲斐克则,谷田宪俊编:《安楽死・尊厳死》,丸善出版社 2012 年,第188 页。

因为,虽然不能保证其与患者当前意思决定完全一致,但是这对于将要陷入不能再表达现实意思的人而言,这是能够确保其可能行使自我决定权的唯一手段。为了确保患者自己选择"死亡方式"的"自由利益",多少牺牲一点患者意思决定的"真实性"也是能够获得理解的。① 如果否认生存意愿和事前指示的效力,结果就是让患者维持现状,或者是将决定权交由患者之外的第三者进行"代行决定"。与"代行决定"相比,生存意愿和事前指示更接近于患者的真实想法。因此,可以将其视为确认本人意愿的重要手段,只要是能够明确推断出患者希望医疗中止的意思,就应该承认此时医生的医疗义务已经被解除。

当然,为了尽量保障患者的生存意愿和事前指示与患者真实想法一致,应该为患者随时撤回或变更生存意愿和事前指示提供制度上的保障。同时在平时应该加强向普通民众提供大量有关延命医疗信息的力度。虽然,德国的大多数学者都主张只有书面的生存意愿和事前指示才能有效,但是为了最大限度地保障患者行使自我决定权,在存在多名证人等情况下,承认口头的生存意愿和事前指示的效力也未尝不可。

2. 代行决定

最为困难的情况是,患者既没有书面的生存意愿和事前指示,也没有口头的生存意愿和事前指示。在现实中,患者的意思不是很明确或者是完全不清楚的情况可能反倒是大多数。这时,只能考虑"代行决定"。"代行决定"即"自我决定权的代行",是指由患者的家属、医生或其他的第三者来帮助患者判断是否应该中止延命医疗。面对即将死亡的现实,对于大多数患者而言,精神震惊、情绪低弱、心理负担增大,有意或无意地回避关于自己延命医疗的自我决定也很正常。自己不明确作出决定其实也是行使自我决定权的方法之一,应该值得尊重。问题是代行决定的合法根据是什么,在何种场合之下应该由谁来代行判断,判断的具体标准是什么。

美国从 Quinlan 事件判决以来就承认了由患者家属以及其监护人来代替患者行使"自我决定权"。在日本的川崎协同医院事件判决中,家属意见在推定患者本人意思决定中占有重要意义也得到了日本最高法院的认可。② 其社会背景是在美国和日本制定了生存意愿和事前指示的人口占总人口的比例还比较低。③ 与美国和日本相比,目前在中国,制定了生存意愿和事前指示的患者可能更是少之又少,在医疗实务中,家属的意见一般具有重要意义。与患者在过去生活中的只字片言相比,其家属

---

① 参见[日]井田良:《安楽死と尊厳死》,载《現代刑事法》2000 年总第 15 号,第 89 页。
② 参见[日]《川崎協同病院事件最高裁判決》,载《判例タイムズ》2010 年总第 1316 号,第 148 页。
③ 参见刘建利:《終末期医療をめぐる比較法の考察——日本と中国を中心に》,早稲田大学出版部 2012 年,第 187 页。

的意见更能够推断出患者在中止阶段时的意思决定,这就是代行决定的合法化根据。

"代行决定者"一般都是与患者有密切关系,对患者的想法比较熟悉的人,主要有患者的亲属、朋友以及主治医生。如果患者没有在事前明确指定特定的某人为自己的代行决定人,即不存在事前指示,那么就可以认为患者是用默认的方式将"代行决定权"交给了其家属[①]、主治医生或关系密切的朋友。不可否认,在这其中家属的意见尤为重要。当然,在晚期医疗中,患者家属承担着沉重的经济和精神负担,为了回避这些负担,家属的意见可能与患者的真实想法存在一定距离。但是,真正的问题并不是广泛承认家属的代行决定是否为最佳方法,而是,在目前除此之外并不存在其他更为合适的方法。如果都由医生来代行决定,显然医生业务繁忙,不可能花大量时间来探求每一个患者的真实想法,而且,当前社会中的医患关系紧张,医生未能获得患者及其家属的绝对信任,显然主要由医生来"代行决定"不符合社会现实。因此,除非医生特别知道家属的意见与患者本人意见不相符合,或者是家属的意见明显不合理,与患者本人意见不相符合的可能性较大等少数特殊情况除外,一般而言,应该允许由患者家属行使"代行决定权"。[②]

关于代行方式,美国 Conroy 事件上诉审的新泽西州最高法院曾经提出过代行判断的三个标准:主观标准、限制性主观标准、纯客观标准。主观标准,是指代行决定者在充分了解患者本人的基础之上,依据明确的证据(人和物的证据)来推断患者本人此时的想法并代替患者作决定;限制性主观标准,是指根据具有一定可信度的证据可以推断患者应该会拒绝医疗,而且决定者认为患者维持生命的负担明显超过其所获得的生存利益时,可以允许医疗中止;纯客观标准,是指患者维持生命的负担明显超过其生存利益,而且延命医疗措施具有"非人道"的性质时,即使没有任何主观依据也可以允许医疗中止。[③] 关于主观标准,可以将其视为患者本人的意思决定,当然无可非议。限制性客观标准是在积极搜寻患者本人意思决定线索的同时辅以客观状况进行判断,只要能够在体制上保证客观状况的判断标准和程序,也是可行的。但是,纯客观标准已经不再是从患者本人的角度帮助患者作决定,与患者的自我决定权已经无任何关系,其实已经超越了代行判断的范围。当然,当延命医疗措施具有"非人道"的性质时,确实应该中止该延命医疗,但是,此时的中止根据与其说是"患者的自我决定权",不如说是因为其侵犯了"人类的尊严"。只要注意这一点,我国也可以考虑引进这三个代行判断标准。

[①] 其实家属也多种多样,既有不住在一起的关系较为疏远的家属,也有在一起生活的关系紧密的家属。能够成为"代行决定者"的家属应尽量优先考虑与患者一起生活,对患者的人生观、世界观较为了解的家属。

[②] 参见[日]佐伯仁志:《末期医療と患者の意思・家族の意思》,载《ジュリスト》2003年总第1251号,第86页以下。

[③] 参见[美]In re Conroy,98 N.J. 321,486 A.2d 1209(1985)。

虽然通过各种途径探求患者的意思，但是，患者的意思仍然不完全清楚，而且此时的延命措施也不是在"非人道"的情况下，在医疗义务的界限到来之前，依据"存疑有利于生命利益"的原则，应该优先保护患者的生命，不能随意中止延命医疗措施。[①]当然，针对这种情况，国家应该进一步完善社会福利和医疗保障体系，从各个方面减轻患者家属的负担。

四、结语

综上所述，在刑法理论上，医疗中止行为在本质上乃是一种刑法上的"不作为"，只要患者客观状况达到"医疗义务的界限"，或者患者主观上行使"自我决定权"，医生的"作为义务"就会消失或得以解除，那么医生所实施的医疗中止行为就不符合杀人罪的构成要件，就是一种获得容许的正当医疗行为。如果既没有达到"医疗义务的界限"，患者也没有行使"自我决定权"要求中止延命医疗，只是医生出于自身的判断而实行医疗中止，就会构成杀人罪（不作为犯）。如果是第三者通过"拔管"等行为实行医疗中止，只要该行为与患者死亡结果之间存在因果关系，就都应该成立杀人罪（作为犯）。但是，刑法的介入一般都是出现在案件发生之后，具有滞后性，而且一旦定罪，处罚十分严厉，所以难以成为医疗工作者的行为准则。为了解除医疗工作者的困惑和不安，进一步划清罪与非罪的界限，更好地保障患者的生命权和自我决定权，也为了保障医生的合法权益，有必要对医疗中止作出更为明确的法律规制。而且，随着我国经济水平的进一步发展，医疗保障水平的全面提高[②]，对医疗中止进行法制化的现实要求将会越来越强烈。在法制化的实际操作中，世界各国有不同的做法，比如，美国所有的州都是通过立法来规制医疗中止行为，而日本则通过各种指针[③]来进行规制。纵观这些法律和指针，他们的共同之处有两点：一是比较注重患者的自我决定，二是比较注重程序保障。将来我国在制定法律法规规制该问题时，也需要重点考虑这两点。

---

① 参见［日］甲斐克则，谷田宪俊：《安楽死・尊厳死》，丸善出版社 2012 年，第 144 页。
② 国务院已于 2012 年 8 月 24 日正式出台城乡医保新政，要求各地政府逐步提高大病报销比例，最大限度地减轻个人医疗费用负担，个人负担费用补偿比不得低于 50%。参见《关于开展城乡居民大病保险工作的指导意见》，http://www.ndrc.gov.cn/zcfb/zcfbtz/2012tz/t20120830_502833.htm，最后访问日期 2013 年 9 月 4 日。
③ 现在，在日本已经有好几种关于医疗中止的指针。其中既有政府出台的行政指针，也有学会和医院自己制定的指针。例如：日本厚生劳动省的《終末期医療の決定プロセスに関するガイドライン》，日本急救学会的《救急医療における終末期医療のあり方に関するガイドライン》。虽然，指针在日本一般都不具有强制力，违反时最多只是被处以学会除名等处罚，此外不会受到任何实质性处罚。但是，由于日本人具有相当强的遵守行为规范的倾向，所以在日本存在大量指针，并且几乎都能起到很好的规制效果。

第三节　晚期患者自我决定权的刑法边界*
——以安乐死、尊严死问题为中心

晚期患者自我决定权的刑法边界的核心问题是安乐死与尊严死法律问题。据统计，2016年我国60周岁及以上人口23 000万人，占总人口的比例升至16.7%，比上年增加了0.6个百分点，老龄化程度持续加深。据有关部门预测，到2035年，中国老年人口将达到4亿人。① 而且，中国现在每年的死亡人数大约是1 000万，其中有近100万人是在伴随剧烈疼痛的情况下去世的。② 在这样的环境之下，可以预测安乐死和尊严死的法律问题将迫切需要解决。

在我国，安乐死成为一个热门话题，主要起因于1986年6月发生在陕西省汉中市的一个案件。该案件经媒体报道后，在法学界、医学界、哲学界以及社会的各方面都引起了激烈讨论。近年随着医疗水准的进步，延命治疗呈逐渐扩大之势。尊严死的法律问题也引起了人们的关注。2012年，来自医学界的人大代表向全国人大提交了用来认可生前预嘱法律效力的立法案③，虽然未能获得通过，但经媒体报道后，引起了社会的重大关注。2013年6月，中国第一家尊严死协会于北京成立。该协会的宗旨是普及推广尊严死的概念和生前预嘱。还开设网站接受用户的生前预嘱。随着医疗水准的进步以及保险制度的不断完善，尊严死法律问题也逐渐凸显出来。本文将立足上述社会现实，对安乐死和尊严死的刑法问题进行探讨。

一、安乐死与尊严死的概念

目前在我国，关于安乐死和尊严死的定义比较多样，还未完全形成共识。本文的"安乐死"是指，为了解除临近死亡的患者所承受的激烈肉体疼痛，应患者的要求而终结其生命的行为。④ 参照国外学说，一般可以进行如下分类：为了不延长患者痛苦而不继续或者中止积极治疗行为的"消极安乐死"；以去除或缓和患者痛苦为目的的措施间接提早患者死期的"间接安乐死"；为了解除患者的疼痛而终结其生命的

---

* 本节主要内容最初发表于《中国社会科学院研究生院学报》2018年第3期。
① 参见中华人民共和国国家统计局相关人口数据，http://data.stats.gov.cn/easyquery.htm?cn=C01，最后访问日期2018年3月20日。
② 参见张田勘：《安乐死立法千呼万唤不出来》，载《中国改革》2000年第3期，第58页。
③ 参见《顾晋代表建言：推广"尊严死"很有必要》，http://www.npc.gov.cn/npc/dbdhhy/12_1/2013-03/09/content_1773463.htm，最后访问日期2018年3月20日。
④ 参见[日]甲斐克则：《安楽死と刑法》，成文堂2003年，第2页。

"积极安乐死"。① 与之相对,"尊严死"是指,不以缓和痛苦为主要目的,为了抵抗死亡的被管理化,停止针对已经没有康复希望且临近死亡的患者所进行的延命治疗,让其迎接自然死亡的行为。② 这两者的区别主要在于:(1)安乐死以去除或缓和疼痛为目的;而尊严死不以缓和患者疼痛为主要目的,主要追求让患者在保持尊严的情况下迎接自然死亡。(2)安乐死要求一定要有患者明确的意思表示,而尊严死的绝大多数情况是患者已经陷入昏迷,无法表达其当时的意思。

安乐死、尊严死问题主要发生在晚期患者身上。所谓"晚期",是指在接受了关于其伤病的所有可以实施的适当医疗措施的情况下,患者依旧没有康复可能性且被判断为临近死亡状态的时期。尊严死也被称为"中止延命治疗"。"延命治疗"是指,并不能治愈晚期患者的伤病或者缓和其痛苦,单纯的只是为了延长该患者的生存时间而采取的医疗上的措施。所谓"中止延命治疗"是指,中止晚期患者正在接受的相关延命措施,或者当晚期患者处于需要正在接受的延命措施以外的新的延命措施的状态时,担任该患者治疗的医生不采取所需的新的延命措施。

二、安乐死的刑法问题

(一)关于安乐死的案例与学说

我国目前并不存在允许或禁止安乐死的特别法律或法规。而且,刑法也没有专门规定参与自杀罪或嘱托杀人罪。在司法实践中,主要用"故意杀人罪"来处理"积极安乐死"事件。对于"消极安乐死"和"间接安乐死",并没有作为犯罪来处理。

1. 陕西省汉中市1991年判决③

1986年6月28日,陕西省的夏某因肝硬化腹水、肝肾综合征等病,陷入重度昏迷状态。送入医院后,夏某子女要求医生对夏某予以安乐死,遭到医院拒绝。后来经夏某子女再三要求,主治医师濮某在让其子女签下"后果自负"的字条后,开出100毫克的复方冬眠灵处方让护士给夏某注射。后来濮某下班,值班医生黎某根据濮某的委托,在夏某子女的强烈要求之下又开出100毫克的复方冬眠灵让护士注射。夏某于次日凌晨死亡。

经过审理,汉中市法院认为冬眠灵不是夏某的直接死亡原因,只是促进了死亡,被告人濮某和黎某的行为虽然属于故意剥夺他人生命的行为,由于情节轻微不构成犯罪,所以无罪释放。后来,虽然检察院抗诉,但最终汉中市中级人民法院维持原

---

① 参见[日]甲斐克则:《安楽死・尊厳死》,载西田典之、山口厚:《医事法判例百選》,有斐阁2000年,第40页。
② 参见[日]甲斐克则:《尊厳死と刑法》,成文堂2004年,第1页。
③ 参见宋蔚林:《"安乐死"与杀人罪》,载《民主与法制》1987年第8期,第37-38页。

判,于 1992 年 6 月 25 日宣布无罪。

2. 河南省宁陵县 1995 年判决①

1994 年 9 月 8 日,河南省宁陵县居民吴某因患晚期肝癌,夜里实在难以忍受剧痛,要求丈夫刘某助其安乐死。刘某不忍妻子痛苦,遂找来一瓶农药让妻子喝下去。吴某喝下农药之后随即死亡。宁陵县法院经过审理,认为刘某助妻自杀虽然是经被害者吴某诚恳要求,出于助其解除痛苦安乐而死的动机而为之,但仍然构成故意杀人罪,判处刘某故意杀人罪的最低法定刑有期徒刑 3 年。

3. 上海市闵行区 2001 年判决②

2001 年 4 月 8 日,上海市民梁某 92 岁的母亲突患脑出血不省人事,被送至医院,医院告知救治无望,只能用营养液维持生命。5 月 31 日,67 岁的梁某不忍让母亲受苦,经过激烈的思想斗争,用电击的方式为母亲实施了安乐死,当晚他向公安局自首。经上海市精神卫生中心鉴定,梁某无精神病,有完全刑事责任能力。2001 年 11 月初,上海市闵行区法院对该案进行了审理,认为梁某犯故意杀人罪,判处有期徒刑 5 年。

4. 江苏省阜宁县 2005 年判决③

2004 年 9 月,江苏省阜宁县农民张某因肺结核、胸膜炎、胸腔积水等病情恶化导致下半身瘫痪,被医生告知已无法救治,所剩时日不多,于是出院回家静养。因难以忍受疼痛,曾多次喝农药、吃大量安眠药自杀,均以失败告终。2005 年 5 月,张某因服用老鼠药自杀再次失败,就说服其妻子孟某和邻居于某助其自杀。孟某和于某为了帮助张某解脱痛苦,就准备好绳索并帮助张某套进脖子,最后张某用自身的体重实现了上吊自杀。2005 年 7 月 26 日,阜宁县法院经过审理,以故意杀人罪判处孟某有期徒刑 5 年,于某有期徒刑 3 年,缓刑 4 年。

上述都是子女杀害父母或者夫(妻)杀害配偶的案件。其中陕西省汉中市和上海市闵行区发生案件由于并不存在患者本人明确要求安乐死的意思表示,因此并不属于严格意义上的安乐死。汉中市发生的案件,死亡的直接死因并不是复方冬眠灵,但是针对行为人以安乐死为目的的故意剥夺他人生命的行为,法院最终宣布无罪释放。这让人觉得好像法院对安乐死持容忍态度。但是,在随后河南、上海、江苏的三起安乐死案件中,被告人最后都被判为有罪。因此,可以认为目前法院并没有承认安乐死行为的合法化。但是,在上述 4 个与安乐死相关的案件中,1 个被判无罪,3 个被判有罪但量刑却都很低。可见,虽然目前我国司法实务部门仍然认为安乐

---

① 参见周启华:《中国安乐死大事纪要》,载《中国医学伦理学》1999 年第 1 期,第 51 页。
② 参见沈英甲:《安乐死:理性和人道的思考》,载《科技日报》2001 年 12 月 12 日第 5 版。
③ 参见朱荣成、徐煜:《悲情的安乐死》,载《农民日报》2005 年 9 月 17 日第 4 版。

死行为是犯罪,但已经有意识地将其与一般故意杀人罪进行区别对待。

法学界关于安乐死的争议,主要集中在积极安乐死上。赞成安乐死的见解可分为形式合法说和实质合法说两类。形式合法说,是指以现行刑法规定为基础,通过刑法解释论来寻求合法化依据的学说。其代表性观点是以刑法第13条的但书为理由,认为安乐死行为情节轻微、危害不大,所以不是犯罪。① 实质合法说则认为虽然在现行实体刑法框架内,不得不说积极安乐死行为仍然属于犯罪行为。但因为积极安乐死不具有实质违法性,所以主张应当通过立法对其予以合法化。实质性合法说与积极安乐死反对说主要围绕人道主义精神、对医学发展的影响、生命的处分权、社会利益和滥用的危险等几个问题展开争论。② 在刑法学界,赞成安乐死合法说的仍然属于少数派。通说的观点是,当下没有任何规定允许医疗工作者可以对绝症患者实行安乐死,安乐死的违法性不容否定。③

目前,世界上以某种形式予以安乐死合法化的国家,都是经济文化高度发达,法律制度相对健全,国民的自由、权利意识比较强,医疗保健水平也较高的国家。相对而言,中国仍然属于发展中国家,法制的健全程度、医疗保健水准,以及民众的权利意识还都有待进一步提高。而赞成安乐死合法化的理由以"减轻患者家庭的经济、精神负担""合理分配社会医疗资源"等为主。④ 在这样的背景之下,不得不说我国不适合在短时期内通过立法来直接实现安乐死合法化,有必要花更多的时间来进行全民探讨。

(二) 关于安乐死问题的私见⑤

目前,世界上已有荷兰、比利时、卢森堡通过立法使由医生实行的安乐死行为得以合法化。在瑞士,用来代替安乐死行为的"有组织的自杀帮助"已成为重大问题。此外,在美国,俄勒冈州和华盛顿州分别通过立法对医生所实施的满足了一定条件下的自杀帮助行为予以了合法化。

当代疼痛医疗进步巨大,但仍然无法彻底解除晚期患者的疼痛。对这些患者而言,此时的"生"仅仅意味着疼痛的煎熬,已不再是生存的幸福。如果法律在这种情况之下,仍然强制要求个人履行遭受疼痛煎熬的"生"的义务,就会导致人的物化和工具化。所以,在当下仍然有必要继续探讨积极安乐死合法化问题。

积极安乐死合法说主要有"人道主义说""社会相当性说""紧急避难说"以及"自

---

① 参见莫妮:《安乐死合法化初探》,载《广西社会科学》2001年第4期,第76-79页。
② 参见刘建利:《死亡的自我决定权与社会决定权》,载《法律科学》2013年第5期,第66-67页。
③ 参见张明楷:《刑法学(下)》,法律出版社2016年,第848页。
④ 参见刘建利:《死亡的自我决定权与社会决定权》,载《法律科学》2013年第5期,第67页。
⑤ 本部分内容参见作者已发表论文:《死亡的自我决定权与社会决定权》,载《法律科学》2013年第5期,第68-70页。

我决定权说"等。其中以"自我决定权说"最有说服力。该学说认为,积极安乐死能够合法化的本质根据在于,在能够保证患者短时之内确实会失去"自律生存"以及患者选择死亡意思绝对真实的前提下,患者自己比较"伴随剧痛的短暂生命"和"从难以忍受的剧痛中获得解脱"这两种利益,最终通过行使"自我决定权"而选择了后者时,就应该排除"国家亲权"的"干涉"从而尊重该"终极选择"。① 但是,人既是个体的存在也是社会的存在,人的生命具有不可处分性。② 出于保护人类社会的全体利益,仅仅以自我决定权为依据来实现安乐死合法化确实存在困难。

只要不影响社会"共同生活",一般而言,作为社会共同价值取向的"社会决定"都应该尊重个体的"自我决定",但是,当个体的"自我决定"明显不合理时,则应该允许"社会决定"对其予以限制。针对"积极安乐死",仅仅以"个人主义"的"自我决定"为由而主张合法化显然不够充分,但是,如果此时作为社会共同体共识的"社会决定"也承认该患者的"自我决定",那么作为例外,应该允许针对该患者的"积极安乐死"。将这两个原理作为相互补充的统合原理,就能够用来解决积极安乐死的合法化问题。

要阻却安乐死行为的违法性,仅仅依靠"患者的自我决定"显然不够,必须增加一些"其他要件"。能够充当该"其他要件"的就是"社会决定"。"社会决定"的判断要素,主要由患者的余命、疼痛程度、家庭构成、社会整体的医疗资源等客观情况构成。当然"社会决定"的主要判断基准,具有一定的流动性,在不同国家、时代以及文化中会有所不同。

现代社会中,生命虽然属于个人,但同时也包含着他人的利益和社会责任。对于晚期患者而言,已经病入膏肓、痛不欲生,其已无力承担原有的社会责任。他们对他人和社会的义务,要么已经履行完毕,要么已经不可能再有能力履行这些义务。此时,当患者所在社会的大多数人也认为可以尊重该患者的"自我决定"时,安乐死作为一种特别的例外情况,不应再作为刑罚的处罚对象。"自我决定"与"社会决定"分别是允许积极安乐死的必要条件而不是充分条件。而且,"社会决定"只能限定为发挥"消极机能"。换言之,患者的"自我决定"是前提,当不存在"自我决定",即患者本人明确反对安乐死,或者其对于安乐死的态度并不明确之时(表4-2中的设例1到设例4),"社会决定"根本不会登场,此时绝对不允许实行安乐死。只有当患者本人有明确的要求时(表4-2中的设例5和设例6),"社会决定"才会登场。在考虑过各种因素之后,"社会决定"认为该患者并不适合实行安乐死时,"社会决定"就会朝保护生命方向修正该患者的"自我决定",不允许实行安乐死(表4-2中的设例5)。

---

① 参见[日]福田雅章:《日本の社会文化構造と人権》,明石书店2002年,第376页。
② 参见[日]甲斐克则:《安楽死と刑法》成文堂2003年,第38页以下。

只有在不仅存在"自我决定",而且也获得了"社会决定"承认的情况下,才能允许积极安乐死,只有此时积极安乐死行为才能阻却违法性(表4-2中的设例6)。

表4-2 积极安乐死的类型化法律评价

类型＼要素	自我决定	社会决定	积极安乐死的法律评价
设例1	×	×	违法
设例2	×	○	违法
设例3	■	×	违法
设例4	■	○	违法
设例5	○	×	违法
设例6	○	○	合法

×＝反对　○＝赞成　■＝不明

三、尊严死的刑法问题

按照相关医疗法规,医疗机构在采取一定的医疗措施时必须取得患者或其家属的同意。另外由于当下我国医疗保险制度仍然不够健全,在医疗现场,应患者家属的要求而中止医疗的现象十分普遍,该问题还未能引起社会的足够关注。近年,随着延命医疗的发展,尊严死的法律问题终于逐渐凸显,但还未能引发社会各界的广泛讨论。当下现状是对该问题予以探讨的以医学界人士为主,法学界(特别是刑法学界)对此问题的研究仍然十分不足。尊严死行为有几种不同的表现形态(比如,从治疗的开始阶段就节制使用延命治疗措施,或中止已经使用了的延命治疗措施等),以下主要以中止已经开始使用的延命治疗措施而引发患者缩短生命这种形态为探讨对象。①

(一) 关于尊严死的案例与学说

2009年2月9日,被告人文裕章的妻子胡菁在家中昏倒,在医院 ICU 病房医疗期间一直昏迷不醒,有心跳、血压,靠呼吸机维持呼吸。16日下午,被告到病房探望时将被害人身上的呼吸管等医疗设备拔掉,阻止救治并放弃医疗,随后被害人死亡。经法医检验鉴定,被害人检见脑血管畸形伴破裂出血;死者住院期间有自主心跳,而无自主呼吸,由呼吸机维持呼吸,死亡原因为被拔去气管插管后致呼吸停止死亡。

针对此案,深圳市中院以"故意杀人罪"判处被告人文裕章有期徒刑3年,缓刑3

---

① 关于维持生命治疗装置,有时也被称为人工呼吸机、人工心肺措施等。关于中止,也被称之为拔管、撤除或关掉开关,用语并不统一。虽然从严格意义上看相互之间可能会存在一些区别,但本书将其作同一行为处理。

年。一审宣判后,深圳市检察院提起抗诉。2012年9月14日,广东高院作出终审裁定,驳回检察机关抗诉,维持深圳中院的一审判决。① 当然,本案中的患者入院才一星期,是否完全不具有恢复可能性还难以断定,所接受的医疗还不能称之为延命治疗,因此,本案能否称之为严格意义上的尊严死可能存在一定争议。

与此相关联的还有一件民事案件。在武汉有一个婴儿因病陷入严重呼吸困难状态,经医院全力抢救,未见好转且病情恶化,最后只能通过人工呼吸机来维持呼吸。医院曾先后两次向患者父母说明病情并下达病危通知,但依照父母的意愿对患者继续采取延命措施。抢救了一段时间,医院第三次下达病危通知,告知其父母该患者的多个器官已经衰竭。于是,父母签字表示放弃治疗,患者在医院撤除了人工呼吸机后当即死亡。

之后,患者父母认为他们是受到医院方诱导才放弃治疗的,主张医院构成民事侵权并提起了诉讼。法院认为患者在入院时就已经处于重症状态。医院在患者病情进展的每一阶段,如实向其家属说明病情并无不妥。家属在听取说明之后仍然拥有选择继续治疗的权利。家属是自主选择的放弃治疗。因此,未采纳原告的主张②。

如上述,由于中国目前还没有专门针对尊严死的法律,判例并没有完全禁止尊严死,只要满足一定的条件,对尊严死是持允许态度的。具体而言,判例有比较重视患者晚期状态的程度、患者家属的意见等倾向,但其背后的理论根据却并不清晰。

当下,关于尊严死最为有力的学说,是以"患者的自我决定权"为根据的治疗中止合法说。其代表是重视"生前预嘱"(livling will)的见解③。另一个与此相近的见解是重视家属意见,其理由是家属的意见符合患者本人的推定意思,或者家属拥有患者默认的授权。④ 针对这两种观点,可能存在如下批判意见:即使是患者本人事前所表达的生前预嘱,到实行医疗中止行为时也存在变更的可能。就算家属的意见符合患者本人意思的可能性高,其毕竟不是患者自身的意思,而仅仅是"他人决定"。所以,将其作为医疗中止的合法化根据难以获得认同。

此外,也有学说认为治疗中止的合法化根据在于"治疗义务的界限"。当初,"治疗义务的界限"只是作为针对意识丧失的晚期患者的治疗中止的容许根据而被提出,主张只要医师是为了患者的最佳利益而作出的判断,就可以否定其治疗义务。

---

① 参见洪奕宜、范贞:《ICU病房拔管杀妻案终审》,载《南方日报》2012年9月15日007版。
② 河北省武汉市江岸区人民法院民事判决书(2006)岸民初字第313号。
③ 参见[日]甲斐克则:《终末期医疗における病者の自己决定の意义と法的限界》,载[日]饭田亘之、[日]甲斐克则:《终末期医疗と生命倫理》,太阳出版2008年,第39页以下。
④ 代表性的观点有:[日]佐伯仁志:《末期医疗と患者の意思・家族の意思》,载《ジュリスト》2003年1251号,第86页以下。

现今,其已发展为以下两种观点①:(1)患者的自我决定权与治疗义务的界限是用来判断患者最佳利益的两个要素②;(2)治疗义务的界限具有单独容许治疗中止的效果③。当然,不通过患者的自我决定权而对医疗中止起到正当化效果的"治疗义务的界限",只能限定于那些治疗本身已经是"有害"或"无意义"的情形。而且,能够适用的只能是那些非常晚期阶段的状况,不能广泛适用,否则在解释论上说不通。另外,究竟到何种程度就能看作是无意义的治疗也是一个问题,只要还存在一点点的可能性,难道就没有继续治疗的义务④?

(二)关于尊严死的私见

本文认为尊严死的合法化理由不是患者的"自我决定"与"治疗义务的界限",而应该是患者的"自我决定"与"社会决定"。"治疗义务的界限"仅仅是"社会决定"的一个重要判断要素。"治疗义务的界限"能够适用的场合非常有限,而"社会决定"则可能在相对较大的范围内适用(比如,重度拖延性植物人状态患者)。与安乐死的情形不同,只要满足这两个其中之一的理由,尊严死就应该获得容许,如表4-3所示。

表4-3 尊严死的类型化法律评价

要素 类型	自我决定	社会决定	尊严死的法律评价
设例1	×	×	违法
设例2	×	○	违法
设例3	■	×	违法
设例4	■	○	合法
设例5	○	×	合法
设例6	○	○	合法

×=反对　○=赞成　■=不明

尊严死与安乐死相同,必须符合患者本人的意思,必须尊重患者的自我决定权。这是因为,不管是违反了人的尊严的被延长的生命,还是为了尊严而被缩短的生命,都是患者自己的。患者的自我决定是尊严死问题的基础。只要患者是真心拒绝治

---

① 参见[日]川崎友巳:《刑法上における治療中止の許容範囲——治療中止の許容根拠と要件の考察》,载《研修》2010年第744号,第6页。
② 参见[日]町野朔:《患者の自己決定権と医者の治療義務》,载《刑事法ジャーナル》2007年第8号,第53页。
③ 参见[日]佐伯仁志:《末期医療と患者の意思・家族の意思》,载《ジュリスト》2003年第1251号,第88页。
④ 参见[日]川崎协同病院事件判决,东京高判平成十九年二月二十八日(高刑集第60卷第1号第3页)。

疗,那么正在进行的治疗就得必须中止。即"人拥有拒绝他人干涉自己身体的绝对权利。因此,直接干涉他人身体而导致他人死亡,即使存在被害人同意,也成立同意杀人罪;而拒绝治疗这种拒绝干涉,即使导致患者死亡,也不成立同意杀人罪"①。但是,在现实中,处于疾病晚期的患者,绝大多数已经没有意识,无法行使自我决定权。在这种情形之下,该如何判断?以下将分患者意思明确和意思不明确两种情形予以探讨。

1. 患者意思明确的场合

疾病晚期的患者,关于尊严死,如果是自己实际表明同意,那么医师按照患者的愿望不采取或中断延命医疗措施的行为就是合法的。之所以这样,是因为原本治疗行为要成为正当化行为,必须要具备患者的同意。换言之,违反患者意思的治疗行为属于"专断医疗行为",根据情节,可能成立伤害罪。而且,与安乐死不同,尊严死并没有缩短患者的生命,仅仅是中止过剩的医疗措施,所以,与安乐死相比应该更为容易获得容许。

具有意思决定能力的患者,在治疗开始之时就拒绝人工呼吸机等医疗措施时,医师遵循患者的意思节制使用相关延命治疗,即使患者死亡,医师的行为(不作为)也是合法的。遵从患者意思任其自然死亡,与消极安乐死同样,可以说是治疗拒绝权(自我决定权)的正当行使。同样,遵从患者本人意愿中止已经开始的人工延命治疗的情形也是如此。之所以这样,是因为相同的治疗内容,只承认刚开始时的拒绝治疗而不承认拒绝已经开始的人工延命治疗,与尊重自我决定权的思想在逻辑上缺乏一致性。②当然,在遵从患者意思之际,必须保证患者的意思表示是在知情同意基础之上的自由且真挚的表达。

在晚期医疗中,到需要患者作出最终决定的时候,几乎所有的患者都已无法表达当时的想法。为了解决该问题,可以考虑使用"生前预嘱"。这是指患者事先就表明到疾病晚期时拒绝延命治疗,即事前意思表明。关于生前预嘱,也被批评存在如下问题:(1)晚期患者的病状及其治疗方法比较多样,如果规定像美国加利福尼亚州法那样的严格要件,那么事实上会有很大一部分患者不能成为适用对象,医师的裁量权十分有限,而且,如果法律程序过于繁杂,自我决定权的实效性也会受到影响;(2)如果允许医师拥有过大的裁量权,可能出现医师"滥用的危险"或"滑坡现象";(3)其最根本的问题在于,生前预嘱所体现的是患者在制作该文书时的想法,到实际临床使用时其还能否保持与患者当前想法一致。③ 由此可见,轻率地通过立法

---

① 参见[日]山口厚:《刑法における生と死》,东京大学出版社1992年,第232页。
② 参见[日]甲斐克则:《尊厳死と刑法》,成文堂2004年,第2页。
③ 参见[日]甲斐克则:《尊厳死と刑法》,成文堂2004年,第4页以下。

承认生前预嘱的效力未必一定适合解决问题。但是,(1) 对于即将要陷入无法表达现实意思的个人而言,生前预嘱是确保其行使自我决定权可能性的唯一手段。①(2) 生前预嘱对于轻易承认"代行判断"的趋势可以起到一定的牵制作用。② (3) 如果否定生前预嘱的效力,那么结果就是要么让患者维持现状继续放置下去,要么是将决定权交由患者之外的其他人。③ 出于以上理由,如果存在生前预嘱,那么就应该将其视为患者的自我决定并予以尊重。

总而言之,处于疾病晚期状态的患者,关于尊严死,自己明确表明同意的场合,以及存在生前预嘱的场合(即表 4-3 中设例 5 和设例 6),乃是患者正当行使拒绝治疗权(自我决定权),医师遵从患者的希望节制或中止延命治疗的结果,即使导致患者死亡,该行为也应当被法律所容许。

2. 患者意思不明确的场合

在晚期医疗最终要下决定的时候,大多数情形是患者不仅无法表达现实意思,而且也不存在"生前预嘱"。此时可以考虑的对策是"治疗义务的界限""自我决定的代行"以及"自我决定的代诺"。"治疗义务的界限"如前述,只能适用于那些患者已处于脑死状态等极端事例,因此,以下主要探讨"自我决定的代行"和"自我决定的代诺"。

美国的 Quinlan 事件判决认可患者家属或监护人可以帮助患者代行自我决定权,其背景是当时在美国留有生前预嘱的人占总人口的比例只有 10% 至 25%。④ 日本的东海大学医院事件判决以下述理由认定可以容许"代行判断":(1) 拥有事前意思表示的情形在现实中非常少见;(2) 医师会作出正确的判断,并不会仅仅因为家属的意见而中止全部医疗措施;(3) 与患者过去的在日常生活中的只言片语相比,家属的意见更适合用于推断患者在中止阶段时的想法。⑤ 关于这一点,其实中国患者家属的意思在医疗中发挥着更为重要的作用。

但是,家属真的能够代替患者本人作最终判断?而且判断的合法性根据又是什么?这些都需要做进一步的探讨。关于"代行"的构成,内藤教授提出如下批判,"即使用家属的同意来构成'代行',其也并不是患者本人的意思,难以否认其拟制的特性"⑥。此外,甲斐教授指出:"如果轻易允许代行判断,很有可能导致那些对于家属

---

① 参见[日]井田良:《講義刑法学・総論》,有斐閣 2009 年,第 89 页。
② 参见[日]甲斐克则:《尊厳死と刑法》,成文堂 2004 年,第 5 页。
③ 参见[日]佐伯仁志:《末期医療と患者の意思・家族の意思》,载《ジュリスト》2003 年第 1251 号,第 106 页。
④ 参见《日本尊厳死協会のホームページ》,http://www.songennshi-kyokai.com,最后访问日期 2018 年 3 月 20 日。
⑤ 参见《座談会"死の権利"を論ずる前に》,载《ジュリスト》1977 年第 630 号,第 7 页。
⑥ 参见[日]内藤謙:《刑法講義総論(中)》,有斐閣 1986 年,第 547 页。

或利益相关者而言不被需要的人得不到任何治疗救治,遭受任其自然而灭的他人处分。"① 与此相对,近年,佐伯教授主张当不存在患者的现实意思表示时,应广泛允许通过家属的意思来推断患者的意思。即"问题的关键并不是广泛认可通过家属的意思去推断患者的意思是否理想,而是将其与不予认可的情形相比较,哪种情形相对而言更为可取"②。该主张符合医疗现状,值得倾听。

此外,在晚期医疗中,患者意思完全不清楚的情形也经常出现。对此,川崎协同医院事件的判决认定"如果经过查找,患者的意思仍然不明,'存疑优先生命利益',医师应该优先保护患者的生命,继续采取医学上最为合适的各种措施"。因此,在这种场合,一直到患者死亡的时点(在使用人工呼吸机的场合中就是脑死亡之时),都不应该停止治疗。③

对此,有学者认为,在生存阶段的任何时点均不能仅仅以患者的客观病状为由而解除治疗义务的根据在于对人身体的尊重。"但是,身体的尊重并不是指尽可能地延长身体的生命,哪怕是'一分一秒',并不应该导致'身体绝对化'。……在死的过程中,无条件地尊重'作为肉体的生命',并不代表尊重'作为人的生命',反而有可能违反尊重人的尊严。"将该观点一般化,当身体已经不再存活,进入了人类的死的过程时,可能反倒是原则上不应该进行延命治疗。④ 这种观点基本上是妥当的。即使患者的意思完全不明确,只要进入了'死的过程'这一时点,延命治疗是否'适合该患者',其判断基准留有供他者判断的余地。所以,作为判断的手段,可以考虑"自我决定权的代诺"。

直面自己即将死亡的现实,因心理负担,当然会有患者有意或无意识地回避自己关于生死的决定。自己不决定其实也是一种自我决定权的行使方法。因此,"强迫那些不希望由自己来作决定的患者来作决定并不合适。在这种场合有必要让谁来代替其作决定,如果患者已经表明将此事委托(即使是默认)给某人,那么就应该允许按照被委托之人的意思去作决定"⑤。这就是"自我决定权的代诺"。"代行"的本质是揣测本人的意思去进行,需要尽可能地去探求本人的真实想法。而"代诺"则是以"适合患者本人"的方式去处理作为目标,是代诺者自己的判断。代诺者的典型代表,主要为患者家属或友人等。

---

① 参见[日]甲斐克则:《尊厳死と刑法》,成文堂2004年,第104页。
② 参见[日]佐伯仁志:《末期医療と患者の意思・家族の意思》,载《ジュリスト》2003年第1251号,第107页。
③ 参见[日]甲斐克则:《尊厳死と刑法》,成文堂2004年,第289页。
④ 参见[日]河见诚:《人間の尊厳と死の管理化——甲斐克则"尊厳死と刑法"を読んで》,载《法の理論》2005年第24号,第165页。
⑤ 参见[日]佐伯仁志:《末期医療と患者の意思・家族の意思》,载《ジュリスト》2003年第1251号,第107页。

"自我决定的代行"和"自我决定的代诺"的共通点是都重视家属的意思。关于这一点可能会出现如下批判,即这其中难以避免会存在家属出于回避晚期医疗所伴随的经济、精神负担而偏离患者本人真实想法的危险。但是,正如前述,问题的关键不是广泛认可通过家属的意思去推断患者的意思是否理想,而是将其与不予认可的情形相比较,哪种情形相对而言更为可取。除非少数例外情形予以排除,原则上应容许由家属的意思来推定患者的意思。①

"应当尊重家属的意思"这一结论本身值得赞成,但其理论根据不应该是源自"患者的自我决定",而应该是来自"社会决定"这一客观判断基准。当患者的意思不明确时,即不存在"患者的自我决定"时(表4-3中的设例3和设例4的情形),应交由"社会决定"来处理。换言之,当存在患者的"自我决定"时,应该尽最大可能予以尊重,当患者的意思不明确时,如何做才对患者而言有尊严,应该交由家属、医务人员、友人以及社会全体等其他成员去判断。到底"怎样才是对患者而言有尊严",不应该是家属的独自判断,也不应该是医务人员的独自判断,而应当是交由作为社会全体成员意思综合体的"社会决定"去判断。

当"社会决定"的结论是"到这种状态,应该可以中止",那么就应当容许该尊严死行为。与此相对,当"社会决定"认为"现在放弃,为时尚早",那么则不应容许该尊严死行为。当然,在形成"社会决定"时,患者的客观病状、家属的意思、社会伦理等都是主要构成要素。从这个角度而言,"治疗义务的界限""自我决定的代行"以及"自我决定的代诺"都仅仅是"社会决定"的一个要素而已。其具体的判断基准,可以参考的有英国的"患者最佳利益标准"以及美国Conroy事件判决所提出的3个标准(主观标准、限制性主观标准、纯客观标准)。总之,尊严死并不是适合用哪种解决方式符合真理(或最接近真理)的方式来探讨的问题,而应该是究竟"选择何种方式去解决"的问题。②

因国家或文化的不同,社会决定的结论可能也不尽相同。虽然结论不同并不意味着一定有问题,但为了公平起见,选择了不允许尊严死结论的社会,应当承担相应的责任。换言之,如果国家或社会坚决不允许在晚期医疗中的任何尊严死,那么国家就应该支援患者的家属,至少应当帮助患者及其家属解决经济层面的问题。

这是因为,在这种场合,作为社会成员的众多第三者,仅仅是根据自己的价值观选择"是"或"否",而患者的家属为了帮助患者延命,需要在身体、精神、时间以及经济上付出众多代价。所以,作为众多普通第三者意思集合的"社会决定",会加大与

---

① 参见[日]佐伯仁志:《末期医療と患者の意思・家族の意思》,载《ジュリスト》2003年第1251号,第107页。

② 参见[日]井田良:《終末期医療における刑法の役割》,载《ジュリスト》2009年第1377号,第85页。

患者具有亲密关系的特定人员负担的情形还是比较多。不考虑少数特定人群的负担,而遵从多数第三者的"社会决定"去强行增加患者家属的负担,是有违公平的。因此,如果完全禁止患者意思不明时的尊严死,国家应该全面照料这些患者。换言之,应该由国家的税收去承担。即,享有权利的人需要承担相应的义务。如果多数国民不愿意承担照料这些患者的负担,那么,国家就应当通过一定的法定程序,将其代行权授予特定的人。

四、结语

法律(特别是刑法)的意义仅仅在于画出一条不可逾越的红线。对于临床医疗来说,医务人员符合生命伦理或医疗伦理的应对方法可能才是患者或患者家属的真正依靠。因此,安乐死和尊严死的刑法边界问题的解决,离不开法律与生命伦理、医疗伦理的相互连携与补充。此外,为了解决安乐死、尊严死的法律问题,各国学者相互交换思路、进行比较研究极为重要。但是,他国的制度即使再好,也没有必要全面照搬。因为国民性、社会实际、法律制度以及医疗保障制度不同,各国只能是结合各自的国情去寻找解决之道。

第四节 尊严死行为的刑法边界[*]

一、问题的提出

2015年10月31日,被害人朱某因交通事故受伤,被送至医院抢救,因伤情严重,无法自主呼吸,只能用呼吸机维持生命,且不具备转院治疗和进行手术的条件。肇事方家庭困难,被害方家属自感无力承担医疗费用,经商量后决定自行拔管,停止治疗。2015年11月2日,被告人郑红霞(被害人之女)、郑霞林(被害人之子)、朱学彬(被害人之五妹)借探视之机进入重症监护室,趁医护人员不备,由郑红霞拔除被害人的呼吸管,郑霞林拔除被害人的胃管,医护人员发现后欲进行抢救,郑红霞、郑霞林、朱学彬对医护人员进行阻止。后被害人经抢救无效死亡。

经审理,法院认为,被告人郑红霞、郑霞林、朱学彬故意非法剥夺他人生命,构成故意杀人罪。本案中,被害人遭遇交通事故住院治疗,只能靠呼吸机维持心跳,同时不具备转院治疗和进行手术的条件,已难以救活,肇事方及被害人近亲属均经济困

---

[*] 本节主要内容最初发表于《法学》2019年第9期。

难,无力负担治疗费用,三被告人经与其他近亲属商量后实施了本案的犯罪行为。并且交通事故对被害人的死亡参与度为90%～100%,在被告人实施拔管行为后被害人虽经抢救但在短时间内死亡,三被告人的犯罪行为对被害人死亡的作用力较小,故本案三被告人犯罪行为的犯罪情节较之于其他故意杀人犯罪的情节轻、社会危害性小,且三被告人被动到案后如实供述自己的罪行。因此,判处郑红霞、郑霞林、朱学彬各有期徒刑3年(缓刑分别为5年、4年、3年)。①

本案是继"深圳拔管杀妻案"②之后,又一起被媒体曝光的"拔管"刑事案件。"拔管"等中止延命医疗的行为在国外也被称为尊严死问题。尊严死行为是否一定有罪,其刑法边界在哪里?据统计,2016年我国60周岁及以上人口23 000万人,占总人口的比例升至16.7%,比上年增加了0.6个百分点,老龄化程度持续加深。据有关部门预测,到2035年,中国老年人口将达到4亿人。③ 在这样的社会背景下,如何评价和应对尊严死行为,这不仅是重要的刑法理论问题,在医疗实践上也具有重大意义。

二、尊严死不同于安乐死

按照我国的相关医疗法规,医疗机构在采取一定的医疗措施时必须取得患者或其家属的同意。一直以来,由于医疗保险制度的不健全,应患者家属的要求而中止医疗的现象在医疗临床上十分普遍,也未能引起社会的足够关注。但近年来随着医疗水准的进步以及保险制度的逐渐完善,延命治疗呈逐渐扩大之势,在此背景下,尊严死的法律问题也逐渐凸显。2012年,来自医学界的人大代表向全国人大提交了用来认可生前预嘱法律效力的立法案④,虽然未能获得通过,但经媒体报道后,引起了社会的重大关注。2013年6月,中国第一家尊严死协会于北京成立。该协会的宗旨是普及推广尊严死的概念和生前预嘱,还开设网站接受用户的生前预嘱。

尊严死的定义比较多样,目前在我国尚未形成共识。参照国外的研究成果,所谓尊严死是指为了抵抗死亡的被管理化,拒绝过剩的人工延命治疗,停止针对已经

---

① 参见四川省眉山市东坡区人民法院(2016)川1402刑初316号刑事判决书。
② 2009年2月9日,被告人文某的妻子在家中昏倒,送到医院ICU病房靠呼吸机维持呼吸。16日下午,被告到病房探望时将被害人身上的呼吸管等医疗设备拔掉,阻止救治并放弃医疗,随后被害人死亡。经法医检验鉴定,被害人住院期间由呼吸机维持呼吸,死亡原因为被拔去气管插管后致呼吸停止死亡。针对此案,深圳市中院以"故意杀人罪"判处被告人文某有期徒刑3年,缓刑3年。
③ 参见中华人民共和国国家统计局相关人口数据,http://data.stats.gov.cn/easyquery.htm?cn=C01,最后访问日期2019年7月18日。
④ 参见佚名:《顾晋代表建言:推广"尊严死"很有必要》,http://www.npc.gov.cn/npc/dbdhhy/12_1/2013-03/09/content_1773463.htm,最后访问日期2019年7月18日。

没有康复希望且临近死期的患者所进行的延命治疗,容许患者自然地迎接死亡的行为。① 其适用对象主要有三种类型:其一,由于癌症晚期等原因,失去意识且没有恢复可能性的患者;其二,处于深度植物人状态的患者;其三,处于脑死亡状态的患者。与之相关联,"安乐死"则是指,应患者诚挚的要求,帮助临近死亡的患者缓和或除去剧烈的肉体疼痛,让患者安详地迎接死亡的行为。② 其中有三种类型与刑法联系紧密:尊重患者本人的意见为了不延长痛苦而不采取积极治疗而导致患者死亡时间提前的"消极安乐死";连续使用镇痛药或麻醉药来去除或缓和患者疼痛,其副作用引起患者死亡时间提前的"间接安乐死";应患者诚挚的要求,通过终结其生命的方式助其解除疼痛的"积极安乐死"。③ 尊严死与安乐死的主要区别有:其一,目的不同。安乐死以去除或缓和疼痛为目的,而尊严死主要追求让患者死得有尊严,不以缓和患者疼痛为主要目的。其二,患者主观意思不同。安乐死要求必须是由患者本人在当时主动提出明确的要求,而尊严死的绝大多数情况是患者已经无法表达其当时的想法。

尊严死问题主要发生在晚期患者身上。尊严死在有些国家也被称为"中止延命治疗",即中止晚期患者正在接受的相关延命措施,或者当晚期患者处于需要正在接受的延命措施以外的新的延命措施的状态下时,担任该患者治疗的医生不开始所需的新的延命措施。延命措施是指,并不能治愈晚期患者的伤病或者缓和其痛苦,单纯的只是为了延长该患者的生存时间而采取的医疗上的措施。例如,"使用人工呼吸机""经中心静脉管、胃管等而实施的人工营养补给及水分补充""肾脏的透析""化学疗法""抗生物质投放"以及"输血"等等。④

三、尊严死行为是作为还是不作为

"拔管"(拔掉插在患者身上的人工呼吸机或营养供给管子)或关掉呼吸机等延命医疗设备的电源等是尊严死的典型行为,究竟是"作为",还是"不作为",在刑法理论上存在较大争议。作为说认为,"拔管"等中止人工延命医疗措施的行为,是一种"撤除",都是对既存现状的物理干涉或改变,制造了新的因果流向,断绝了被医疗器械所维持的生命,因此,该行为的主体不论是医生还是第三者都是一种"作为"。⑤⑥ 只

---

① 参见[日]甲斐克则:《尊厳死と刑法》,成文堂2004年,第1页。
② 参见[日]甲斐克则:《安楽死と刑法》,成文堂2003年,第2页。
③ 参见刘建利:《死亡的自我决定权与社会决定权》,载《法律科学》2013年第5期,第63页。
④ 参见刘建利:《晚期患者自我决定权的刑法边界》,载《中国社会科学院研究生院学报》2018年第3期,第136页。
⑤ 参见[日]神山敏雄:《作为と不作为の限界に関する一考察·现代の刑事法学》,有斐阁1977年,第124页。
⑥ 参见[日]町野朔:《違法論としての安楽死·尊厳死》,载《现代刑事法》2000年第14期,第38页。

要该行为侵害到患者的生命法益,行为和结果之间存在因果关系,就符合杀人罪的构成要件,是否能够实现正当化,只能放到违法性阶段来处理。与此相对,不作为说认为,医生启用人工呼吸机等延命医疗设备,是为了抢救患者生命而履行的治疗义务,而中止使用人工延命医疗设备,是指不再继续抢救,其实是与面向未来不采取抢救措施的行为相等价,可看作是医生在医疗行为上不再继续倾注自身的能量,并未制造出新的因果流向,只是一种不再继续救助濒死患者的消极行为,即"不作为"。[①][②]将其定性为"不作为",那么中止延命医疗措施的行为是否符合杀人罪的构成要件,关键在于行为人是否存在作为义务或是否处于保障人地位。

其实,尊严死行为到底是"作为"还是"不作为",主要取决于是将整个延命医疗看成一个连续的整体过程,还是将延命医疗分解成多个片段。"作为"强调"中止"这一身体动作改变了正在进行的因果流向;"不作为"则强调"不再继续"。前者看重具体事实判断,认为中止延命治疗的行为改变了事态发展趋势,把原本已经朝获救方向发展的事态推至相反方向,理应评价为"作为"。后者侧重抽象价值判断,关于延命医疗,不论是刚开始时的不使用,还是在医疗一段时间后的中止使用,都是"不再继续"医疗,两者价值相同,都应评价为"不作为"。依据不作为说,尊严死行为应作为"不作为犯"的问题,放在构成要件的阶段考虑正当性;而作为说则认为尊严死符合杀人罪的构成要件该当性,需要放到违法性阶段判断,应当通过阻却违法性原理来探索其正当性。[③]

在临床医疗中,医生根据患者的病状以及前期治疗效果,将治疗方法由保守变为积极或由积极改为消极等及时调整医疗方案的现象十分普遍。只要符合医疗常规,就是正当医疗行为,不能断章取义,将整体行为中的某个片段取出,将变更医疗方案的行为定性为积极的加害行为。[④] 将其定性为"作为",意味着即使存在患者本人的明确要求,也会成立同意杀人罪,要出罪比较困难。容易导致面对已经使用上人工呼吸机等延命医疗设备的患者,医生不能轻易改变现状,否则会被追究杀人罪的刑事责任。出于自保,在面对可用可不用延命医疗设备的时候,很多医生出于自保,可能会犹豫不决或直接不采取延命医疗措施。因此,笔者曾经主张由医生实行的医疗中止是"不作为",而由第三者实行的则属于"妨碍医疗"的"作为"。只要中止行为和患者的伤亡结果之间存在因果关系,那么该第三者的"作为"就会构成"杀人罪"。而由医生实施的"不作为"是否构成杀人罪,主要取决于该医生是否具有为患

---

① 参见[日]甲斐克则:《尊厳死と刑法》,成文堂2004年,第106页。
② 参见[日]井田良:《生命維持治療の限界と刑法》,载《法曹時報》1999年第2期,第372-374页。
③ 参见[日]武藤真朗:《生命維持措置の取り外し——わが国の学説の分析》,载《西原春夫先生古稀祝賀文集(第一卷)》,成文堂1998年,第374页。
④ 参见[日]井田良:《終末期医療と刑法》,载《ジュリスト》2007年第1339期,第42页。

者继续实施延命医疗的作为义务。①

上述"不作为"说的见解能够自圆其说,有其一定的合理性。但是,也确实存在如下不足:其一,医生撤除延命装置的行为并不是都能当作不作为来看待。因为,非患者主治医生的医生擅自中止人工延命措施的,应当与第三者同样以作为来处理。其二,即使是患者的主治医生,如果实行的是不被允许的医疗中止行为,也应该以作为来处理。其三,基于不作为说,将中止行为当作不作为来处理,仅限于原本就属于能够被允许的中止治疗的情形,有预设结论之嫌。② 确实,"不作为"说只适用于评价晚期医疗中的部分尊严死行为。鉴于此,为了能够更为全面地评价尊严死法律问题,有必要以"作为说"为基础,对尊严死行为的违法性予以探讨。

四、尊严死行为的容许根据及范围

关于尊严死的刑法评价问题,目前世界上主要存在四种解决模式。第一种是以美国、日本判例所采用的"自己决定模式"。第二种是英国所侧重的"最佳利益判断模式"。第三种则是法国所采取的"治疗义务的界限模式"。第四种是日本行政部门所实际运用的"程序保障模式"。

(一)自己决定模式

医疗自我决定权的理论主要形成和发展于美国,主要是由保护身体完全性的权利发展而来。以 Quinlan 案判决为契机,尊严死的概念在美国得以普及,并在世界范围内产生影响。1976 年,年仅 21 岁的 Quinlan 因服用毒品后参加朋友聚会大量饮酒,导致晕倒并停止了呼吸,后来经抢救成功恢复呼吸功能,但大脑受到不可逆的伤害完全丧失机能,陷入拖延性植物人状态,医生诊断她离开人工呼吸机将难以生存。后来,Quinlan 的家人把医院告上法院要求停止使用人工呼吸机。一审法院否定了自我决定权以及自我决定权的代行原理,未允许撤除人工呼吸机。对此,二审法院认为,患者的自我决定权属于隐私权,值得尊重,当本人没有行使能力时,可由监护人代行。这种权利依据病情可以优越于州的利益。州的利益包括维持生命的利益、保护无辜第三人的利益、防止自杀、维护医师群体的伦理统一性等。根据具体情形,依据患者的自我决定权而实施的医疗中止措施即使导致死亡结果发生也不成立杀人罪,最终允许撤除 Quinlan 的人工呼吸机。③

Quinlan 案之后,针对尊严死问题,美国的判例更是以表现为延命拒绝权的自己决定权为核心而展开。各个州的立法也几乎都以"生前预嘱"为中心。在判例当中,

---

① 参见刘建利:《刑法视野下医疗中止行为的容许范围》,载《法学评论》2013 年第 6 期,第 129 页。
② 参见[日]佐伯仁志:《日本临终医疗的相关刑事法问题》,载《法学》2018 年第 5 期,第 151 页。
③ 参见[美] In re Quinlan,70 N.J. 10,355 A. 2d 647(1976)。

关于拒绝延命医疗存在以下四种类型：(1) 有患者本人的现实的意思表示；(2) 虽然有患者本人事前的意思表示，但是患者在案件当下已陷入丧失意识或者没有意思决定能力的状态；(3) 本人在事前没有任何意思表示，其家人、近亲属从患者过去的言行中推定患者有拒绝延命的意思；(4) 从患者的言行中没有得到任何线索，由家人直接拒绝延命医疗。① 其中第四种类型的案件完全脱离患者的主观意思表示，其实已不属于"自己决定模式"的范围。而第一类案件是典型的"自己决定模式"。第二类案件，如果患者本人的事前意思表示没有出现变更，仍然可归为"自己决定模式"。至于第三类案件，只要家人的判断确实是尽最大努力而推测患者本人意思的结果，应该也可归纳为"自我决定模式"。

一般认为，不管哪种类型案件都能够对应得上的是新泽西州的 Conroy 案上诉审判决中的三种验证方法。1979 年，时年 84 岁的 Conroy 因脑组织症候群疾病陷入持续昏迷，且定期发生神经错乱症状。入院后，通过鼻管供给食物和药物。后来，病情加重，丧失语言能力，全身除头部、手指等局部外均已不能动弹。见此情形，她的外甥（监护人）认为她平时反感延命医疗，肯定不希望被插鼻管，于是向法院提起诉讼，要求撤除鼻管。经过一审和二审的审理后，新泽西州最高法院认为，成年人即使面对死亡风险仍然享有治疗决绝权，而且，该权利不随本人决定能力的消失而丧失。② 关于"代行判断"，本案判决阐述了三种判断方式：(1) 主观验证方法，即如果患者还有部分意思决定能力，代行判断者是在充分了解患者本人愿望的基础上，基于明确的证据而进行代行决定，这显然值得尊重。(2) 限制性客观验证方法，即存在一些证据，且该证据值得信赖，可以推定患者会拒绝治疗时，以及代行判断者认为患者生命维持的负担明显重于生存利益时，要求中止延命医疗的代行判断值得认可。(3) 纯客观验证方法，即患者维持生命的负担明显重于生存利益，治疗的措施显然已经变得不人道，即使不存在主观证据，也应当允许要求中止延命医疗的代行判断。针对本案，由于不存在患者一定会拒绝治疗的值得信赖的证据，关于患者生存利益和生存负担的信息也不充分，本案的代行判断未能符合上述任一情形，法院否定了患者的治疗拒绝权。③

该判决所提出的主观验证方法可等同于患者本人的意思，限制性客观验证方法是在探求患者意思线索的同时，加入客观状态进行判断，如果对于客观面的把握具有详细标准，一般认为也值得考虑。但是纯客观的验证方法其实已经完全超越了"自我决定权"的框架。虽然将植物人状态的患者作为人体实验的客体来进行延命

---

① 参见[日]甲斐克则：《尊厳死と刑法》，成文堂 2004 年，第 7 页。
② 参见[美] In re Conroy, 98 N.J. 321, 486 A.2d 1209(1985).
③ 参见[日]甲斐克则：《尊厳死と刑法》，成文堂 2004 年，第 207 页。

治疗,或只是为了保存器官而实施延命措施等情形应该停止延命措施。但此时应该以违反人的尊严的理论来处理,而不是借助"自我决定权"的"代行判断"。

除美国外,日本的判例也采用了自我决定权模式。东海大学附属医院案判决认为治疗中止在符合以下三个要件的情况下应当被容许:其一,患者患有不可能治愈的疾病,已经处于没有康复希望,死亡不可避免的晚期状态;其二,患者请求中止治疗的意思表示在医疗中止时存在,在讨论中止治疗时,如不存在患者明确的意思表示,可以通过患者的推定意思来认可;其三,视为中止对象的措施,包括药物疗法、人工透析、人工呼吸器、输血、营养、水分的补给等。①

之后的重要判例有川崎协同医院案件判决。1998年,被告人作为川崎协同医院的医生,面对因喘息型支气管炎的重度发作造成缺氧性脑损伤进而陷入昏迷状态的患者,拔除了为了确保患者呼吸而插入其气管内的软管,并静脉注射了肌肉弛缓剂从而导致患者窒息死亡,后来被以杀人罪起诉。横滨地方法院指出,治疗中止是在以尊重患者自我决定权和基于医学判断达到治疗义务的界限为根据的情况下实施的,可认定具有正当性。对晚期患者自我决定权的尊重,并不是承认自杀或者死亡的权利,归根到底是尊重人类尊严以及幸福追求权的体现。作为人类,每个人都应当有权决定自己的活法。贯彻此原则,患者最后的生活方式,即迎接死亡的方式也应当由自己来决定。这种自我决定应当以无康复希望,死亡已迫近,患者对此具有正确的理解和判断能力为不可或缺的前提。患者行使自我决定权,需要已被提供充分的信息(包括病情、一般的治疗、应对方法、预计的死亡时间等),而且,必须是患者在真实、自愿的情况下所作出意思表示。无法直接确认患者本人的自我决定是否为自愿,或意思表明是否真实的情况下,在尽可能尊重自我决定的基础上,去探寻患者的真实意思。在探寻真实意思时,记录其本人生前意思的媒介(生前预嘱、录音、录像等),同住的家人以及熟知患者生活、思考方式的人对于患者意思的推测,都是确认的重要线索。如果经过这些方式的探寻仍然无法得知患者的本意,则应该坚守存疑时优先生命利益原则,医生应该优先保护患者的生命,应继续进行合适的各种治疗措施。如果医生已尽最大可能实施了适当的治疗,但仍然超出医学上有效治疗的界限,此时即便患者仍然希望继续接受治疗,由于该治疗从医学角度来看为有害或无意义,则医生不再具有继续进行治疗的法律义务。将以上理论适用到本案,法院认为,在本案中,并不能认为患者已处在"没有康复希望且临近死亡的状况",也不存在能够推测出患者本人有中止治疗意愿的事实,且该行为是在尚未达到治疗义务的界限时所采取的违法的中止治疗行为,该行为与违法注射肌肉弛缓剂的积极安乐死

---

① 参见[日]横滨地方裁判所平成七年三月二十八日判决,《判例时报》1995年第1530期,第28页。

一并构成杀人罪,判处有期徒刑3年,缓刑5年。①

二审法院认可了在一审判决中被否定存在的家属委托,改判被告医生有期徒刑1年6个月,缓刑3年。虽然减轻了刑罚,但批判了一审的判决理由。认为一旦患者作出了中止治疗的决定,医生就应立即受到该决定的约束,此处尚存疑问。在认可中止治疗的合法性时,需要作出与日本刑法第202条参与自杀以及同意杀人无矛盾的解释。由家属代替实行自我决定或者根据家属的意见来推测患者的意愿,存在虚拟成分,存在与患者意愿相背道而驰的风险。因此,仅靠自我决定权来解释中止治疗的合法性尚存局限。另一方面,从治疗义务的界限来解释时也不能使问题得实质性解决。两者都存在解释论上的局限性,为了从根本上解决尊严死的问题,只能依靠制定尊严死法或者与之替代的行业准则。②

后来被告上诉,主张是根据足以推定被害者本人意思的家人的强烈请求才拔管的,本案中的拔管行为是受法律容许的中止治疗行为。2009年日本最高法院驳回了川崎协同医院案件的上诉。驳回的理由主要如下:"案件中拔管行为虽然是根据已经对被害人的康复不抱希望的家属的请求而作出,但该请求……并非是在对被害人的病情等有了充分了解的基础上而作出,因此前述拔管行为并不能认定是基于被害人推定意愿的行为。基于以上理由,应该认为前述行为并不符合法律上所允许的中止治疗行为。如此一来,原审认为本案的拔管行为与投用肌肉弛缓剂的行为一并构成杀人罪的判断是正当合理的。"③从中可以推测,日本最高法院认为,只要将被害者的病情进行详细告知,且拔管行为是基于被害者的推定意思,就可将拔管行为解释为合法行为。可见,被二审法院所批判的自我决定权理论并没有被日本最高法院否定。甚至可认为,日本最高法院采取的正是"自我决定"理论。

为何患者的自我决定权能够成为尊严死行为的合法化根据?这是因为,面对延命治疗措施的侵袭,如果患者不享有拒绝权,那么患者的生死将完全由医院管理,患者将被矮化为工具或手段,这有悖于"人的尊严"法理。④ 换言之,为了保护"人的尊严",抵抗死亡的被管理化,法律必须要保障公民享有能够拒绝无合理根据的强制治疗的权利。但是,刑法的任务是保护法益,在法益之中又以人的生命为最高法益。故意侵害生命的行为,会被定为杀人罪。虽然我国刑法没有规定帮助自杀、嘱托杀

---

① 参见[日]横浜地方裁判所平成十七年三月二十五日判决,《判例タイムズ》2005年第1185期,第114页。
② 参见[日]东京高等裁判所平成十九年二月二十八日判决,《判例タイムズ》2007年第1237期,第153页。
③ 参见[日]最高裁判所平成二十一年十二月七日决定,《判例タイムズ》2010年第1316期,第1899页。
④ 参见[日]甲斐克则:《終末期医療における病者の自己決定の意義と法の限界》,载[日]饭田亘之、[日]甲斐克则:《終末期医療と生命倫理》,太阳出版2008年,第40页。

人等罪名,但是作为通说的理解,教唆和帮助他人自杀的行为和受他人嘱托或同意而杀害他人的行为都要按杀人罪来处理。① 这是因为,一般情况下法益主体可以自由处分个人法益。但是,针对生命法益或重大健康法益,即使法益主体主动要求放弃,仍然具有刑法上的要保护性。如果拒绝医疗属于自杀,那么医生的医疗中止就是同意杀人或自杀帮助。但是,拒绝医疗中的自我决定并不等同于被害人的同意,拒绝医疗并不等同于自杀。因为,拒绝医疗其实是患者希望从被动接受医疗中获得解放,而并不是直接终结自己的生命。而且,自杀是一种引发死亡的积极行为,而拒绝医疗仅仅是不再阻止疾病的进一步恶化。②③因此,尊严死中的自我决定权,并不是一种积极要求死亡的"自杀的权利",而仅仅是一种消极的"拒绝医疗的权利"。因此,美国和日本通过判例认可患者拒绝医疗的权利而对尊严死行为予以出罪具有一定的合理性。

当然,在临床医疗上,真正需要考虑适用尊严死的患者,一般已经处于脑死亡边缘或重度昏迷等状态,往往已经丧失表达自己意见的能力。针对这个问题,自我决定权说论者有两种解决思路,一种是重视"生前预嘱"的见解。④ 另一种是重视患者家属的意见。⑤ 所谓"生前预嘱",是指患者在健康的、有能力表达自身意思的时候,通过书面或口头,事先表明如果自己陷入了植物人等晚期状态时是否接受延命医疗。

针对这两种观点,存在如下批判意见:关于前者,即使是患者本人事前所表达的生前预嘱,到实行医疗中止行为时也存在变更的可能,未必是患者当下内心最真实的意愿。至于后者,就算家属的意见符合患者本人意思的可能性高,它毕竟不是患者自身的意思,存在一定的虚拟成分,存在转变为"他人决定"的风险。这些批判意见有一定的道理。但是,虽然不能保证其所表明的意思与患者当前意思决定完全一致,但是这对于将要陷入不能再表达现实意思的人而言,这是能够确保其行使自我决定权可能性的唯一手段。为了确保患者自己选择"死亡方式的自由"多少牺牲一点"真实性"也应该能够获得理解。⑥

(二)"最佳利益判断模式"

采用最佳利益判断模式的典型是英国。英国关于尊严死的重要判例有1993年

---

① 参见张明楷:《刑法学(下)》,法律出版社2016年,第850-851页。
② 参见[美]Superintendent of Belchertown v. Saikewicz,370 N.E 2d 417(1977).
③ 参见[日]甲斐克则:《終末期医療における病者の自己決定の意義と法的限界》,载[日]饭田亘之、[日]甲斐克则:《終末期医療と生命倫理》,太阳出版2008年,第91页。
④ 参见[日]甲斐克则:《終末期医療における病者の自己決定の意義と法的限界》,载[日]饭田亘之、[日]甲斐克则:《終末期医療と生命倫理》,太阳出版2008年,第39页。
⑤ 参见[日]佐伯仁志:《末期医療と患者の意思・家族の意思》,《ジュリスト》2003年第1251期,第86页。
⑥ 参见[日]井田良:《安楽死と尊厳死》,载《现代刑事法》2000年第15期,第89页。

2月4日英国上议院对Anthony Bland案判决。因球场发生重大踩踏事故，17岁的球迷Anthony Bland肺部受到严重挤压而严重受损，无法向脑部供氧，造成脑部受伤无法恢复意识，最终成为持续性植物状态患者，自身能维持呼吸和消化功能，但需要通过鼻腔插管进行人工营养补给以维持生命。后来，对于是否要中止通过鼻腔插管进行的人工营养补给，Anthony Bland的家属和医院出现争议。上议院的5名法官一致驳回上诉，认定可以中止Anthony Bland的延命治疗。法院认为"对于负责治疗和护理患者的医生，并不是在任何情形下都被科处绝对的延命义务"。"医生中止生命维持措施的行为应该被纳入不作为的范畴，……中止生命维持措施，参照当面的目的，其和最开始就不实施生命维持措施没有任何区别。不管是哪一种情况，都是在一定的条件下，不再采取防止患者死亡的措施，放任患者自行死亡。从不作为的一般原则来看，只要该行为没有违法针对患者的义务，就不能说具有违法性。""本案的核心问题是，根据'患者最佳利益'原则，对Anthony Bland有治疗和护理责任的医生，是否能够正当地中止其延命所必需的人工营养补给措施。……问题是，如果继续治疗和护理，患者的生命就会有得到延长的可能性。……另一个问题是，继续这种治疗和护理来延长患者的生命，是否符合患者的最佳利益。""诸如本案中的患者，在完全陷入意识丧失且没有任何改善希望的情况下，问题的定式化尤为重要。在此情形下，直接断定治疗中止是符合患者最佳利益的可能有些困难。但是，要是被问到继续进行人工延命治疗是否符合患者的最佳利益时，高明的回答应该是并不符合患者的最佳利益。"①

针对本案，英国的上院在承认患者有拒绝接受延命治疗的权利的同时，也立场鲜明地提出在患者没有意思决定能力的情况下，应当以是否符合患者最佳利益为中心进行判断。而且，明确阐述不采用如美国的判例所展开的"代行判断法理"。本判决在英国受到广泛支持，至今仍有较大影响力。值得留意的是，本判决符合英国的法律传统，并没有否定自我决定权，在面对患者没有意思决定能力无法通过自我决定权解决的案件时，主张通过患者最佳利益这一判断方式来解决。可见，英国模式具有"尊重医务人员专业判断"的特征。要实现较好的社会效果，必须要确立医学专业人士的自律意识以及值得尊重的医疗伦理。只有医生和法官实现相互信任和理解，才能做到既符合健全的医疗伦理，又有利于患者的自身利益。②

此案判决获得了学界和民众的广泛支持。但上院也意识到，这类案件除法学外，还涉及伦理和社会问题，比较复杂，通过法院进行个案判断并非是最佳的解决办

---

① 参见[英]Airedale NHS Trust v Bland，1 All ER 821(1993).
② 参见[日]甲斐克则：《イギリスにおける人工延命措置の差控え・中止（尊厳死）論議》，载甲斐克则：《終末期医療と医事法》，信山社2013年，第147页。

法。于是,上院专门成立了特别委员会对包括安乐死、尊严死在内的晚期医疗所涉及的伦理、法学以及临床医学问题进行调查研究,该特别委员会于1994年提出《医疗伦理特别委员会报告》。该报告的内容与Anthony Bland案的上院判决方向性基本一致。在强调尊重患者治疗拒绝权的基础上,强调针对无同意能力的患者,在做治疗不开始或中断的决定时,在考虑患者生命质量的同时,医疗团队需要和患者的家属进行充分沟通。此后,英国医师会(BMA)参照该报告,于1999年公开发布《控制和中止延命治疗——作为意思决定的指导》(以下简称《BMA指导》),对于晚期临床医疗具有较大影响力。根据《BMA指导》,治疗的首要目标是尽可能地恢复或者维持患者的健康,使得患者利益最大化、危害最小化。如果有意思决定能力的患者拒绝治疗,或者如果患者欠缺意思决定能力,该治疗对患者最终的利益并无帮助,则目标无法达成,该治疗在伦理和法律上应该被控制或者中止。但是还需要继续进行优质护理和症状缓和治疗。并且"虽然未必都这样,但患者得以延命通常都是会给患者带来益处。法院虽然强调原则上要提供延命治疗,但是无视治疗的质量和负担,不惜一切代价进行延命治疗,显然也不是医疗的正常目的"。[①]

从法学的观点来看《BMA指导》,其重要的关键词是"利益""危害"以及"最佳利益"。其中,关于"最佳利益",《BMA指导》规定"在患者没有意思决定能力的时候,决定是否应该提供延命治疗的判断方法就是'最佳利益'。这一利益要比医疗上的利益更宽广,还包括患者自身的愿望以及价值"。这就意味着不能仅仅用纯医学的视角进行判断。

提供延命治疗,虽然通常是欠缺判断能力的患者的最佳利益,但这未必适用所有的患者。《BMA指导》指出,在评价提供延命治疗是否符合患者最佳利益时,需要考虑的因素包括以下内容:(1)患者有意思决定能力时,通过所有文书形式的言辞等来表现患者自身的愿望及价值判决;(2)被提议的治疗措施在临床上的效果;(3)正在经受疼痛或痛苦的患者的期望;(4)患者的生存能力以及对环境的认识程度;(5)如提供治疗,患者病情改善的可能性及程度;(6)该治疗的侵袭性是否可以实现正当化;(7)当患者是孩子时,其父母的意见;(8)被指定的健康护理代理人、负责福祉的法定代理人或者患者的律师的意见;(9)和患者有亲近关系的人,尤其是患者的近亲属、伴侣以及监护人的意见。

整体来看,这是重视良好沟通的决定。正如《BMA指导》所指,虽然英国的法院拒绝适用"代行判断",采用更为客观的"最佳利益"判断模式。但实际上,"最佳利益"评价中的部分具体标准和"代行判断"中某些判断要素其实相同。因此"最佳利

[①] 参见[英]British Medical Association(BMA). Withholding and Withdrawing Life-prolonging Medical Treatment: Guidance for Decision Making, Third Edition, 2007.

益"的评价和"代行判断"的评价并不相互排斥。

2010年极具权威性的英国一般医疗委员会(GMC)报告书《面向晚期的医疗和护理：意思决定中的优良实践》(以下简称《GMC指导》)公开发布，其基本标准和《BMA指导》具有很多相同之处。[1]《GMC指导》的基本理念是，对于患者的治疗及护理，必须尊重人的生命，保护患者的健康及尊严。主要以12个月以内存活期患者为对象，控制、中止延命治疗的情形，基于医生和患者的共同意思决定，并且以患者的最佳利益为中心。另外将有意思决定能力的患者和无意思决定能力的患者进行区别对待。尤其对后者，除了患者的最佳利益外，还要考虑家人的同意。强调必须要对患者近亲属以及健康护理团队明确说明该治疗的审查内容，当该治疗对于患者来说并无效果，且负担过重时，此后阶段的治疗才能中止。[2]

综上，关于晚期治疗中的治疗方案选择，对于有意思表达能力的患者，英国尊重患者的自我决定权。而针对无判断能力的患者，英国的态度则是参照医疗常规，以是否符合患者的"最佳利益"为判断标准，判断的基本的框架由《GMC指导》所规定，具体内容由《BMA指导》提供补充。可见，英国在尊重自我决定权的同时强调"医疗家长主义"。如果这些判断框架和具体的判断要素具备实质的合法性，那么该模式也具有极高的参考价值。但是，所谓"最佳利益"究竟是指"患者的客观利益"抑或"患者的主观利益"，稍有不慎就会成为"他人的最佳利益"。

(三)"治疗义务的界限模式"

法国在2002年制定《关于患者权利以及保险制度的质量的法律》保障患者权利后，2005年对公共卫生法典《关于患者权利以及终末期的法律》进行了部分修改。其中第L.1110-5条第1项和第2项规定，预防、检查以及护理等行为，无需不合理地固执地持续实施。这些行为如无益、不均衡，或者只能带来人工维持生命之效果，那么这些行为就可以予以停止或控制。从中可以看出生命、身体等相关的问题被作为公共问题予以理解，符合法国的一贯传统。[3]

但同时，L.1111-4条第1项规定："所有人均可在被提供信息和建议的情况下，和保健专家一起作出与自己健康相关的决定。"同条第2项则规定了自己决定权，"医生在提供与本人选择结果相关信息的基础上，必须尊重其本人的意思决定"。然后，同条第5项规定："在本人无法表明意思的情况下，限制或者停止可能置患者生命于

---

[1] 参见[英]General Medical Council. Treatment and Care Towards the End of Life: Good Practice in Decision Making, 2010.
[2] 参见[日]甲斐克则：《イギリスにおける人工延命措置の差控え・中止(尊厳死)論議》，载甲斐克则：《終末期医療と医事法》，信山社2013年，第156-163页。
[3] 参见[日]本田まり：《フランスにおける人工延命処置の差控え・中止(尊厳死)論議》，载甲斐克则：《終末期医療と医事法》，信山社2013年，第165页。

危险之中的治疗,必须遵守医生职业伦理规范所规定的基于协商而成的程序,且必须要参照 L.1111-6 条所规定的受托者、家人及其近亲属(如果没有前面两种人的情况下)中一人的意见,以及本人的生前预嘱书。"L.1111-11 条第 1 项规定,"所有成年人因担心在将来无法表明意思,可以在事前做出生前预嘱书。这些生前预嘱书显示关于限制或者停止治疗的要件以及在生命晚期时的个人愿望。这些生前预嘱书可以随时撤回"。可见,法国并不排除适用自我决定权,只是把自我决定的行使纳入治疗义务的界限模式中。①

医疗的任务在于帮患者治病,尽量延长生命或恢复健康。只要患者与医生建立医患关系,医生就承担了为患者提供医疗服务的作为义务。虽然,医生在如何进行医疗方面拥有一定的选择权,但医生不能随便单方面中止医疗服务。与此同时,法律出于保护生命也并未要求医务人员决不能让患者死亡。如果医疗措施本身已经是"有害"或"无意义"的,那么该医疗就是"无益的过剩的延命医疗",已不再属于医生的作为义务范围。至少此时的医生已经不再负有刑法上的作为义务。② 换言之,在医疗达到极限状况下,不管患者及其家属是否同意,医疗中止已不再具有刑事违法性。医生的医疗义务之所以能够因客观因素而消失,其理论根据是,在即使继续医疗也无法实现医疗目的(无作为可能性)的情形下,医生就不再负有医疗义务。

如前述,在医疗活动中,除患者已昏迷等"紧急医疗"情况外,医生必须尊重"患者的自我决定",即使患者的决定在第三者看来是如何荒谬和草率,也不能轻易否定,即使是出于善意的立场。③ 患者不仅可以在一开始就拒绝接受医疗,即使是在医疗的中途,只要患者要求医生停止,医生就不再负有继续进行医疗的义务,就可中止正在进行的医疗。因此,当客观因素导致医生的医疗义务消失之前,患者的自我决定权可以先行解除医生的医疗义务,即在因客观因素导致医务人员的治疗义务被否定之前,患者可以通过行使自我决定权(主观要素)否定医务人员的医疗义务。④ 这就是"医疗义务的界限"能够阻却尊严死行为违法性的理由。

该理论成立的前提是,在刑法评价上,必须要把在最初的"医疗控制"和中途的"医疗中止"看作等价。换言之,如果以患者的状态在刚开始送到医院时医务人员就已不再负有救助义务,那么针对同样状态的患者,医务人员在治疗一段时间后再中

---

① 参见[日]甲斐克则:《人工延命処置の差控え・中止(尊厳死)問題の解決モデル》,载《川端博先生古稀記念論文集(上卷)》,成文堂 2014 年,第 211-213 页。
② 参见[日]横浜地方裁判所平成十七年三月二十五日判決,《判例タイムズ》2005 年第 1185 期,第 147 页。
③ 参见韩大元,于文豪:《论人体器官移植中的自我决定与国家义务》,载《法学评论》2011 年第 3 期,第 29 页。
④ 参见[日]井田良:《終末期医療と刑法》,载《ジュリスト》2007 年第 1339 期,第 45 页。

止,也不应该科处医务人员承担刑事责任。当然,对此予以相同刑法评价,可能存在一定的争议。确实,针对掉进河里的人,从一开始就不救和救了一半再放手,在刑法上应该给予两种不同的评价。但是,在患者和医务人员之间,当患者被送到医务人员面前,医务人员就已经被科处了救助义务,对这两种情形进行区分意义不大。但是,"治疗义务的界限"理论也有弱点,那就是只能在深度晚期时才能适用该理论,而且,对医生来说也许根本就不存在所谓无意义或无价值的治疗。就算将其限定为无意义的医疗,在解释论上也不能得到广泛运用。并且,究竟到什么阶段才可以认为治疗无意义,只要尚存一丝希望,对医生来说就有继续进行治疗的义务。① 所以,仅靠"治疗义务的界限"理论难以全面解决尊严死的问题。

(四)程序保障模式

日本的判例认为只要满足了一定的要件,尊严死行为就是合法的。大多数学者以患者的"自我决定权"和"治疗义务界限"为理由,对尊严死持肯定态度。但在允许范围、晚期的判断标准、意思确认、代行判断的范围、能中止的医疗措施等方面,仍存有较多争议。正由于这些原因,在现实中已连续发生多起案件。例如:2003 年的"关西电力医院案件",2004 年的"道立札幌医院案件",2005 年的"富山射水市民医院案件"。从这些案件可看出,在日本医疗实务中,对尊严死的看法还比较混乱,医务人员仍然不知该如何处理此类问题。

为了应对此情形,日本厚生劳动省成立了"临终期医疗决定程序研讨会",通过多次审议,于 2007 年 5 月出台了《关于临终期医疗决定程序的指导意见》②。该指导意见在 2015 年 3 月更名为《关于人生最终阶段医疗决定程序的指导意见》,但基本内容未有改变。该指导意见对于"如何决定人生最终阶段的医疗及其护理方案"规定:(1)在能确定患者意愿的情况下,在患者基于知情同意所作出的意思决定的基础上,由多专业职种的医务人员所构成的医疗护理团队来执行。在决定治疗方案时,患者需要与医务人员进行充分沟通,患者进行意思决定后,需要将合意内容制作成书面文件并保存。当情况改变时需进行说明并对患者的意愿进行再次确认。(2)在不能确定患者意愿的情况下,应遵循以下程序,由医疗护理团队进行慎重判断。当家属能够推定出患者的意愿时,应尊重该推定意愿,以采取对患者来说最合适的治疗方案为基本原则。当家属不能推定患者的意愿时,应该就对患者来说最合适的治疗方案与家属进行充分的沟通,以采取对患者来说最合适的治疗方案为基本原则。

---

① 参见[日]东京高等裁判所平成十九年二月二十八日判决,《判例タイムズ》2007 年第 1237 期,第 153 页。

② 该指导意见的全文载于日本政府网站 http://www.mhlw.go.jp/shingi/2007/05/s0521-11.html,最后访问 2019 年 7 月 18 日。

（3）在上述两种情况下，在决定治疗方案时，医疗护理团队因病状等原因难以决定医疗内容时，患者与医务人员在沟通过程中就妥当且合适的医疗内容难以达成合意时，家属意见不统一时，应另外设置由多名专业人士所组成的委员会，就治疗方案等进行讨论和建议。

该指导意见强调，在人生最终阶段的医疗中，相关医疗行为的开展与不开展、医疗内容的变更、医疗行为的中止等，都应该由多专业职种的医务人员所构成的医疗护理团队来慎重进行医学妥当性与适当性的判断。最大特点在于，仅规定了决定的程序，并未规定在何种情况下应中止治疗的实体要件，并且也未规定在遵循了该指导意见情况下的法律效果。但是，该指导意见在遵循该指导意见进行判断可免除刑事责任的构想下出台，并且事实上，在此之后在日本再也没有发生过医务人员因中止治疗而被追究刑事责任的案件。①

该指导意见之所以能够获得医疗界的认可，是因为只要遵守这些晚期治疗方案的决定程序，就可以避免那些显而易见的违法行为，还可预防被追究刑事责任。确实，与医务人员的个人独自判断相比，由不同专业背景的多数人共同商讨而得出的结论具有更高的妥当性并能降低产生错误的概率。德国著名刑法学者Jakobs曾指出，"在具有多元化道德标准的社会，只有使各个道德集团得以共存所必需的根本性规范才是妥当的。而其他所有规范都具有争议性。此时，法不是去衡量结果，而应仅仅是确立衡量的程序"②。将其限定在医疗领域，此观点具有一定的合理性。尊严死的规范并不是社会的根本性规范，所以必然会存有争议，不会轻易得出结论。因此，刑法不直接对其作出结果性回答，只为其确立起合理的判断程序即可。针对具体案件，是否能够施行尊严死行为，应该交给由"医疗护理团队"来判断。只要其判断程序公正而合理，不管委员会最终得出的结论是同意还是否定，刑法都应该承认其合法性。从此角度而言，"程序保障模式"显然也是一种能够解决问题的方法。

但是，撤除延命医疗装置的行为，是否仅仅因为没有遵守法定程序，就一定构成犯罪？至少，那些没有违背患者意愿，具有医学适应性、医术正当性的行为即使违反了法定程序，作为正当的治疗行为，仍然存在阻却违法性予以出罪的可能。不得不说，通过制定指导意见来规定决定方案的程序，只是在回避问题，因为其并没有提供评价尊严死行为的实质性判断标准。而且，指导意见的制作主体一般为行政机关或学会，由行政机关或学会所制定的刑法解释未必一定能够被公安和检察机关所认可，仅仅凭借是否遵守了程序而决定该行为是否构成犯罪显然存在问题。遵守了程

---

① 参见［日］佐伯仁志：《日本临终医疗的相关刑事法问题》，载《法学》2018年第5期，第148页。
② 参见［德］Jakobs：《医学の責任についての法理論的考察》，日本生殖医学と法研究会译，载《奈良法学会雑誌》1994年第1期，第78－80页。

序只能用以推测其最终的实质性判断正确率高。而且,如果过分强调程序,当行为人违背程序时,更容易诱导人们往有罪的方向去认定。① 而且,这也意味着程序的遵守直接影响行为的实体评价。尊严死行为要想合法,其前提是要对患者的病态、恢复可能性、余命、预测的治疗效果等进行医学判断,难以否认这其中必然包含着不少预测的成分。当然,如果患者的病态、恢复可能性、余命、预测的治疗效果等都是由医疗团队集体讨论而确定,该判断只要是在当时的环境之下是合理的,即使在事后被证明是错误的,依据该判断而实施的行为仍然应为合法。

五、关于尊严死的"正当医疗行为论"

如上,"患者的自我决定权"论过于硬直,"治疗义务的界限"能够适用的场合比较有限,"患者的最佳利益"的判断标准比较模糊,"程序保障"回避了本质问题的判断。因此,尊严死的容许理由既不是"患者的自我决定权"和"患者的最佳利益",也不是"治疗义务的界限"或"程序保障",而应当是"正当治疗行为论"。治疗行为的对象是人,会涉及人的身体与健康,必然会伴随着一定的侵袭危害或风险,但由于其可以治愈疾病或防止疾病恶化,能够为患者带来更为优越的利益,因此,"正当治疗行为"作为正当业务行为之一,是各国普遍认可的阻却违法性事由。② 当然,不是所有造成患者伤害的治疗行为都能阻却违法性。如果因医务人员严重不负责任,治疗行为导致患者死亡或健康严重受损害的,医务人员将会被追究医疗事故罪的刑事责任。或者,治疗行为是在未获得患者同意的情形下实施,那么治疗行为本身不管是成功还是失败,造成患者伤亡结果的治疗行为都有构成杀人罪或伤害罪的嫌疑。因此,治疗行为要想成为正当业务行为而获得正当化必须符合医学适应性、医术正当性以及患者的知情同意这三个合法化要件。医学适应性是指"治疗行为"的前提是首先必须存在"疾患",治疗行为要具有一定的医学目的,是为了帮助患者增进或恢复健康。医术正当性是指治疗行为必须要按照被普遍认可的医学准则来进行,必须要达到一定的医疗水准,具备一定的安全性。如果治疗行为过于尖端还未成熟,欠缺医术正当性,那么此时即使是发生在医院的手术行为,也不是本来意义上的治疗行为,应属于人体实验或临床试验的范畴,两者的合法化要件并不相同。患者的知情同意是指在充分的说明或者充分提供信息基础之上获得患者的同意或承诺。这是保障患者自我决定权以及身体存在权的体现。只有具备这三要件,医务人员实施的治疗行为才是正当治疗行为,才是能阻却违法性的"正当业务行为"。尊严死行为

---

① 参见[日]辰井聪子:《終末期医療とルールの在り方》,载甲斐克则:《終末期医療と医事法》,信山社2013年,第217页。
② 国外也有学者认为,医疗行为之所以不构成犯罪,是因为正当医疗行为不符合伤害罪的构成要件。

的刑法评价完全可以用"正当治疗行为论"予以解决。

中止延命治疗的尊严死行为,引起患者死亡,只要该"作为"和患者死亡结果之间存在刑法上的因果关系,该行为就符合杀人罪的构成要件。但是,医疗的使命并不在于要让患者长命不老。所有的人最终都会走向死亡,医学的意义仅在于帮助我们更好地走完这一生。在晚期医疗中,与执拗地继续治疗相比,有时中止该延命治疗的行为更为符合医疗的使命。这类情形之下的行为其实也是"治疗行为"。只要满足"医学适应性""医术正当性"和"患者的知情同意"这三个要件,尊严死行为就属于"正当治疗行为",就应该阻却违法性实现合法化。该理论的优点在于,可以根据临床的实际状况进行具体判断。

1. 患者意思明确的场合

如果晚期患者自己明确要求尊严死,那么医师按照患者的愿望不采取或中断延命医疗措施的行为就是合法的。具有意思决定能力的患者,在治疗开始之时就拒绝人工呼吸机等医疗措施时,医师遵循患者的意思节制使用相关延命治疗,即使患者死亡,医师的行为也是合法的。当然,在遵从患者意愿之际,必须保证患者的意思表示是在听取医务人员充分说明基础之上的自由且真挚的表达。遵从患者意愿任其自然死亡,是患者治疗拒绝权(自我决定权)的正当行使。治疗行为要成为正当业务行为而获得承认必须符合医学适应性、医术的正当性以及患者的知情同意这三个合法化要件。因此,即使医疗已经开始,当患者(仍具有意思决定能力)中途主动要求停止延命治疗时,医务人员必须停止正在进行的治疗行为,因为此时的治疗行为已丧失知情同意这一合法化要件,如不停止就会成为专断医疗行为,从而被追究法律责任。

在晚期医疗中,到需要患者作出最终决定时,几乎所有患者都已无法表达其当下的想法。为了解决该问题,可以考虑"生前预嘱"。关于生前预嘱,如前述,虽然也存在一些问题,轻率地否定其效力未必适合解决问题。但是,对于即将要陷入无法表达现实意思的个人而言,生前预嘱是确保其在晚期阶段行使自我决定权的唯一手段。[①] 而且,生前预嘱对于轻易承认"代行判断"的趋势可以起到一定的牵制作用。[②] 与"代行决定"相比,生前预嘱显然更能代表患者的真实想法。因此,可以将其视为确认本人意愿的重要手段,只要是能够明确推断出患者希望医疗中止的意愿,就应该予以尊重。当然,为了尽量保障患者的生前预嘱与患者真实想法保持一致,应该为患者随时撤回或变更生前预嘱提供制度上的保障。

总之,关于尊严死,作为"正当治疗行为论"的消极运用结果,处于疾病晚期的患

[①] 参见[日]井田良:《安楽死と尊厳死》,载《现代刑事法》2000年第15期,第89页。
[②] 参见[日]甲斐克则:《尊厳死と刑法》,成文堂2004年,第5页。

者,自己明确表明意思的场合,以及存在生前预嘱的场合,乃是患者正当行使拒绝治疗权(自我决定权),医师不应实施专断治疗行为,而应当遵从患者的意愿控制或中止延命治疗,该行为即使造成患者死亡,也应当被刑法所容许。

2. 患者意思不明确的场合

在晚期医疗临床上,绝大多数患者其实已经无法表达自己的意愿,且不存在生前预嘱。如上述,美国从 Quinlan 案件判决以来就承认了患者家属以及其监护人来代替患者行使"自我决定权"。在日本的川崎协同医院案件判决中,家属意见在推定患者本人意思决定中占有重要意义也得到了日本最高法院的认可。其社会背景是在美国和日本制定了生前预嘱的人口占总人口的比例仍比较低。与美国和日本相比,目前在我国,制定生前预嘱的患者可能更是少之又少。依据《医疗机构管理条例》第 33 条的规定,医疗机构实施手术、特殊检查或特殊治疗时,必须征得患者的同意,并应当取得其家属或关系人的同意并签字。在我国医疗临床上,家属的意见具有重要意义,其重要性甚至超过患者本人,当患者不能表达同意时,医疗机构和医务人员的惯例是直接寻求和遵从患者家属的意见。中国传统文化比较重视家庭,家庭成员的关系大多比较紧密。绝大多数患者愿意与家属分享自己的意愿。当患者无法表明意愿时,某种程度其实是用默认的方式将自我决定权交给其家属行使。因此,在医疗实务中,除非医生知道家属的意见与患者本人意见不符,或者家属的意见明显不合理显然与患者本人意见不符等少数特殊情况除外,作为尊重患者的自身意见的延伸,一般都应该允许由患者家属代为行使"决定权"。①

由于医疗保险和社会保障还有待完善,特别是在广大农村地区,患者的医疗费主要由患者家属承担乃是我国实情。难以否认,在医疗实务中患者家属出于经济因素的考量,要求控制或中止延命治疗的事件不在少数。医疗机构虽然知道存在此类情形,为了避免事后的纠纷,一般不会直接中止正在进行的延命治疗,往往是让患者家属主动提出退院申请后让患者家属带患者回家。在医疗机构看来,此时医疗机构或医务人员并没有直接实施尊严死行为,只是由于不能实施专断治疗,所以只好同意患者家属所提出的退院申请。这类事件几乎都没有被追究法律责任,可以说已经获得了司法机关的默许。虽然"尊重患者家属意见"的结论值得赞成,但其背后的理论依据并不明朗。

当患者不能明确表达自己意愿时,美国和日本提倡的"代行"其实是重视患者家属的主观意见,而"最佳利益判断"和"治疗义务的界限"则着重考虑治疗中止的各种客观要素,重视医务人员的专业判断。为了保护患者的利益,患者家属和医务人员

---

① 参见[日]佐伯仁志:《末期医療と患者の意思・家族の意思》,载《ジュリスト》2003 年第 1251 期,第 86 页。

的意见同样重要,都值得尊重,这两者可以用"正当治疗行为论"加以统一。换言之,当存在患者的"自我决定"时,应该尽最大可能予以尊重,当患者的意思不明确时,患者家属的意见虽然重要,但在法理上并非起决定性作用,因为患者家属的利益并非永远都和患者利益保持一致,相互冲突的情形也时有发生,法律也认可存在违背家属意见的正当治疗行为。比如,《侵权责任法》第56条规定,"因抢救生命垂危的患者等紧急情况,不能取得患者或其近亲属意见的,经医疗机构负责人或者授权的负责人批准,可以立即实施相应的医疗措施"。所以,此情形下的尊严死行为,不应该是家属的独自判断,也不应该是医务人员的独自判断,而关键应看其是否符合"正当治疗行为"的其他两个合法化要件,即"医学适应性"和"医术正当性"。本节开始部分的"拔管"案件,乃是患者家属出于经济因素的独自判断,不具有"医学适应性"和"医术正当性",显然不属于"正当治疗行为",因此法院判处几名被告成立故意杀人罪并无不妥。

从此角度而言,"治疗义务的界限""自我决定的代行""自我决定的代诺""患者的最佳利益"以及"正当程序"都仅仅是"正当治疗行为"成立要件的部分判断要素而已。因不同国家经济和文化的发达程度不同,最终判断的结论也不尽相同。"正当治疗行为"成立要件比较抽象,医学具有很强的专业性,需要结合每位患者的具体情况才能判断,特别是涉及晚期医疗时,需要考虑的要素更为复杂,通过刑法明文规定出其具体的衡量标准并不现实。因此,围绕尊严死行为,刑法只适合在阻却违法性事由这一范畴内予以探讨,实在难以给出具体的判断标准。这些判断标准应当通过制定行政法律法规、行政指导意见或医疗行业指针予以实现。

六、尊严死行为的体系性法律规制

与欧美主要发达国家相比,我国对尊严死行为的法律规制几乎处于空白状态。目前我国能够直接适用尊严死行为的只有刑法,不存在其他直接规制尊严死行为的法律法规。因此,在医疗实务中,应患者家属要求中止医疗的事件每天都有发生,司法机关一般不予追究,但因患者家属内部纠纷而曝光的事件最终几乎都会被司法机关判为有罪。为了实现罪责刑相适应,应避免这种两极分化的极端处理方式。法学界应当为医疗界及社会提供更为详细的行为标准,对于违法行为,应规定相适应的处罚。

如前述,本节主张应当允许存在合法的尊严死行为,其背后的合法化根据是"正当治疗行为论"。只要尊严死行为符合治疗行为的正当化要件就是正当业务行为,就能阻却刑事违法性,该行为就是合法的。问题是治疗行为的正当化要件,作为个体的医务人员把握起来依然比较困难。为了保障患者人权,为医务人员提供明确的行为规范,应探讨制定"尊严死法",其核心内容为尊严死行为成为正当治疗行为的要件,其中既包括实体要件也应当包括程序性要件。首先,应规定当患者能明确表明意愿时,优先遵从患者本人的意见。其次,明确赋予患者生前预嘱的法律效力。再次,患者意愿不明确时,参照日本的"程序保障模式",规定医务人员必须遵守法定的程序去甄别判断。最后,明确规定以上三种情形下的尊严死行为都属于正当治疗行为。在刑法解释论上,这些情形下的医疗中止行为即使造成患者死亡,作为正当业务行为仍可阻却违法性,不会被追究刑事责任。这样规定,可以有效降低晚期医疗中医务人员的刑事风险。

当然,"尊严死法"中所要求的法定程序,可由卫生行政部门组织专家讨论制定的指导意见或行业指针规定。比如,当患者本人意见不明确时,应当由卫生行政部门所认可的多方代表人士所组成的委员会(包括医疗卫生行政部门人员、医生、护士、律师、伦理学者、患者家属、患者友人等)来进行审议,判断该尊严死行为是否属于"正当治疗行为"。其实质性判断标准可参照英国的"最佳利益判断"标准以及法国的"治疗义务的界限"标准。由于是多方代表人士参与讨论,最终的结论肯定会比个别医生或家属独断专行所确立的方案更为科学而合理。

严格遵循了这些程序,自然不用承担刑事责任。剩下的问题是如果违反了这些指导意见或行业指针该如何处理?比如,医务人员对患者已至癌症晚期的诊断乃一家之言,未能做到征求同行医师的第二意见;征求患者家属意见时,未能先向患者家属履行充分的说明义务等。这些程序影响到患者是否真正处于疾病晚期,家属是否真正希望医疗中止等实体要件,显然非常重要。医务人员违反了这些程序,法律该如何应对?按照我国现行法,如果要追究公法责任,只能按照杀人罪或医疗事故罪进行刑事诉讼,通过刑事审判去争论其正当性。重大程序的违反,往往意味着实体要件的欠缺,因此大概率会被判有罪。不过,这类情形一致入罪判处刑罚显然也不合适。应当避免要么无罪、要么判处刑罚的两极化处理结果。出于刑罚比例原则或均衡性的考量,"尊严死法"对于违反指导意见或行业指针所规定的相关决定程序的行为,应当根据情节设立资格停止、剥夺、罚款等中间形态的行政处罚。

综上,最终需要追究刑事责任的尊严死行为,应仅限于那些显然违背本人意愿,严重误判晚期状态,且独断实施中止患者延命治疗的行为。对于那些基本符合实体要件,仅轻微违反程序的行为,依照"尊严死法"给予行政处罚。而那些严格按照"尊严死法"所定实体和程序要件而实施的尊严死行为,则是法律容许的合法的"正当治疗行为"。只有通过刑法、行政法、指导意见或行业指针的合理分工与配合,才能为晚期医疗提供体系性法律保障,才能有效保障患者人权、降低医务人员法律风险,才能改善医患关系并提高晚期医疗的质量。

七、结语

尊严死不是单纯的法律问题,而是一个哲学的、伦理的、宗教的、社会的、综合性的问题。即使到将来也不会轻易得出能够令所有人满意的结论。在该领域,刑法的意义仅仅在于划出一条不可逾越的红线,为相关人员提供最低的行为准则。医务人员符合相关行政法律法规、行业指导意见以及医疗伦理的应对方法才是患者及其家属的真正福音。充分保障患者的生存权等权益是实现理想医疗的前提。此外,不分种族与国籍,每个人都会面临如何走完人生最后一程的问题,尊严死问题具有国际性,比较与借鉴他国的先进理论和实务经验具有重要意义。但是,他国的理论和制度即使再好,也不能全盘照搬,因为国民性、社会现状、法律制度以及医疗保障制度并不相同,各国必须结合各自的国情去寻找合适的解决之道。

第五章 新型医事行为的刑法规制

第一节 刑法视野下克隆技术规制的根据与方法*

一、问题的状况

1997年2月,英国罗斯林研究所(Roslin Institute)的威尔姆特(Ian Wilmut)研究小组在《自然》(Nature)上发表论文,声称他们将成体羊的乳腺细胞核移植到其他羊的未受精除核卵中,通过化学处理激活之后,再植入作为代理孕母的另一头羊的子宫中,在历时10年并经过270多次失败之后,终于在1996年7月制造了与提供乳腺细胞具有相同遗传基因的羊。这只羊被命名为多利(Dolly),是世界上第一只使用成年动物体细胞克隆出来的哺乳动物。① 这条消息传出之后立即轰动全球,受到了全世界的关注。之后,克隆牛、克隆鼠、克隆猪等陆续在世界各地诞生。最新的状况是,美国的科学家在2013年5月15日发表文章宣布,通过使用与制造多利相同的技术,成功培育出了人类胚胎干细胞,这意味着人类距离克隆人已扫清所有技术障碍。② 这再次引起了人们对克隆人的担忧。

这种让多利等诞生的技术就是体细胞克隆技术,是一种人工诱导的无性繁殖技术,即通过无性繁殖的方式,产出遗传基因与"基因由来体"完全相同的复制品。根据使用目的的不同,现在一般可以分为生殖性克隆(reproductive cloning)与医疗性克隆(therapeutic cloning)。生殖性克隆,是指以制造克隆人或人兽杂交体为目的克隆。它虽然为人类提供了一种全新的生殖方式,但与此同时它也是一种能够影响人类的身体健康、生活方式、社会构成的技术,具有彻底改变人类这一生物群体存在方式的危险,会给整个人类社会带来不可预知的巨大冲击。医疗性克隆,是指不以制

---

* 本节主要内容最初发表于《政法论坛》2015年第4期。
① 参见 J. Madeleine Nash, The Age of Cloning, Time, Mar. 10, 1997, 第62-65页。
② 参见董立林、黄燕芳、唐风:《人类胚胎干细胞终获克隆》,载《大众卫生报》2013年5月23日第14版。

造克隆人或人兽杂交体为目的的克隆。将其运用到医疗领域,会带来前所未有的技术革新。例如,将其与人体干细胞(stem cell)[①]技术相结合,可以制造出病人所需要的各种不会产生排斥反应的细胞、身体组织以及器官,可以治疗白血病、心肌梗死、帕金森症等疾病,并且能够克服目前世界上人体移植器官大量不足的问题,为众多绝症患者带来福音。但是,因为其与生殖性克隆在技术层面其实只有一步之差,而且在研究和运用这项技术时,需要消费性地毁灭大量人类胚胎。而胚胎是人类"生命的萌芽",所以,治疗性克隆与生殖性克隆一样,一经出现就引起激烈争议。

世界上的很多国家以及世界组织都对生殖性克隆作出了迅速反应。首先,1997年3月,英国政府冻结罗斯林研究所的科研经费。同年5月,世界卫生组织(WHO)通过《关于克隆技术的决议》,宣布禁止将克隆技术应用到人类身上。其次,同年6月,在八国首脑峰会上,当时的法国总统希拉克提倡,为了禁止创造克隆人,世界各国有必要同时采取国内措施和国际合作,该建议为八国首脑宣言所采纳,并最终得到大会通过。同年11月,联合国教育科学文化组织(UNESCO)通过了《关于人类基因与人权的世界宣言》,表示坚决反对侵害人类尊严的制造克隆人行为。再次,在1998年1月,欧洲评议会在《关于人权与生物医学的条约》的基础之上,通过了《关于人权与生物医学的条约的追加协定书》(19个国家加入),其中规定禁止使用以制造遗传学上同一个人为目的的所有克隆技术。[②] 即使在这种情况之下,因为好奇心与预期商业利益的驱使,也有不少科学家逆流而上。2002年12月27日,邪教组织"雷尔"教派的法国女科学家布里吉特·不瓦瑟利耶举行记者招待会,宣布世界上第一个克隆婴儿"夏娃"诞生。[③] 虽然该消息的真伪最终并未得到证实,但可以确定的是,克隆技术已经成为一个实实在在的现实问题。

与生殖性克隆遭到一致反对不同,针对医疗性克隆研究,世界各国存在着较大意见分歧。2009年3月9日,时任美国总统奥巴马签署行政命令,宣布解除对利用联邦政府资金支持胚胎干细胞研究的限制。[④] 在英国、日本、丹麦、芬兰、荷兰与瑞典,只要符合一定的条件,就可以获准进行医疗性克隆研究,而在奥地利、挪威、爱尔

[①] 人体干细胞,是指具有自我分裂发育能力,在一定的条件之下可以成长为多种带有特殊性质的细胞或器官,但是不能直接成长为人类个体的细胞。根据其由来可以分为四类,即:胚性干细胞、胎儿性干细胞、新生儿干细胞以及成体干细胞。其中胚性干细胞 就是所谓的"ES细胞",ES细胞具有能够成长为人体中210多种细胞中任何一种的能力。参见[德]Hans-Georg Koch:《法の問題としての幹細胞研究と"再生医療"》,载《ジュリスト》,[日]甲斐克则、[日]三重野雄太郎、[日]福山好典译,2009年总第1381期,第80页。

[②] 参见[日]甲斐克则:《生殖医療と刑法》,成文堂2010年。

[③] 参见李和平:《克隆人批判》,载《河北日报》2003年2月10日第4版。

[④] 参见任海军:《美公助干细胞研究,严防"克隆人"》,载《新华每日电讯》2009年3月11日第15版。

兰,医疗性克隆研究则是被法律明文规定为禁止的行为。①

2005年3月8日,在第59届联合国大会上,《联合国关于人的克隆宣言》以84票赞成、34票反对、37票弃权的结果获得通过,而中国投的是反对票。中国代表苏伟在解释原因时表示:中国政府积极支持制定一项国际公约,禁止生殖性克隆人。但是,治疗性克隆研究与生殖性克隆有着本质的不同。在这次通过的联大宣言中没有将这两种克隆分开,表述非常不清,提到的禁止范围可能会被误解为也涵盖治疗性克隆研究,这是中方所不能接受的。② 可见我国政府的立场是"禁止生殖性克隆、支持治疗性克隆"。该观点是否合理?究竟我国该如何对待克隆技术,又应该采取什么方式应对?带着这些问题意识,本节主要探讨生殖性克隆技术与医疗性克隆技术的法律规制根据;并在重点解析西方几个有代表性国家的克隆技术法律规制模式优缺点的基础之上,探讨我国应该采取的规制模式,并对这一问题的未来走向提出展望。

二、克隆技术的法律规制根据

面对克隆技术这一把双刃剑,人们是又爱又怕。一方面希望它大规模地造福人类,另一方面又担忧其改变人类的前途与命运。滥用克隆技术的行为是否具有犯罪性,是否需要动用刑法加以处罚,这个问题在世界各国都存在着激烈的争议。

现在的刑法理论通说认为,犯罪的本质就是对法益的侵害,即对法所保护的生活利益造成侵害或者引起危险。刑法的任务就是保护法益,所以刑法所干预的只能是侵害法益的行为。刑法不能处罚单纯违反伦理秩序而没有侵害法益的行为,伦理秩序的维持应该依靠刑法以外的方法。当然,主张犯罪的本质是侵害法益,也不意味着任何轻微的侵害法益行为都是犯罪,相反,只有值得科处刑罚的侵害法益行为,才具备犯罪的本质。因此,讨论克隆行为是否是犯罪,主要取决于该行为是否对刑法所保护的法益造成侵害或者带来危险。③ 以下主要从法益侵害的角度来探讨生殖性克隆与治疗性克隆的刑法规制根据。

(一) 生殖性克隆的刑法规制根据

有人主张,生殖性克隆可以"治疗"不孕症,禁止克隆人就是剥夺患有不孕症患者接受不孕治疗的权利。其实,在生殖性克隆技术之外,人类早已发明了人工授精、体外受精等技术来治疗不孕症。妊娠,是指通过受精使卵子与精子相结合,形成具

---

① 参见[德]Henning Rosenau:《胚の地位と肝细胞研究》,载《企业と法创造》,[日]甲斐克则、[日]三重野雄太郎、[日]福山好典译,2009年总第6卷第2期,第292页。
② 参见马宁:《联大通过关于人的克隆宣言,中国代表解释投反对票原因》,载《北京青年报》2005年3月10日第A1版。
③ 参见张明楷:《刑法学》,法律出版社2011年,第68-71页。

有新的遗传基因的受精卵,受精卵通过分裂与分化而成长,最终将其作为胎儿而生下的行为。不孕治疗其实就是为这一过程排除障碍的医疗行为。人工授精、体外受精都属于这一范围。但是,"制造"克隆儿并不需要卵子与精子进行受精。从这个意义上来说,它已经不再属于以排除妊娠过程中的障碍为目的的不孕治疗。对于人类而言,它只是一种全新的增加个体成员的行为。所以,即使予以禁止,也不会侵害到不孕患者接受治疗的权利。① 与此相反,如果允许制造克隆人,将会带来诸多弊端。下文将从个人法益与社会法益这两个角度来探讨生殖性克隆的危害性。

1. 个人法益
(1) 克隆子体的健康与福祉

从动物实验的结果来看,存在着克隆子体成活率不高、寿命不长、易带有某种缺陷的倾向。例如,克隆羊多利在5.5岁的时候(作为羊,属于相当年轻的年龄)患上关节炎,在6岁时出现快速老化,肺部患上重症,最终被施以安乐死。其寿命连普通羊寿命的一半都不到。② 据说,克隆羊多利的DNA端粒(telomere)的长度比给它提供了体细胞的羊短了20%,这可能是导致它短命的主要原因。③ 因为,端粒酶在人和动物体内主要起着控制生命体细胞分裂的作用。运用克隆技术制造出来的克隆子体,刚出生时端粒酶可能就已经减少了。所以,克隆子体在刚出生时,虽然外形与正常的新生幼儿无异,但是,其内在的端粒酶的状态可能和"克隆父体"即体细胞提供者相同,已经变少或变弱。所以,克隆个体的健康状态存在重大隐患。④ 如果这一假设成立的话,说明该技术存在着伤害人体生命与健康的重大危险性,因此,依据"他者危害原则",作为刑法不能对其坐视不管。

两性生殖的原则对于儿童福祉来说十分重要。对于正常出生的儿童来说,由于其父母双方共同参与了他的出生,所以他才能保持其自我主体性。相反,对于克隆人来说,由于其出生不存在父母双方的共同参与,所以在其成长过程中存在着诸多不安定因素。当然,毋庸置疑,被制造出来的克隆儿也是人,是人就拥有被作为人来养育、来对待的人权。可现状却是,社会为此尚未达成共识,还没有做好迎接克隆人的准备。在这种情况下,如果克隆人诞生的话,则很难保证他们不会受到歧视,甚至

---

① 参见[日]科学技术政策研究所:《生命と法——クローン研究はどこまで自由か》,大藏省印刷局2000年,第74页。
② 参见[日]岩志和一郎,[日]增井彻,[日]白井泰子,[日]长谷川知子,[日]甲斐克则:《講義生命科学と法》,尚学社2008年,第151页。
③ 参见[日]加藤尚武:《クローン人間禁止理由の法哲学的吟味》,载《生命倫理》1999年总第9卷第1期,第12页。
④ 参见[日]甲斐克则:《ブリッジブック医事法》,信山社2008年,第197页。

如电影 Never Let Me Go[①] 所描述的那样，他们"被出生""被捐献器官""被没有前途""被死亡"，仅仅被作为人体器官备用库来对待，其安全与福祉不会得到保障。因此，至少在目前，克隆儿的健康、安全与福祉还难以得到确保，这是现阶段进行刑法规制的重要依据。

（2）女性人权

人类进入近代社会以来，不断地开发了提供卵子、代理怀孕等多种辅助生殖的技术，给女性施加了越来越多的压力。这些其实已经超出了夫妇之间"体外受精"的范围。在当事人行使"自我决定权"的名义下，不少女性被动地成为这些新技术的施用对象，这已经超出了本来意义上的生育范畴，迫使女性成为"生孩子的机器"。运用了克隆技术的妊娠与生育就是最为明显的体现。虽然该技术从某种程度上来讲也是可以用来治疗不孕的辅助生殖技术，但是它已经超出"辅助生殖"的本来意义，威胁到了女性的人权。[②] 显然，这也可以成为对生殖性克隆进行刑法规制的根据之一。

2. 社会法益

（1）次世代的遗传危害

生殖细胞感受性较高，比较脆弱，当遗传基因受到伤害时，会自动死掉。因此生殖细胞不容易向后代遗传不良基因。而体细胞则不同，对于来自外界伤害（例如，放射线对染色体的切断等）的感受性较低，也可称之为忍受性较高，所以，体细胞当中存在着不少已经受到某种程度伤害的基因。当用这种体细胞的遗传基因来克隆新个体时，这些伤害自然会遗传给"克隆子体"。对于"父体"来说，表皮细胞中只存在这一处的基因损伤，对人体不会产生直接影响。但是，当这些受伤的基因遗传到"克隆子体"身上时，就可能会遍布全身细胞。[③] 如果"克隆子体"再代代累积相传的话，就会对人类子孙后代的健康产生巨大影响。而且，以目前的技术而言，要想预先发现体细胞的这些基因损伤是十分困难的。因此，生殖性克隆不仅具有侵害"当代人类健康"的危险，还具有侵害"未来人类健康"的危险。显然这种危害社会法益的危险性，作为抽象危险犯能够作为刑罚的处罚根据。

---

① 电影 Never Let Me Go[导演：马克·罗曼内克（Mark Romanek）；主演：凯瑞·穆里甘（Carey Mulligan），凯拉·奈特丽（Keira Knightley）等；2011年上映]所描述的是科研机构专门克隆出克隆人，将其关于孤岛之中，专门用来提供移植用人体器官的故事。很残忍，很恐怖，令人痛感对克隆技术进行法律规制的必要性。

② 参见[日]甲斐克则：《ブリッジブック医事法》，信山社2008年，第197页。

③ 参见[日]科学技术政策研究所：《生命と法——クローン研究はどこまで自由か》，大藏省印刷局2000年，第63页。

(2) 对于现有社会秩序的破坏

生殖性克隆将会为人类带来全新的家属关系,必将对当今社会带来巨大影响。家庭制度是现代社会秩序的基础,随着时代的发展而变化。为了适应社会的变化,世界各国通过拟制、权利认定等方法来将新出现的家属关系归纳到既存的家属关系当中。例如,将养子拟制为实子,承认同性恋婚姻中的当事人与通常婚姻中的当事人拥有同样的权利与义务。其实,人类的家庭关系是比较保守的,至今为止人们还没有创设过完全崭新的家庭关系。

生殖性克隆将会给社会带来多大混乱,是否具有可罚性的社会危害性?这取决于传统的"拟制方法"能够在何种程度上解释好由该技术所带来的新家庭关系。有人主张,可以通过修改婚姻法、继承法等家族关系法来调节克隆人的周边家庭关系。[1] 也就是说,把体细胞核的提供者和提供母胎的女性拟制为克隆儿的父亲与母亲。这种观点是值得商榷的。对于提供母胎的女性而言,她没有给克隆儿提供任何遗传信息,从这个角度上讲,她也不是克隆儿生物学上的母亲,只是相当于一般意义上的代理母亲。包括我国在内的大多数国家都不允许实施代孕技术,此时的法律关系将会变得十分复杂。[2] 对于体细胞提供者而言,从遗传角度来看,他与克隆儿具有相同基因,所以,在生物学上他们是处于年龄有差距的双胞胎兄弟或姐妹关系。而且,克隆儿往往也并不是基于遗传学上的父母的意志而出生,而是根据遗传学上的"哥哥"或"姐姐"的意志而出生。没有经过遗传学上的父母的意志决定,仅仅凭第三者的意志就能出生小孩,这是很难获得法律允许的。即使获得允许,他们也很难被拟制为民法上的父子关系,只能以生物学上关系为由,承认他们为兄弟或姐妹关系。这时,各种权利与义务就可能受到追溯变更。例如,因为遗传学上的父母死亡,体细胞提供者继承到了遗产,在这种情况下,克隆儿出生后,有可能会主张自己的继承份。这就为社会带来诸多不安定的因素。[3] 与体外受精、代理母亲相比,克隆儿的出生将会给社会秩序带来重大影响,在全体国民经过充分讨论达成共识并做好迎接准备之前,以此作为处罚根据也是可行的。

3. 新型社会法益

生殖性克隆的最大问题在于其侵犯到了"人类尊严"。这一点已经为多个国家的法律所承认。例如,日本的《规制与人有关的克隆技术等法律》在第1条中明确规

---

[1] 参见[日]川口浩一:《クローニングについての法的問題点——'人のクローニングの処罰は不要である'というテーゼの論証——》,载《奈良法学会雑誌》1997年总第10卷第1期,第37-38页。

[2] 我国《人类辅助生殖技术管理办法》第22条规定:禁止开展人类辅助生殖技术的医疗机构实施代孕技术。有违反行为的给予警告、3万元以下罚款,并给予有关责任人行政处分;构成犯罪的,依法追究刑事责任。

[3] 参见[日]科学技术政策研究所编:《生命と法——クローン研究はどこまで自由か》,大藏省印刷局2000年,第63页。

定,该法规制克隆技术的主要目的之一就是为了"保护人类尊严"。① 其实,"人类尊严"是早就被《世界人权宣言》以及诸多国际人权条约所承认的拥有最高价值的概念,是现代人权的由来根据②,它不同于"个人尊严",已经超出了传统意义上的个人法益与社会法益的范畴,是一种新型的社会法益。其理论根据主要源自康德的哲学思想。康德曾经指出:"不论是谁,在任何时候,都不应把自己和他人仅仅当作工具,而应该永远看成自身就是目的。""目的王国中的一切,或者有价值,或者有尊严。一个有价值的东西能被其他东西所代替,这是等价;与此相反,超越于一切价值之上,没有等价物可代替,才是尊严。"③人类尊严的具体内容比较抽象,很难用语言进行正面定义。其本质要求在于,人享有作为人的尊严,要把人作为人来对待。

生殖性克隆对"人类尊严"的侵害主要表现在以下三个方面:第一,生殖性克隆技术破坏了人的唯一性和不可代替性。人是指拥有主体人格,拥有唯一性的基因组合,仅限于在世间出现一次的存在。④ 人之所以拥有尊严,是因为每个人都是唯一的,具有不可被代替的性质。然而,生殖性克隆恰好是对特定的个人基因组合进行了复制,破坏了人的唯一性和不可代替性,所以其侵害到了人类尊严。第二,克隆技术破坏了"人的物种统一性"。⑤ 一方面,当生殖性克隆制造出人兽混合体时,就会导致其他物种的异质基因混入人类基因,破坏人类基因的统一性。另一方面,大量制造克隆人会破坏人类基因本来的多样性,这在某种程度上也是在破坏基因的统一性。第三,生殖性克隆技术导致人出现被"工具化"与"手段化"现象⑥,将人贬为"工具"和"手段"。因为,克隆人都是伴随着他人的某种目的而被制造,其遗传基因被他人决定与操纵,其本身仅仅是被当作"工具"和"手段"来利用而已。这与上述康德的命题完全相抵触。针对第一种观点,有人批判其轻视了成长环境对人的影响。⑦ 针对第二种观点,有人提出以下反对意见,即"人兽混合体以及克隆人的数量只有在达到人类总人口的一定比例时,才能称得上是破坏人类的物种统一性,如果现实中能

---

① 本法的原文用语为"人的尊严"。但是在该法的国会附带决议6当中使用的却是"人类的尊严",可以看出立法者并没有对两者加以明确区别。
② 参见[日]秋叶悦子:《ヒトクローニングの処罰根拠=クローン主体の尊厳と人権の侵害》,载《理想》2003年总第671期,第170页。
③ 参见[德]伊曼努尔·康德:《道德形而上学原理》,苗力田译,上海人民出版社2012年,第40—41页。
④ 参见[日]町野朔:《ヒトに関するクローン技術等の規制に関する法律——日本初の生命倫理法》,载《法学教室》2001年总第247期,第89页。
⑤ 参见[日]甲斐克则:《生殖医療と刑法》,成文堂2010年,第197页。
⑥ 参见[日]石川友佳子:《生殖医療技術をめぐる刑事規制(二・完)》,载《法学》2007年总第71卷第1期,第167页。
⑦ 参见[日]加藤尚武:《クローン人間禁止理由の法哲学的吟味》,载《生命倫理》1999年总第9卷第1期,第14页。

够出现的事态,只是停留在少数例外的情况下,还称不上是威胁到人类的物种统一性"。① 第三种观点是处罚生殖性克隆的最为有力的根据,至目前为止还没有出现有力的反驳。某些人为了满足私欲,利用生殖性克隆技术将克隆人仅仅当作工具和手段来对待,这确实侵犯到人类的尊严。这一观点是妥当的,可以成为用刑罚来规制生殖性克隆的最为强有力的根据。

综上所述,生殖性克隆可能对克隆儿的健康与福祉、女性人权、次世代的遗传安全、现有社会秩序以及人类尊严形成威胁和侵害。考虑到这些法益的重要性,完全有必要用刑法对其进行严格规制。因此,我国政府的"禁止生殖性克隆"的观点是完全正确的。

(二) 治疗性克隆的刑法规制根据

世界上几乎所有的国家都赞成禁止生殖性克隆,但是,对于治疗性克隆则存在较大的意见分歧,至目前为止尚未达成任何世界性共识。针对该问题,首先需要探讨的是,这两种技术是否应该受到相同的法律评价。治疗性克隆的大致做法是,将患者的体细胞的核取出并移植到另外一个被提供的卵细胞中去,加以激活,从而使胚胎诞生。然后,等胚胎成长到8细胞阶段,具有全能性的时候,再提取胚胎干细胞(即 ES 细胞),最终将这些胚性干细胞培育成各种人们所需要的人体器官和组织。可以看出,治疗性克隆在制造器官和组织的过程中也制造出了克隆胚胎,这一点与生殖性克隆是相同的。所以有人认为,治疗性克隆与生殖性克隆不存在本质差异。但是,由于生殖性克隆以制造克隆个体为目的,而治疗性克隆则是以寻找新的治疗方法为目的,因此,从法律角度而言,依据行为目的的不同而给予区别对待是可行的。所以,可以对医疗性克隆作出不同于生殖性克隆的法律评价。

(1) 胚胎与生命权

由于医疗性克隆研究在提取胚性干细胞时,通常都会致使该胚胎毁灭。所以,医疗性克隆研究会大量消费人类胚胎。关于这种行为的合法性问题,各国存在重大意见分歧。该问题的核心在于,人类生命究竟从何时开始,胚胎是否具有生命权? 1984年公布的英国《沃克诺报告》(Warnock Report)以是否具有"感受到痛苦的能力"为基准,主张利用形成后14日之内(胚前期,preembryo)的胚胎进行研究是合法的,利用14日之后的胚胎进行研究是违法的。这一主张在当时获得多数胚研究者的支持。可是,后来随着现代分子生物学的发展,科学家证明,具有主体性的人的生命起始于卵子与精子相互融合之时,而且胚胎的发育是循序渐进式的,14日之前与14

---

① 参见[日]葛原力三:《クローン技術規制法第三条の処罰根拠と不処罰根拠》,载《关西大学法学论集》2002年总第52卷第3期,第518页。

之后并不存在任何本质区别。① 因此,可以认为人类生命始于胚胎产生的瞬间,胚胎是人类"生命的萌芽"。那么,人类"生命的萌芽"是否与我们一样享有相同的生命权呢?德国的《干细胞法》规定,胚胎从卵子与精子融合为一体的时候就开始接受保护。其理由在于,胚胎已经具有作为个体的主体性、发育成人的潜在性以及连续性。但是,这种见解并不完全正确,因为只有着床才是出生前的最终决定性成长阶段。胚胎只有在子宫内着床,才能与母体起相互作用,才有可能将上述的主体性、潜在性、连续性变为现实,才有可能正常出生。所以胚胎虽然是人类"生命的萌芽",但是它在被植入母体之前还不享有生命权。② 既然不享有生命权,能够给予它的保护就不应该是绝对的,就会允许将其与其他利益进行比较与衡量。

(2) 胚胎与人类尊严

当然,胚胎不具有生命权并不意味着它完全不受法律保护。因为生命权与人类尊严是可以相互分离的。正如人在死后人格权还会在一定程度上获得法律保护一样,已经具有生命迹象的胚胎也应该具有相应的"前生命性的尊严"。那么,使用这些胚胎是否会损害到人类尊严呢?

被用于医疗性克隆的胚胎一般可以分为两类,即剩余胚和新制胚。首先,剩余胚是指当初以发育成长为婴儿为目的而被制造,后来却基于某种理由已经完全失去着床机会的胚胎。"他们"已经失去了发育成人的机会,要么通过合法程序被抛弃,要么就会被永久冷冻保存。对于胚胎而言,与被永久冷冻相比,通过提供胚性干细胞来为医学研究作贡献则更有价值,更有尊严。因此,用剩余胚进行生殖性克隆研究并未侵犯人类尊严,所遭受的抵抗较小,易于为法律所允许。其次,关于直接以研究为目的而制造出来的新制胚,问题则变得更为复杂。有人认为,新制造的胚胎被完全物化,完全是为了他人,即为了实现患者的治疗目的而被制造然后再被毁灭,这显然是有损人类尊严。这种观点貌似有理,其实并不正确。因为其理论前提是错误的,即把胚胎直接当作人来考虑了。在这种场合下,胚胎是在不会着床到子宫、不会发育为人的前提之下被制成的。所以,它不具有成为人的潜在可能性,自然也就不享有人类尊严。所以,用违反人类尊严这一理由来反对医疗性克隆并不成立。当然,这并不意味着在进行医疗性克隆时可以无限制地随意消费人类胚胎。因为,虽然享受人类尊严的只有人类,但是在现代社会,即使不具有人类尊严,也应该给予尊重的东西是很多的。人类胚胎虽然还不是人,不享有生命权,也不享有人的尊严,但

---

① 参见[英]Serra, A.:《ヒト胚·処分可能な'細胞の塊'か、'ヒト'か?》,[日]秋叶悦子译,载《理想》2002年总第668期,第94—106页。

② 参见[德]Henning Rosenau:《胚の地位と肝細胞研究》,[日]甲斐克则、[日]三重野雄太郎、[日]福山好典译,载《企業と法創造》2009年总第6卷第2期,第293—295页。

"他"是人类"生命的萌芽",值得人们尊重,具有一定的要保护性,要求人们在利用时采取谨慎态度,并且有必要进行利益衡量。当医疗性克隆研究的可预期成果比胚胎的要保护性更为优越时,制造与消费胚胎就应该是可以被允许的。如果该研究仅仅是为了满足科研工作者的好奇心,则显然不应该被批准。

从以上分析可以得出的结论是,医疗性克隆所使用的胚胎不具有生命权,也不享有人类尊严,所以并不存在完全禁止医疗性克隆的刑法规制根据。但是,其作为人类"生命的萌芽",仍然具有一定的要保护性,应该用其他法律规制作为刑法规制之补充。因此,只有那些符合一定条件,而且具有高度医疗运用前景的医疗性克隆研究才能获得允许。可见,我国政府的"支持治疗性克隆"的观点基本上也是妥当的。但是,此处的"支持"不是指"无条件支持",而应指"附条件地支持"。更为准确的表述应该是"支持符合一定要件的治疗性克隆"。

三、克隆技术法律规制方法

如前文所述,医疗性克隆会侵害克隆儿的健康与福祉、女性人权、次世代的安全、社会的稳定以及人类的尊严,所以必须要通过制定刑法新条文来加以严厉禁止。与此同时,医疗性克隆因具有重大医学意义,在大多数国家都没有被禁止。但是,由于其所使用的胚胎是人类"生命的萌芽",仍然具有一定的要保护性,所以也需要通过制定刑法之外的法律对其作正确引导和规制以防止滥用。

(一)目前我国克隆技术法律规制现状

关于克隆技术,我国目前为止还没有专门立法,但是在个别行政部门规章中已经有所涉及。我国最早对克隆技术予以规制的是2001年卫生部发布的《人类辅助生殖技术规范》(2003年重新修订),其最后一项条文明确规定:"禁止克隆人"。2003卫生部发布的《人类辅助生殖技术和人类精子库伦理原则》则更进一步规定:"在尚未解决人卵胞浆移植和人卵核移植技术安全性问题之前,医务人员不得实施以治疗不育为目的的人卵胞浆移植和人卵核移植技术";"医务人员不得实施生殖性克隆技术";"医务人员不得将异种配子和胚胎用于人类辅助生殖技术"。同年由科技部和卫生部联合发布的《人胚胎干细胞研究伦理的指导原则》第4条规定:"禁止进行生殖性克隆人的任何研究"。以此为基础其第6条还规定:"进行人胚胎干细胞研究,必须遵守以下行为规范:(1)利用体外受精、体细胞核移植、单性复制技术或遗传所获得的囊胚,其体外培养期限自受精或核移植开始不得超过14天。(2)不得将前款中获得的已用于研究的人囊胚植入人或任何其他动物的生殖系统。(3)不得将人的生殖细胞与其他物种的生殖细胞结合。"这几个部门规章的主要内容可概括为,禁止生殖性克隆,支持符合一定条件的治疗性克隆。与我国政府2005年在联合国大会上的表述基本一致,这一立场的方向性是妥当的。

然而,由于上述3个法律文件都仅仅是行政部门规章,存在着级别较低、不成体系、无法追究刑事责任的缺陷。首先,上述几部规章由于级别较低自身并未能规定相关处罚条款,即使有人违反相关规定制造克隆人,也不可能依照这几部规章予以处罚。其次,这几部规章所规定的内容较为分散,不够系统,而且针对医疗性克隆的具体要件和范围都没有作出科学规定,有待进一步完善。再次,其最大的缺陷在于没法追究相关违法人员的刑事责任。虽然2001年卫生部发布的《人类辅助生殖技术管理办法》第3条第1款规定:"人类辅助生殖技术的应用应当在医疗机构中进行,以医疗为目的,并符合国家计划生育政策、伦理原则和有关法律规定";第22条规定:"开展人类辅助生殖技术的医疗机构违反本办法……由省、自治区、直辖市人民政府卫生行政部门给予警告、3万元以下罚款,并给予有关责任人行政处分;构成犯罪的,依法追究刑事责任"。依据这两个条文,虽然可以对违反上述3部规章的医疗机构及相关责任人处以一定的行政处分。但由于我国目前的刑法典中并没有规定相关的罪名及刑事责任,受罪刑法定原则的制约,所以仅仅凭借这两个条文是没有办法真正追究相关人员刑事责任的。因此,当下在我国制造克隆人,最多是被处以3万元罚款以及行政警告。与得逞后所能够获得的巨大经济利益以及名誉相比,违法者的违法成本相当低。最后,这几个法律文件都没有明确规定相关监管部门及其职责,不利于贯彻执行。因此,当下在我国针对克隆技术的法律规制效果十分有限,无法真正禁止生殖性克隆,也无法合理引导治疗性克隆。所以,我国需要在参照其他国家立法现状的基础之上尽早完善这一领域的法律规制。

(二)域外克隆技术法律规制

克隆问题与环境问题一样,是一个全球性的问题,需要全人类来共同解决。但是,由于历史、文化、宗教等要素的不同,各国所采取的应对方式也不相同。其中规制模式比较系统、比较有特色的国家主要有德国、英国、日本这三个国家。

1. 德国的规制方法

1985年,德国的本达委员会公布了名为《体外受精、基因解析以及遗传子治疗》报告书,一般称之为本达报告书(Benda Bericht)。它提倡为了保护"人类尊严"通过立法对生殖技术进行规范。以该报告书为基础,在讨论与修改法案的基础之上,德国在1990年制定了《胚保护法》(*Embryonenschutzgesetz*,ESchG)。该法共有13条,其中有7条是处罚性规定,有较强的特别刑法色彩。该法第6条明确规定:"(1)人为制造与其他胚胎、胎儿、人具有相同遗传信息的人类胚胎的,处5年以下自由刑或者罚金。(2)将第1款所规定的胚胎移植进女性体内的,处同样刑罚。(3)未遂也处罚。"①依据该法,任何形式的克隆在德国都会被作为犯罪来处罚。

由于《胚保护法》过度限制了科学家的研究自由,制定后不久就出现了改正论。特别是关于如何对待利用了克隆技术的干细胞研究,存在较大争议。激烈争论之后的结果是,在 2002 年 6 月 26 日制定了《干细胞法》[*Gesetz zur Sichellung des Embryonenschutzes im Zusammenhang mit Einfuhr und Verwendung menschlicher embryonaler Stammzellen*(Stammzellgesetz-StammzellG)]。该法规定,在严格的条件之下,可以进口国外在 2002 年 1 月 30 日之前所制成的胚胎进行研究利用。② 可以看出,立法者的意图在于,既要保护人类胚胎,也要顾及 ES 细胞的研究能够造福患者的可能性以及科学家的研究自由。虽然德国允许进口的 ES 细胞仅限于国外已经制成的剩余胚,但是,这种做法其实是间接地促进了外国对胚胎的制造和消费。所以,德国的这种做法在理论上讲并不具有一贯性,只能说是一种临时性的苦涩决定。

随着时间的流逝,德国的研究者能够利用的干细胞胚胎,无论是数量还是质量都在逐渐下降。因此,学界要求修改《干细胞法》的呼声越来越大。虽然事先出现了全面禁止和废除胚胎制造日期限制等各种提案,但是国会最终还是采取了折中方案。在 2008 年 5 月 23 日,德国联邦议会通过《干细胞法修正法》,将允许进口的胚胎的生成日期的期限改为 2007 年 5 月 30 日,而且明确规定可以延长生成期限的仅限于这一次。③ 此次的法律修改只能说是一时之策,并没有从根本上解决问题。

可以看出,德国采用较为严厉的刑事法对运用克隆技术的行为作了极为严格的规制。这既反应德国对纳粹德国时期的人种政策以及滥用优生思想的反思,也体现了德国对"人类尊严"的极力推崇。但是,从德国的干细胞研究者的视点看来,德国的法律状况并不值得乐观,因为他们不能自己制造干细胞,法秩序留给他们的活动空间相当狭小。从某种程度上而言,过于死板的刑事规定抑制了德国医学的发展,侵害了不少患者的潜在受益权。要想解决这个问题,显然需要更为彻底地修改法律。对于德国今后的动向,需要继续关注。

2. 英国的规制方法

1978 年,世界上第一个试管婴儿在英国诞生,关于是否需要规制生殖辅助医疗技术,在英国引起了全国性的争议。以此为背景,沃克诺委员会在经过两年多的调查之后,于 1984 年公布了著名的《沃克诺报告》(Warnock Report)(*Department of*

---

① 参见[日]甲斐克则:《生殖医療と刑法》,成文堂 2010 年,第 264 页。
② 参见[日]神馬幸一:《ドイツにおける'ヒト胚性幹細胞(ES細胞)'研究を対象とした刑事規制について——いわゆる"幹細胞法(StZG)"成立を契機として》,载《法学政治学論究》2002 年总第 56 期,第 413 页。
③ 参见[德]Hans-Georg Koch:《法的問題としての幹細胞研究と"再生医療"》,[日]甲斐克则,[日]三重野雄太郎,[日]福山好典译,载《ジュリスト》2009 年总第 1381 期,第 85 页。

Health and Social Security: Report of the Committee of Inquiry into Human Fertilisation and Embryology)。① 该报告从多个角度对如何规制生殖辅助医疗技术进行了探讨之后,给出了 64 条建议。在此基础上,英国在 1990 年制定了《人类生殖与胚胎法 1990》(*Human Fertilisation and Embryology Act* 1990,以下称之为 HFEA 1990)②。本法的主要内容是,规定对受精卵和胚胎进行研究必须事先向监督机关 HFEA(Human Fertilisation and Embryology Authority)提出申请并获得许可,其目的在于通过认可机关对受精卵和胚胎的研究进行规制。其第 3 条第 3 款(d)明确规定禁止"置换胚细胞核"。如果违反该条规定的话,依据该法第 41 条最高可能会被处以 10 年以下的自由刑,并处罚款。虽然当时还没有出现应用在"多利"身上的体细胞克隆技术,但是,由于体细胞克隆需要使用"置换胚细胞核"这项技术,所以大多数学者都认为该法在"实际上"或者说是"基本上"禁止了克隆。然而,也有少数学者主张,由于 HFEA 1990 不是针对克隆技术而制定,所以它并没有完全禁止克隆。③ 此后,随着生命科学的发展、干细胞研究的出现,逐渐出现了 HFEA 难以应对的情况。为了解决这些问题,英国国会于 2001 年 1 月制定了《人工生殖与(以研究为目的)胚研究的法律》[*Human Fertilisation and Embryology* (*Research Purposes*) *regulations* 2001]④。对 HFEA 1990 进行了修正,规定要申请胚胎研究还必须符合以下三个追加条件,即:能够增加关于胚胎发育的知识;能够增加关于重大疾病的知识;能够增加关于开发治疗难病方法的知识。

虽然当时英国的多数学者认为,体细胞克隆事实上已经被 HFEA 1990 所禁止,但是,在后来一起由胎儿权利联盟(Pro-Life)提起的诉讼中,英国高等法院于 2001 年 11 月 28 日判定,用细胞核转移技术制成的胚胎不属于 HFEA 1990 所规定的胚胎。⑤ 这样一来,"疯狂的科学家"就有可能利用这一漏洞来制造克隆人,因此,有必要用新法律来禁止利用通过克隆技术而制成的胚胎。于是,英国在 2001 年制定了《人类生殖克隆法》(*Human Reproductive Cloning Act* 2001)⑥。该法非常简洁,仅

---

① 本报告的内容参见英国政府网站,http://www.hfea.gov.uk/docs/Warnock_Report_of_the_Committee_of_Inquiry-into_Human_Fertilisation_and_Embryology_1984.pdf,最后访问日期 2015 年 1 月 4 日。
② 本法内容参见英国政府网站,http://www.legislation.gov.uk/ukpga/1990/37/contents,最后访问日期 2015 年 1 月 4 日。
③ 参见[日]川口浩一:《クローニングについての法的問題点——"人のクローニングの処罰は不要である"というテーゼの論証》,载《奈良法学会雑誌》1997 年总第 10 卷第 1 期,第 33 页。
④ 本法内容参见英国政府网站,http://www.Legislatio.gov.uk/uksi/2001/188/contents/made,最后访问日期 2015 年 1 月 4 日。
⑤ 参见[日]甲斐克则:《生殖医療と刑法》,成文堂 2010 年,第 242 页。
⑥ 本法内容参见英国政府网站,http://www.legislation.gov.uk/ukpga/2001/23/introduction,最后访问日期 2015 年 1 月 4 日。

有两个条文。第1条第1款规定：将用受精以外的方法制成的人类胚胎植入女性体内的人，作为犯罪加以处罚。该条第2款规定：违反前款行为的，处10年以下自由刑，单处或并处罚金。由于"用克隆技术制成"，属于"用受精以外的方法制成"，因此，依据本法的规定，生殖性克隆在英国被明文禁止。

由于医疗性克隆处于上述《人类生殖克隆法》的规制范围之外，所以之后引起了新一轮的争议。2002年2月13日，英国上院委员会在调查的基础之上，公布了《英国上院委员会关于干细胞研究的报告书》(The House of Lords Select Committee Report on Stem Cell Research)。其最大亮点在于，没有全面禁止利用ES细胞和体性干细胞，主张为了尽最大可能地保障医学利益，应该同时确保ES细胞和体性干细胞这两种治疗途径，是一种较为灵活的对应方式。另一亮点是，提倡初期胚胎的研究界限应该限定于14天之内，并且只有在剩余胚不够用的例外情况下，才能特意制造新胚胎。该报告为规制医疗性克隆研究提供了基本框架，获得了学界大多数人的赞成，其内容在2002年7月出台的《关于干细胞研究的英国保健省报告》(Government Response to the House of Lords Select Committee Report on Stem Cell Research)中得到了追加认可。①

综上所述，英国通过制定行政（刑）法、设置认可机构以及运用准入制度来规制克隆技术的运用。一方面严格禁止生殖性克隆，另一方面对医疗性克隆采用有限制的许可。虽然要受到HFEA的严格监督，但是只要符合所定的条件就会被认可，具有一定的合理性。

3. 日本的规制方法

克隆羊多利的出生，在日本也引起了很大的社会反响。首先，日本政府于1998年1月在科学技术会议生命伦理委员会中设立了克隆小委员会对克隆问题进行探讨。该委员会在1999年11月提出了最终报告书《针对克隆技术产生个体人等问题的基本思路》。以此为基础，政府向国会提出了法案，在2000年11月30日成立了《规制与人有关的克隆技术等法律》②(『ヒトに関するクローン技術等の規制に関する法律』)。这是日本最初的生命伦理法，本法共有正文20条，附则4条，附带决议7个项目。主要规定了以下两个内容：第一，第3条规定："任何人都不允许把人的克隆胚、人与动物的杂交胚、人的融合胚或者人的集合胚移植到人或者动物的子宫内。"第16条规定："违反了第3条规定的，处以10年以下的有期徒刑，单处或并处1 000万日元以下的罚金。"通过这两条规定，严厉禁止了制造克隆人以及人兽杂交

---

① 参见［日］甲斐克则：《生殖医療と刑法》，成文堂2010年，第253、263页。
② 本法内容参见日本政府网站，http://law.e-gov.go.jp/htmldata/H12/H12HO146.html，最后访问日期2015年1月4日。

体的行为。第二,本法第4条将"人胚分割胚、人胚核移植胚、人克隆胚、人集合胚、人与动物的杂交胚、人性融合胚、人性集合胚、动物性融合胚以及动物性集合胚"定义为"特定胚",规定对于涉及这些"特定胚"的行为,由文部科学省通过制定行政法上的指针来加以规制。所以,在生成、转让、进口这些"特定胚"时,必须要先向政府的文部科学省提出申请(第6条),随后还必须遵守文部省大臣制定的指针(第5条)。可以看出,本法在用刑事法处罚禁止生殖性克隆的同时,解除了对医疗性克隆的限制。由于日本的行政诉讼法第32条规定,行政法上的指针不可以附带刑事处分。所以一般而言,在日本制造和研究克隆胚是不会被处罚的。因此,有日本学者戏称本法是克隆技术的"解禁法"。[1]

由于ES细胞可以利用体外受精时产生的剩余胚来制造,所以与ES细胞相关联的技术,在原则上不属于上述《规制与人有关的克隆技术等法律》的规制对象。为了解决这一问题,日本文部科学省于2001年9月公布了《关于制造与使用人类ES细胞的指针》(『ヒトES細胞の樹立及ひ使用に関する指針』)[2]。该指针指出,人类胚胎是"人类生命的萌芽",用它来制造ES细胞必须持慎重态度。同时还规定为了制造ES细胞,能够利用的人类胚胎应该限定为在治疗不孕时所产生的符合一定条件的"剩余胚"。此后,日本文部科学省于2009年8月其加以修订,将该指针分为《关于制造与分配人类ES细胞的指针》(『ヒトES細胞の樹立及ひ分配に関する指針』)[3]和《关于使用人类ES细胞的指针》(『ヒトES細胞の使用に関する指針』)[4]两个指针。而且,制定后不到一年,在2010年5月又加以修订。

《关于制造与分配人类ES细胞的指针》规定,制造ES细胞,除了使用人类剩余胚之外还可以使用人类克隆胚。剩余胚的使用要件如下:提供者同意毁灭该受精胚;其用途已经获得提供者的知情同意;使用的是冷冻胚;扣除冷冻期间,使用的是受精后14天以内的受精胚;提供的数量仅限于必要使用量;被提供的胚应尽快使用;必须是无偿提供。至于人类克隆胚的使用条件,则由《关于处理特定胚的指针》(『特定胚の取扱いに関する指針』)[5]在2009年5月修订时新增添的条文加以规定。主

---

[1] 参见[日]葛原力三:《クローン技術規制法第三条の処罰根拠と不処罰根拠》,载《关西大学法学论集》2002年总第52卷第3期,第508页。
[2] 本指针的内容参见日本政府网站,http://www.lifescience.mext.go.jp/files/pdf/32_88.pdf,最后访问日期2015年1月4日。
[3] 本指针的内容参见日本政府网站,http://www.lifescience.mext.go.jp/files/pdf/n592_J01.pdf,最后访问日期2015年1月4日。
[4] 本指针的内容参见日本政府网站,http://www.lifescience.mext.go.jp/files/pdf/n592_S01.pdf,最后访问日期2015年1月4日。
[5] 本指针的内容参见日本政府网站,http://www.lifescience.mext.go.jp/files/pdf/30_226.pdf,最后访问日期2015年1月4日。

要的要件有：只能限于不使用人类克隆胚就难以获得科学真知的场合；人类克隆胚的制成目的是用于治疗有生命危险或者严重影响身体机能的疾病，而且具有科学的合理性和必要性；制成者需要符合一定的条件；使用设备要符合一定的要求；所使用的未受精卵和体细胞要符合一定的要求；经过未受精卵和体细胞提供者的同意。显然，这些指针对人类克隆胚的使用要件规定得比人类剩余胚的使用要件更为严格，可以推测其目的在于防止研究者滥用人类克隆胚。

《关于使用人类 ES 细胞的指针》规定，使用由人类剩余胚制造的 ES 细胞必须符合以下两个要件：研究目的是解明人类的起源、分化以及再生机能，或者是开发新的诊断法、预防法或医药品；必须具有科学合理性与必要性。与此相对，使用由人类克隆胚制成的 ES 细胞必须符合的要件有：使用的目的是治疗有生命危险或者严重影响身体机能的疾病；该研究具有科学的合理性以及必要性；该使用目的得到提供者的知情同意；如果是在外国制成的 ES 细胞，则只限于那些在和日本同等条件下所制成的 ES 细胞。此外，在第 6 条规定了 4 个禁止事项，即：把利用 ES 细胞制造出来的胚植入人或者动物的子宫内或者用其他方法使 ES 细胞生成为个体；将人类 ES 细胞导入人类胚胎；将人类 ES 细胞导入人类胚儿；从人类 ES 细胞制成生殖细胞。总体而言，日本采取了用刑事法规定坚决禁止生殖性克隆的立场，而对于医疗性克隆则采取了相对宽容的态度，通过多个指针对科研者进行管理与引导，并结合科学技术的发展对指针作了较为频繁的修改。

以上主要阐述了德国、英国和日本对于克隆技术所采取的法律规制现状。三个国家均严格禁止制造克隆个体（克隆人与人兽混合体），并有限度地允许医疗性克隆。从本文所探讨的规制根据来看，他们的做法整体上都是妥当的。

（三）我国克隆技术法律规制完善建议

法制化其实存在着多种方法，例如自主规制、民事规制、行政规制以及刑事规制。如上所述，英国采取的规制方式是通过立法（该法类似于我国的行政法）设置认可机关，规定认可程序和认可要件，仅对较为严重的违反行为规定了刑事处罚。英国模式既严格禁止了"滥用"，又为"合理利用"留下了众多自由空间，值得我国参考。而德国采用的是严厉的特别刑法，不但禁止了生殖性克隆，而且也几乎禁止了医疗性克隆。德国模式把刑法推到最前面，为科学家留下的活动空间相当狭小，不可否认其在一定的程度上限制了科学家的研究自由，阻碍了医学的发展。我国仍然属于发展中国家，在再生医疗领域与发达国家存在较大差距，需要鼓励科学家迎头赶上，所以这种模式不太适合我国。与此相对，日本采取的是混合规制方式，即特别刑法加自主规制。一方面通过刑事立法严厉禁止了生殖性克隆，另一方面则对医疗性克隆则采用了指针规制的方式。在日本模式中，指针的内容十分详细也具有较高的妥当性,在规制中起到了重要作用。指针在日本也被称为"软性法律"(ソフトロー),一般是政府或相关学会制定出来的自主行为规范,相关的人员有遵守的义务。但是由于指针都没有规定处罚条例,因此,研究者即使违反了该指针,最多只是被学会除名,此外不会受到任何实质性处罚。由于日本人具有相当强的遵守行为规范的倾向,所以在日本存在大量"软性法律",并且几乎都能起到很好的规制效果。这种规制方法的优点在于能够给予研究者充分的自由,激发研究者的科研热情,而且修改的程序十分简单、便利。但是,其缺点在于"软性法律"不具有强制性,法益很难从法律制度上得到保障,只能依靠科学研究者高度的自律精神以及强烈的社会责任感。显然,由于文化背景以及国情的不同,我国不适合照搬这一模式。根据国情,我国应该采取混合规制方式,但不是采用日本的特别刑法加指针的模式,而是采用行政法加刑法的模式。具体建议如下:

第一,全国人大应该尽快制定克隆技术管理法。如上述,目前我国针对克隆技术的立法主体是卫生部和科技部,而全国人大及其常委会尚未介入。由于规制克隆技术涉及对公民科研自由、生育权利等重要基本权利的限制,按照基本权利限制的法律保留原则,不应该由国务院的有关部门制定部门规章,而应当由全国人大或至少应由全国人大常委会通过立法来实现①。而且,从前述德国、英国、日本的立法状况来看,也都是由议会(或国会)通过法律的形式来明确禁止生殖性克隆的。此外,目前的几部部门规章分别使用了"克隆人""生殖性克隆技术"以及"生殖性克隆人"等概念,且没有加以明确界定,容易带来理解和运用上的混乱;而且,存在着规制对象范围狭窄难以涵盖所有科研机构及科研人员的问题。

第二,克隆技术管理法的内容应体现科学性。首先,明确界定相关概念。其次,明确禁止生殖性克隆(包括禁止制造克隆人以及人兽混合体)。不仅要处罚生殖性克隆的既遂行为,而且要处罚其未遂行为。再次,对医疗性克隆予以附条件式的许可和常态化监管。在制度上可以参照上述英国模式,通过设定认可机构和准入制度来监督和管理医疗性克隆的研究。法律必须明确规定能够开展医疗性克隆的具体要件及相关程序。至于要件与程序的具体内容可以在现有的这几部部门规章的基础上适当地借鉴日本上述的"软性法律"。让那些有资质的机构或个人在法律允许的范围内顺利开展医疗性克隆研究。最后,应明确相关法律责任。对于违反克隆技术管理法相关规定的机构(包括医疗机构和科研机构)可处以吊销"克隆技术研究许可证书",情节严重的吊销医疗机构执业许可证或冻结科研资金并处罚款等行政处罚;对于机构的主要责任人和直接责任人可给予行政处分,情节严重的应当依照刑

---

① 参见上官丕亮,孟凡壮:《克隆人立法的宪法规制》,载《北方法学》2013年第3期,第126页。

法追究其刑事责任。

第三,建议通过刑法修正案将生殖性克隆入罪。目前我国针对克隆技术的法律规制最大的问题就是缺乏刑事规制。仅仅依靠行政处罚难以有效禁止生殖性克隆,而且,行政法本身不可以规定直接的刑事处罚。因此克隆技术管理法制定后,为了使刑法与之保持衔接,相互配合更好地预防生殖性克隆,我国应该通过刑法修正案将生殖性克隆入罪,并配设相适宜的刑罚。① 至于具体刑罚,可借鉴国外的立法。如德国、英国、日本的立法对生殖性克隆的刑事处罚分别是:"5 年以下自由刑或者罚金";"10 年以下的自由刑";"处以 10 年以下的有期徒刑,单处或并处 1 000 万日元以下的罚金"。因此,克隆技术管理法立法之后,我国应通过刑法修正案增加"生殖性克隆罪",规定:"从事生殖性克隆的,处 10 年以下 5 年以上有期徒刑并处 100 万元以下罚金"。这种做法并不违背刑法的谦抑性,因为刑法在面对人类整体安全、社会稳定、人类尊严等重大法益受到威胁时,不能"不作为"。

四、展望

究竟该如何对待克隆技术,这是一个典型的全人类问题。关于医疗性克隆,如果有的国家禁止,有的国家许可,那么被禁止的国家的国民就有可能丧失享受医学成果的机会。关于克隆人或者人兽结合体,如果只是在一部分的国家被禁止,这一问题就很难得到真正的解决。因为,疯狂的科学家可以在那些没有禁止克隆的国家制造克隆体。虽然行为确实是发生在一个国家,但是其结果则无疑会影响到全人类。因此,人类需要进行全球性的大讨论,形成全球性合意,并最终依靠国际合作来制定具有普遍合理性的全人类的行为规制。这是人类在 21 世纪必须要解决的重大课题。

克隆技术的发展可谓是日新月异。2007 年京都大学的山中伸弥教授科研小组已经用人的皮肤细胞成功地制造出了与 ES 细胞具有同样多能性与自我复制能力的"人工万能细胞"iPS(induced pluripotent stem cells)细胞。iPS 细胞的出现使得人类可以通过不毁灭受精卵的方法获得干细胞,因此,这种方法被认为可以避免 ES 细胞所涉及的伦理问题,从而获得全世界的高度关注。然而遗憾的是,有研究表明该方法制造的干细胞存在着致癌的可能性,而且仍然会有出现排斥反应的可能性。因此,该领域的问题不会因为 iPS 细胞的出现而彻底消失。② 但是,在不久的将来,在该领域出现可以完全取代 ES 细胞的技术,也不是没有可能。因此,针对该领域,法

---

① 参见刘长秋:《刑法学视域下的克隆人及其立法》,载《现代法学》2010 年第 4 期,第 103 页。
② 参见[日]甲斐克则:《先端医療技術の研究開発と適正ルールの確立—医事法・生命倫理の観点から—》,载 Law and Technology 2011 年总第 52 期,第 34 页。

律在制定后也必须随着科技的发展而不断再行探讨和修改。

第二节　医疗人工智能临床应用的法律挑战及应对[*]

随着《"互联网＋"人工智能三年行动实施方案》(发改高技〔2016〕)《新一代人工智能产业发展规划》(国发〔2017〕)和《促进新一代人工智能产业发展三年行动计划(2018—2020年)》(工信部科〔2017〕)等文件的相继出台,人工智能发展迎来重大机遇。人工智能在疾病诊断、治疗、护理、健康管理等医疗领域大显身手,对于提高诊断效率和治疗效果、改善医疗资源配置、降低医疗成本等发挥着重要作用。然而,人工智能背后的"技术黑箱"和"自主学习"使得医疗人工智能(以下简称:医疗 AI)在临床应用上蕴藏着巨大风险。医疗 AI 诊断失误以及手术损害等不良事件的发生引发理论界和实务界对医疗 AI 的法律地位、医疗损害的责任承担等法律问题展开激烈争议。此外,医疗 AI 的"自主学习"离不开巨量医疗大数据的喂投,涉及医疗数据的保护和利用,但我国目前对医疗大数据的保护和利用等还未有明确的法律规范。基于此,笔者在归纳和提炼医疗 AI 在临床应用中所引发的法律问题基础上,重点分析医疗 AI 的法律地位,探讨其引发医疗损害时的法律责任,明确医疗 AI 背景下的医疗信息的保护和利用的边界,为我国医疗 AI 的发展与完善提供建议。

一、医疗 AI 临床应用的现状

(一)医疗 AI 诊断

目前,医疗 AI 在医学诊疗、治疗、护理以及健康管理等环节均已实现临床应用。利用 AI 影像辅助诊断,可以帮助医生提高癌症或心脏疾病的诊断准确率。日本的 CAD(电脑辅助诊断)系统,通过胸部 CT 照片分析,能以较高的准确率检查出肺结核等疾病。在日本 2016 年举办的一次转移性乳腺癌诊断比赛中发现,病理医生的误诊率为 3.5%,但医生借助此系统可以将误诊率降低至 0.5%。[①] AI 影像诊断的升级就是辅助诊断。医疗 AI 通过学习海量的医学数据和专业知识,模拟医生的诊断方式,可在短时间内提供高效、精准的诊断结果和个性化的治疗方案。此领域最为出名的是 IBM(国际商业机器公司)的"沃森"肿瘤学(Watson for Oncology)系统。"沃森"通过对大量的癌症临床知识、基因组数据、癌症病例信息进行"学习",可以为临床医

---

[*] 本节主要内容最初发表于《东方法学》2019 年第 5 期。
[①] 参见《第 IX 次学術推進会議報告書:人工知能(AI)と医療》2018 年 6 月,第 12-14 页。

师提供治疗方案,是 AI 辅助诊断的典范。① 只要输入患者的电子病历等信息,"沃森"就能够快速挖掘医学知识和患者的个人记录,在不到三秒钟的时间内完成诊断,并根据病人的病历提出有针对性的个性化治疗方案。现在"沃森"已经可以查出至少 13 种器官中的肿瘤。在日本,"沃森"曾经只用 10 分钟就将病人的基因变化信息与 2 000 万篇癌症科研论文的数据进行了比较,准确鉴定了罕见白血病类型,成功挽救了一位 60 岁妇女的生命。②

(二) 医疗 AI 治疗

医疗 AI 不仅可以进行诊断,还可参与手术等外科治疗。当下,外科医生可以远离手术台,操纵 AI 对心脏和前列腺实施外科手术。手术 AI 的杰出代表是"达芬奇(da Vinci)手术 AI"。"达芬奇"是目前世界上最先进的手术 AI(内窥镜手术器械控制系统),可以在医生的操作下,利用手术器械模拟医生的手术过程,完成精细化的手术操作。"达芬奇"具有辅助成像系统,能将手术的视觉放大 10 至 15 倍,使手术画面更清晰,操作精度更高。此外,"达芬奇"的手臂能进行大角度自由旋转,到达医生手术刀达不到的位置,而且操作稳当,不会出现人工操作的颤抖等情况。"达芬奇"机器人曾经在一个玻璃瓶里给葡萄缝合葡萄皮,这是人手难以达到的境界。总之,"达芬奇"将外科医生的手术精度提高了一个数量级,能减小伤口创伤面,减轻病人痛苦,加快术后恢复。数据显示,"达芬奇"仅在 2016 年即完成 11 445 例手术③,截至 2017 年 3 月,国内"达芬奇"已装 62 台,且全球机器人手术量以年均 15% 的速度增长④。

(三) 医疗 AI 护理

随着全球老龄化加速和慢性病患者的激增,AI 护理存在巨大的市场需求。国外在临床上已经出现护理机器人。护理机器人是将传统的护理工作与先进的机器人技术相结合的体现,目前已有康复机器人和生活护理机器人。康复机器人有外骨骼机器人和儿童上肢康复机器人。康复机器人能有效提高需要康复训练患者的训练强度和效率,帮助残障人(包括老年人、残疾人、伤病人)提高生存质量和社会生活参

---

① 参见 IBM Watson for Oncology:Watson for Oncology Key Features,https://www.ibm.com/us-en/marketplace/ibm-watson-for-oncology/details,最后访问日期 2019 年 4 月 5 日。
② 参见 Joe Fingas:IBM's Watson AI Saved a Woman from Leukemia,https://www.engadget.com/2016/08/07/ibms-watson-ai-saved-a-woman-from-leukemia/,最后访问日期 2016 年 8 月 7 日。
③ 参见赵飞、兰蓝等:《我国人工智能在健康医疗领域应用发展现状研究》,载《中国卫生信息管理》2018 年第 2 期,第 345 页。
④ 参见尹军、刘相花等:《医疗 AI 的研究进展及其临床中的应用》,载《医疗卫生装备》2017 年第 11 期,第 97 页。

与能力。① 日本理化学研究所(RIKEN)开发的机器人 Robear,能将病人从床上抬起,帮助行动不便的病人行走、站立等,能为老年及瘫痪患者提供喂饭等服务。还可以通过超声波,实时掌握老年人及瘫痪患者膀胱内的尿量变化,有效预测被护理者的排泄时间,既可保护这类人员的尊严,也可减轻看护者的负担。② 澳大利亚养老院用机器人作护工,通过给机器人输入程序,可以使其与老年人一对一交流,消减老年人的苦闷。③

(四) 医疗 AI 健康管理

医疗 AI 通过动态监测,可对个人健康进行精准把握,结合健康大数据给予用户精准指导,能有效降低疾病发病率和患病率。具体而言,AI 通过可穿戴设备监测患者的活动水平、药房数据、服药依从性、呼吸频率和脉搏状况,甚至是所处环境的污染程度等动态信息。结合使用者的年龄、病史、健康状况、临检报告、医学影像资料以及 DNA 基因编码等医疗信息,通过计算机的超算和学习模型来筛选和解析患者数字化信息,从而为用户提供健康预警,并在饮食、起居等各方面提供健康建议,帮助用户规避患病风险。此外,在区域健康管理方面,AI 通过大量实时搜索分析某一区域内人群的健康数据,对比历史数据,进行深度分析,可跟踪、预判传染病病在该区域中爆发及流行趋势,为卫生行政主管部门提供应对决策预警。在临床运用上,Welltok 公司与 IBM 合作,已通过"Cafe Well 健康优化平台"推出帮助用户管理压力、调节情绪、控制营养以及糖尿病护理,并且会在用户保持健康生活习惯时给予奖励。同时,为用户提供灵活、全方位的健康促进方案,包括阶段性临床护理、长期保持最佳健康状态等多个方面的服务。④

二、医疗 AI 临床应用的法律挑战

(一) 医疗 AI 的法律地位问题

医疗 AI 在诊断、治疗、看护以及健康管理领域的应用呈逐渐扩大和深入之趋势,考虑其进步潜力及医学应用前景,法律应鼓励这种创新技术的发展。随着医疗人工智在临床上的不断应用,法律责任问题必然产生。首先,显然,医疗 AI 诊断必须达到一定的标准,才能进入临床应用环节。问题是,医疗 AI 在诊断、治疗、护理环

---

① 参见赵飞,兰蓝等:《我国人工智能在健康医疗领域应用发展现状研究》,载《中国卫生信息管理》2018 年第 2 期,第 346 页。
② 参见《保健医療分野におけるAI活用推進懇談会報告書》,2018 年 6 月,第 18 - 19 页。
③ 参见金春林,何达:《人工智能在医疗健康领域的应用及挑战》,载《卫生经济研究》2018 年第 11 期,第 4 页。
④ 参见佚名:《Welltok 与 IBM"沃森"合作,人工智能探路健康管理》,http://www.sohu.com/a/125107525_313392,最后访问日期 2019 年 6 月 4 日。

节中运用时,行为主体是医疗器械还是医生?这两者的准入标准并不相同,究竟达到何种标准才能进入临床使用?其次,大数据与AI技术本身带有不确定性,技术自身的发展以及技术应用的结果都可能产生无法控制或预测的风险。[1] 医疗AI误诊或误操作等现象难以避免,对病人造成损害的,显然需要追究法律责任。但是,追责对象究竟是AI本身,是医务人员和医疗机构,还是医疗AI(包括软件或硬件)的生产者?换言之,医疗AI在法律上是人还是物?这是探究医疗服务AI法律责任最基本也是最重要的问题。只有界定了AI诊断的法律身份,其他的相关问题才能迎刃而解。

(二)医疗损害的法律责任问题

实践证明,医疗AI误诊或误操作等现象难以避免。由于"沃森"背后的"技术黑箱"和"自主学习",它无法解释它的决策理由,即为什么会为特定的患者推荐特定的治疗方案,有时甚至是专科医生们也会疑惑"沃森"为何会提出他们不会提出的治疗方案。[2] 此时,医生对于究竟是否需要采纳"沃森"的方案将陷入两难的境地。如果因采纳"沃森"的方案而导致误诊,或者明明可以使患者获得救助,却因未采纳"沃森"的方案而导致患者误诊受到损害,是否需要承担法律责任?再如,"达芬奇"这样的手术AI虽然出色,但也仍然存在安全风险。在英国2015年首例"达芬奇"心瓣修复手术中,机械手臂乱动打到医生的手,还把病人心脏放错位置,戳穿了患者的大动脉。[3] 由于手术AI没有触觉反馈,在手术过程中医生无法感知病人的身体反馈情况,难以根据临床现状及时调整手术方案,一旦碰上手术AI出现硬件故障或程序漏洞,很容易造成医疗事故。医疗AI在护理和健康管理中同样存在AI硬件故障或程序漏洞导致患者遭受医疗损害的问题。那么,这类手术AI的安全标准是什么,一旦发生医疗事故责任主体是谁,此类问题亟须法学界给出答案。

(三)医疗数据的保护和利用问题

发展医疗AI,特别是发展医疗AI健康管理,需要利用大量医学数据。医疗AI的服务质量取决于喂投给它的医疗数据的量,两者成正比关系。为了更好地提供精准化、个性化的健康管理服务,往往需要采集使用者全时段、全方位、长周期、海量的生理和生活数据,其中绝大部分属于隐私数据,对这些数据进行简单地大数据分析就可得知使用者的敏感信息,一旦被有意或无意地泄露,会给使用者造成重大法益

---

[1] 参见王禄生:《大数据与人工智能司法应用的话语冲突及其理论解读》,载《法学论坛》2018年第5期,第143页。

[2] 参见[美]Casey Ross: IBM Pitched its Watson Supercomputer as a Revolution in Cancer Care. It's Nowhere Close, https://www.statnews.com/2017/09/05/watson-ibm-cancer/,最后访问日期2017年9月5日。

[3] 参见徐乾昂:《英国首例机器人心瓣手术:"机器人暴走",病人不治身亡》,https://www.guancha.cn/internation/2018_11_08_478891.shtml,最后访问日期2019年6月4日。

侵害。而且,医疗 AI 不同于医生,系统收集到的患者信息保存于云端或存储器,就算人工删除也能被轻易恢复。此外,AI 的"保密性"不像人那样存在情感,任何人均可从中调取信息,加密措施也无法完全阻止黑客的信息调取。完全摒弃保护隐私,全部数据均用于发展 AI,或者追求隐私的绝对保护,全面禁止 AI 使用医疗大数据,显然均不可取,需要在这两者之间寻找到平衡点。此外,通过对大量医疗数据的加工可以形成新的有用数据,此时不仅需要保护被搜集人的个人信息权,还要保护数据开发者、合法利用者的数据权,迄今为止,如何对数据进行确权并且构建起权利内容和权利转移制度尚未解决。① 这为法律对医疗数据的保护和利用提出了较高的要求。

三、医疗 AI 临床应用的法律对策

(一)医疗 AI 的法律地位

我国尚无用于界定 AI 法律地位的法律法规。但是,从外观而言,医疗 AI 是具有特定物理形态的医疗工具,与其他手术器械相比,并无颠覆性的改变。从内在而言,医疗 AI 是一套能够按照内设程序进行操作的系统,该系统由人类设计,并受人类控制,并未做到完全独立自主地从事医疗行为。而且,医疗 AI 无法像人类医生那样和病人进行情感交流,或许永远无法超越专业人员对疾病和病人人生观和价值观的理解。从 AI 的发展阶段来看,当前医疗 AI 还缺乏自我意识,不会像人类一样思考,仍然处于弱 AI 阶段。当下,最终做诊断结论和手术操作(或下达动作指令)的仍然是医生。因此,此阶段的医疗 AI 不应具有法理主体地位,仍然属于医疗器械。其不仅不具备产生民事法律关系的主体资格,更不能成为承担刑事责任的主体,难以独立承担法律责任。

当然,随着 AI 技术不断发展与进步,真正到达强 AI 阶段,人机界限模糊且人机共存状态成为新的社会特征,出现具有法律人格或类法律人格的智能机器人,以人际社会关系作为调整对象的法律制度将出现颠覆性的变革。② 如将来医疗 AI 确实达到能够独立诊断或独立手术的地步,通过立法赋予其一定的法律主体地位也未尝不可。其实,早在 2016 年,欧盟委员会的法律事务委员就建议将最先进的 AI 人的身份定位为"电子人"。如果医疗 AI 要作为独立主体进行诊断或治疗等活动,为了保证医疗水准以及医疗安全,就应当像人类医生一样,必须要获得相关的行医资格。到那个阶段,法律就不能将其简单地定义为人或者物,而应是一定条件下的物或一定条件下的人,即应当以医疗 AI 的具体应用场景对其作出人或者物的定性。医疗

---

① 参见王利明:《人工智能时代对民法学的新挑战》,载《东方法学》2018 年第 3 期,第 7 页。
② 参见孙占利:《智能机器人法律人格问题论析》,载《东方法学》2018 年第 3 期,第 17 页。

AI不仅要满足作为医疗设备的各项指标,更要达到作为主体"医生"的各项要求,在出现医疗损害时甚至成为承担法律责任的主体。

(二)医疗 AI 引发医疗损害时的法律责任

"没有责任就没有刑罚"是现代刑法的一个基本原理。① 责任的本质特征是非难可能性,只有在具有非难可能性的情况下,行为人才能对不法行为承担责任。② 由于我国目前尚未出台专门针对医疗 AI 的法律法规,有必要在既有的法律框架内探讨医疗 AI 在诊断和治疗过程中引发医疗事故时的法律责任。如上述,医疗 AI 目前仍是辅助医疗工具,还不具有法律上的主体地位,因此,当下医疗 AI 造成医疗事故时,责任主体仍是研发者、生产者以及使用者。法律责任通常包括民事责任和刑事责任。③

(1)医疗 AI 使用者的法律责任

根据《中华人民共和国侵权责任法》第 54 条和 57 条的规定,患者在诊疗活动中受到损害,医疗机构及其医务人员有过错的,或者医务人员在诊疗活动中未尽到与当时的医疗水平相应的诊疗义务的,由医疗机构承担赔偿责任。此外,根据刑法第 335 条,医务人员由于严重不负责任,造成就诊人死亡或者严重损害就诊人身体健康的,构成医疗事故罪,医务人员需要承担刑事责任。总之,不管追究医疗事故的民事责任还是刑事责任,问题的核心都是相关人员是否存在过失。相对于民事侵权,构成医疗事故罪则要求医务人员存在严重过失。

目前,在诊断领域,AI 的数据分析结果或判断,起的作用和传统医疗中的验血、B超检查结果相同,仅仅是辅助医务人员进行疾病诊断。因此,发生误诊造成患者损害的责任主体仍然是医务人员。使用 AI 系统的医生在选择该系统时必须采取合理的谨慎态度,而不能仅根据表面数据来作直接判断,医生应该尽可能地核实结果,否则如疏忽大意参照 AI 的建议最终给出了错误的诊断,从而耽误了患者治疗并造成患者受到损害,自然需要根据情节承担民事或刑事责任。如果医生未能使用 AI 系统来避免医疗错误,也同样可能被认为是疏忽大意。因为,医生为病人提供诊断服务,应当符合当时的医学水准。如果在某个领域,AI 系统已经完善且已有令人满意的治疗效果,此时医生拒绝使用 AI 系统使得特定的患者承受错误的诊断,并造成了损害,这种情况下,医生有可能需要承担过失责任。当然,AI 被设计出来就是为了让其发现新的联系并创造创新性的解决方案,由于 AI 算法具有不透明性,在某些情

---

① 参见张明楷:《责任论的基本问题》,载《比较法研究》2018 年第 3 期,第 1 页。
② 参见陈兴良:《刑法中的责任:以非难可能性为中心的考察》,载《比较法研究》2018 年第 3 期,第 20 页。
③ 当然,从理论角度而言,还包括行政责任,由于目前我国关于医疗人工智能还未有专门规定行政责任的法律法规,本文暂不涉及。

形下,无论是医生还是开发人员可能都不知道 AI 建议背后的逻辑,这种情形下由于不具有预见可能性,此时因不采纳医疗 AI 的建议而误诊的不应当被视为存在过失。

在治疗和护理领域,医疗 AI 均有可能引发医疗事故。现阶段医疗手术环节的主要角色仍然是医生,因医疗 AI 引发医疗事故的,首先要追究医务人员的过失责任。其过失的判断构成与上述出现误诊时的情形基本相同。医务人员因未尽到注意义务而造成医疗事故的,需要承担过失责任。当然,从医术正当性的角度而言,医务人员应当履行谨慎操作的义务。为了实现这一目的,应在正确掌握操作技能的基础上才能使用医疗 AI,在未能掌握操作技能的情况下鲁莽操作,或者未按照使用说明步骤误操作,给患者造成损害的,当然要承担侵权责任,如果情节严重,给患者造成了死亡或者严重损害就诊人身体健康,甚至需要承担医疗事故罪的刑事责任。

(2) 医疗 AI 生产者的法律责任

AI 系统很复杂,不可能不存在任何缺陷。[①] 硬件故障或电气噪音、代码错误等都可造成产品缺陷。此外,系统没有得到合理的维护和更新,也会直接产生错误的判断或命令执行。医疗 AI 没有经人的过失行为直接导致患者损害结果发生的,其自主决策能力带来的不可预测性将中断医疗机构与患者损害之间的因果关系,在医务人员根据相关手册正确操作智能医疗机器人后,难以认定医疗机构在诊疗活动中未尽到合理注意义务而存在过错。因此,此情形之下可以考虑的追责对象只能是医疗 AI 仪器的生产者(包括程序的开发者)。

医疗 AI 的生产者需要履行告知使用者培训后再使用的义务,否则制造商存在过失。如果因为机器本身的设计缺陷而导致损害结果发生,理应适用产品责任规定。医疗 AI 属于医疗器械,依照侵权责任法第 41 条的规定,因产品缺陷而导致他人生命、身体和财产法益遭受损害的,即使无法证明生产者存在过失,仍然可以追究生产者的赔偿责任。而且,依照刑法第 145 条的规定,生产不符合保障人体健康的国家标准、行业标准的医疗 AI,或者销售明知是不符合保障人体健康的国家标准、行业标准的医疗 AI,足以严重危害人体健康的,将构成"生产、销售不符合标准的卫生器材罪",需要承担刑事责任。为了明确责任,国家应当制定统一的医疗 AI 安全标准,以提供缺陷判断依据。

如果是确实已经过充足而严格的实验,通过权威机构的相关安全认证,仅仅因科技水平的限制,人的认识能力不足等原因而导致 AI 造成医疗事故的,可以认定为医疗意外,生产者无须承担责任。但有必要引入责任保险制度。这样可以在高效救

---

① 参见 Cariad Hayes. Artificial Intelligence: The Future's Getting Closer, AM. LAW 115(1998).

济受害人的同时减轻生产者的负担,分散事故风险,有利于医疗 AI 的创新和发展。①

(3) 医疗数据的保护与利用

医疗大数据是医疗 AI 的应用基础。医疗数据中几乎包含了公民的所有个人信息,除了姓名、年龄、身高、体重等基本信息外,还有现在及以前的健康状况,甚至是基于基因检测而获得的基因信息。负面的医疗信息,特别是敏感度极高的负面基因信息,一旦被泄露,将使受害人在就学、就业、加入保险等方面受到歧视。我国无论是宪法、民法还是行政法都规定医务人员具有守密义务。违反了这些规定,如果不存在正当化事由,会被追究民事责任、行政责任,情节严重的,还有可能构成"侵害公民个人信息罪",受到刑事处罚。但刑法不应成为社会管理法,法定犯不应成为社会治理中的利器,罪刑法定原则也不应成为社会治理失范的牺牲品;法定犯时代坚守以法治国的罪刑法定原则具有更加特殊的意义。②

医学的传承和发展离不开医学研究。每一个人享受的医疗服务都是建立在前人贡献自己医学数据的基础上。人是社会的人,从人类社会群体之间具有"连带性"的角度出发,为了维护和促进人类健康,患者有义务在自己不受伤害,或者受益与伤害成比例的情况下,配合医务人员开展医疗 AI 的开发与使用。但这是道德义务而非法律义务,不能强求患者提供医疗数据。现实可行的办法是,在使用医疗数据时,应当对其进行匿名化处理,实在难以进行充分匿名化处理的,则必须要获得患者本人的同意。当然,也要坚决限制数据垄断,坚持 AI 决策透明化。国务院《关于促进和规范健康医疗大数据应用发展的指导意见》(2016),已经把医疗大数据列为国家的基础战略资源。因此,我国将来应当通过完善包括医疗信息在内的个人信息保护立法,在保护公民隐私的基础之上,充分利用医疗大数据,建设国家级医疗大数据资源库。

四、医疗 AI 的未来展望

AI 在医疗保健领域的出现同时带来了希望和恐慌。一方面,它带来了更准确的诊断、建议、更多的个性化治疗和更少的不必要诊断、治疗以及保健。另一方面,为医学误诊以及医疗事故的责任分配提出了法律挑战。不同的处理方式会造成不同的影响,因为它可以加速或阻碍新技术的引进。目前,我国尚未出台法律法规对 AI 医疗进行有效监管,因未建立医疗 AI 适用的质量标准评估体系,无法对 AI 按数据和算法进行有效验证和评价,且未完善对医疗数据的保护和利用的法制框架。因

---

① 参见邓明攀,刘春林:《手术机器人的医疗损害责任研究》,载《中国卫生法制》2019 年第 1 期,第 189 页。

② 参见刘艳红:《法定犯与罪刑法定原则的坚守》,载《中国刑事法杂志》2018 年第 6 期,第 60 页。

此,我国应尽快补充完善相关法律法规,建立完善的技术标准和法律归责制度,平衡好患者,医务人员,医疗机构,医疗 AI 的设计者,生产者的利益与责任。要在综合衡量医疗 AI 风险和利益的基础上,结合各方注意义务的关系去认定各方的过失责任。① 在数据保护上,出台专门的医疗信息保护法,在保护好患者隐私的基础上,充分实现医疗数据的价值,造福国民健康。总之,对于医疗 AI 这一拥有重大应用前景的新技术,我们应当秉承包容的心态和审慎的态度,坚持以"前端预防"代替"末端惩治",通过"法法衔接"②,以体系性的法律规制去应对其所带来的挑战。

第三节 大数据视野下医药商标犯罪行为的刑法规制现状及完善*

——基于 87 个案例的实证考察

一、序言

加强保护医药知识产权对于促进医药创新、加速医药成果转化、推动医药产业的健康发展,以及提高国民医疗保障水平均具有重要意义。所谓医药知识产权,是指一切与医药有关的发明创造和智力劳动成果的财产权,主要涉及医药著作权、医药专利权、医药商标权以及医药商业秘密。从 20 世纪 80 年代以来,我国加快了对知识产权法律保护的体系化建设,先后制定了一系列与知识产权相关的法律、行政法规以及部门规章。2018 年,人民法院共新收一审、二审、申请再审等各类知识产权案件 334 951 件,审结 319 651 件(含旧存),比 2017 年分别上升 41.19%和 41.64%。③可见我国正不断加大对知识产权的法律保护力度。刑法作为保障人权和防护社会的最后一道防线及最为有力的手段,主要通过假冒注册商标罪(第 213 条)、销售假冒注册商标的商品罪(第 214 条)、非法制造、销售非法制造的注册商标标识罪(第 215 条)、假冒专利罪(第 216 条)、侵犯著作权罪(第 217 条)、销售侵权复制品罪以及侵犯商业秘密罪(第 219 条)等罪名对知识产权予以强力保护,在其中发挥了不可忽视的

---

① 参见储陈城:《人工智能时代刑法的立场和功能》,载《中国刑事法杂志》2018 年第 6 期,第 94 页。
② 参见刘艳红:《监察法与其他规范衔接的基本问题研究》,载《法学论坛》2019 年第 1 期,第 15 页。
* 本节内容的案例收集、整理工作由曹爱凝、鲍生慧、何玉旭、陆涵之、张静怡协助完成,特此表示感谢。基金项目:江苏省泰检委托项目"医药知识产权刑事法律问题研究",东南大学人民法院司法大数据研究基地暨江苏省青少年工作研究基地资助项目的阶段性成果。
③ 参见《中国法院知识产权司法保护现状(2018)》,http://jinbao.people.cn/n1/2019/0423/c421674-31044973.html,最后访问日期 2019 年 5 月 10 日。

作用。具体到医药知识产权,通过对主流案例库中已公开案例的收集与分析,发现目前我国关于医药知识产权的刑事案件数量并不多,主要集中在医药商标上,涉及医药专利的案件较少,而涉及医药著作权的案件更是没有。因此,为了进一步推动我国对医药知识产权的刑事保护,本节以近12年以来的涉及医药商标刑事案件为样本,全面梳理医药商标刑事案件的特点及发展趋势,以期发现医药商标刑事保护中的疏漏和问题,并尝试提出相应的完善对策建议。

二、近年医药商标[①]犯罪司法实务的概况与特点

本研究通过中国裁判文书网、无讼案例网、北大法意、Open Law 等数据库和相关媒体报道,共检索到2007—2018年12年之间的医药知识产权刑事判决文书121例,其中与医药商标相关的有87例,与医药专利相关的有34例。但与医药专利相关联的34件中并没有直接成立假冒专利罪的案件,成立的都是生产、销售假药罪、侵犯商业秘密罪、生产销售伪劣产品罪以及非法经营罪等罪名,且定罪量刑都比较分散。因此,本节研究样本选定为其中的87例医药商标刑事案件。

(一) 医药商标刑事案件数量的变化情况

2007—2018年审判医药商标犯罪数量变化情况如图(图5-1)所示,样本范围内年均医药商标犯罪审判数量约为7.9件,其中2007—2009连续3年0起(件),为最低,随后逐年上升,至2014年和2015年分别为21起和22起案件,达到了最高峰。随后整体呈下降趋势,2018年降至3起(见图5-1)[②]。

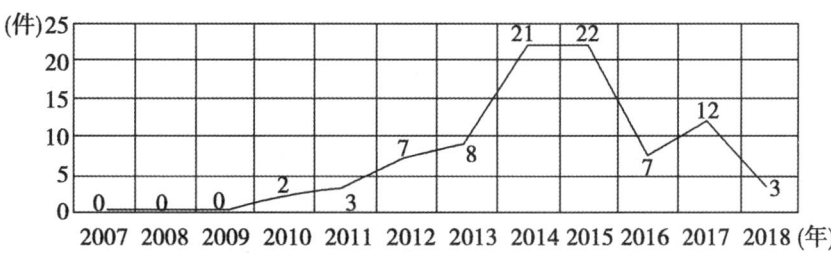

图5-1 2007—2018年医药商标犯罪案件数量变化情况

数据显示自2010年起,全国医药商标犯罪数量不断上升,到2015年达到峰值。原因可能在于之前国家对医药知识产权的刑事保护关注度力度不够,公民的知识产权保护意识不强。随着科学技术的进步,假冒医药注册商标以及医药专利也相对越来越容易,使得医药知识产权犯罪案件不断涌现。但自2015年起,全国每年医药商

---

① 医药商标是指药品的生产者、经营者或者医疗服务的提供者为了使自己的药品或服务与他人的药品或服务相区别,而使用在药品及其包装上或服务标记上的标记。

② 2018年的统计数据截至2018年9月。

标犯罪数量虽有所波动,总体上医药知识产权犯罪数量却呈下降趋势。究其原因,主要是我国法治社会之建设初见成效,公民知法、守法的意识持续增强,更在于国家愈发关注医药行业的健康发展,制定和完善了一系列法律法规,加大了对医药知识产权的法律保护力度。而且,近年来,国家还发布了众多与医药知识产权相关的政策文件,尤其是2016年,政策文件呈爆发式增长,其中国务院出台的文件就多达21个。

(二)医药商标刑事案件的地域分布

近年审判的医药商标犯罪案件在地域范围上分布较广,遍及全国。其中河南、广东、浙江和上海是医药商标犯罪的频发地区,分别为19起、11起、12起和7起(见图5-2)。可见我国医药知识产权案件的发生地主要分布于中国华中、华东和华北地区。原因在于除了与该区域知识产权打击力度有关外,也与所在区域经济发展水平以及人口基数有关。整体而言,经济越发达,即商品生产发达、商品流通发达,越容易发生医药商标犯罪案件。经济发达地区教育水平往往也较高,公民维权意识更强,使得他们在知悉自己权利的情况下可以更加积极地通过法律手段去维护和争取自己的利益。其次,这些地区人口基数大、居民密度高,药品和医疗器械的消费需求也大,而一些药品的短缺与药品价格高昂等因素恰好也助推了违法分子通过医药商标犯罪谋取利益。

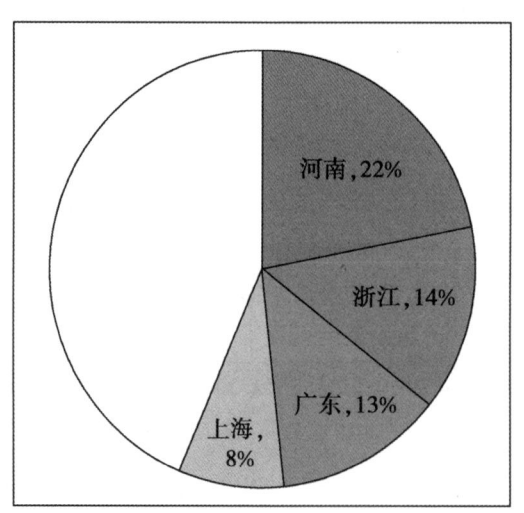

图5-2 2007—2018年医药商标犯罪全国分布情况

(三)医药商标刑事案件的审级情况

样本中87起医药商标犯罪案件均由检察机关提起公诉①,其中有10起进入二

---

① 侵犯知识产权且被害人有证据证明的轻微刑事案件,人民检察院没有提起公诉的,被害人可以提起自诉。

审审判程序(见图5-3)。进入了二审审判程序后结果多为"驳回上诉,维持原判"。经统计,这10起进入二审审判程序的案件中,仅有1起因"认定事实不清"被发回原审法院进行重审(见图5-3)。

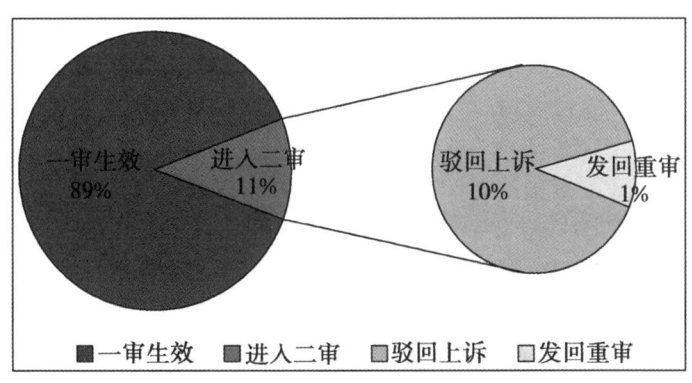

图5-3 医药商标刑事案件的审级比例

(四) 当下司法实务对医药商标犯罪的认定

根据我国刑法,医药商标犯罪主要包括3种罪名:"假冒注册商标罪""销售假冒注册商标的商品罪"和"非法制造、销售非法制造的注册商标标识罪"。

近年来医药商标领域定罪数量最多的是假冒注册商标罪,在近11年的87起案件中,以假冒注册商标的商品罪定罪的共有54件,占62%。位居第二的是销售假冒注册商标的商品罪,共有20件,占23%。非法制造、销售非法制造的注册商标标识罪有7件,占8%。其他涉及多罪而数罪并罚的案件数量为6件,共占7%(见图5-4)。下文分别对这几种医药商标犯罪在司法实务中的实际适用进行分析。

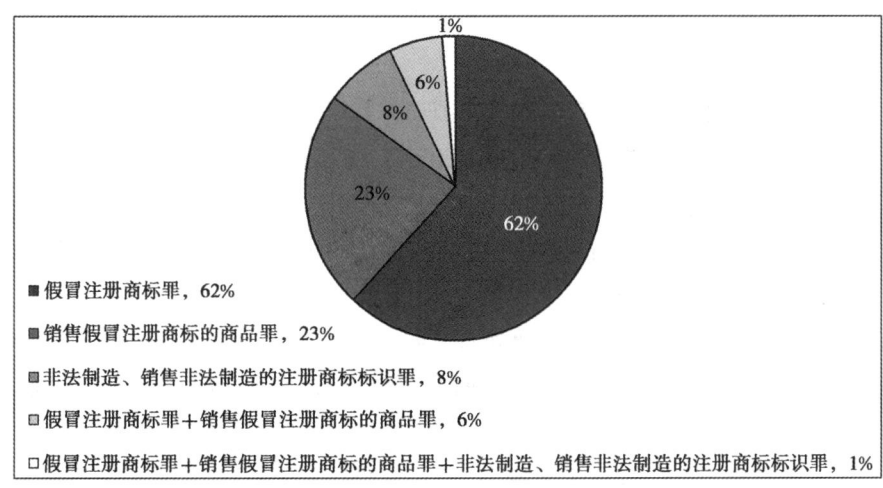

图5-4 医药商标刑事案件中涉及各商标犯罪的比例

1. 医药商标犯罪的对象

医药商标犯罪的保护法益为国家对医药商标的管理制度和他人注册的医药商标专用权。通过对样本案件中的犯罪对象分析,发现被侵害的医药注册商标普遍具有较高的知名度。犯罪分子之所以选取名牌产品的商标或者驰名商标作为假冒的对象,是因为其假冒产品与正版产品相比,价格优势明显,借助正版产品的市场知名度,入市后能很快被消化掉,容易获取暴利。在研究的87例案件中,药品商标犯罪为49件,占比56%。医疗器械为38件,占44%(见图5-5)。涉及的药品种类及品牌较为多样,医疗器械主要集中在安全套和隐形眼镜这两类,这应该是与这两类商品的消费量多有关。

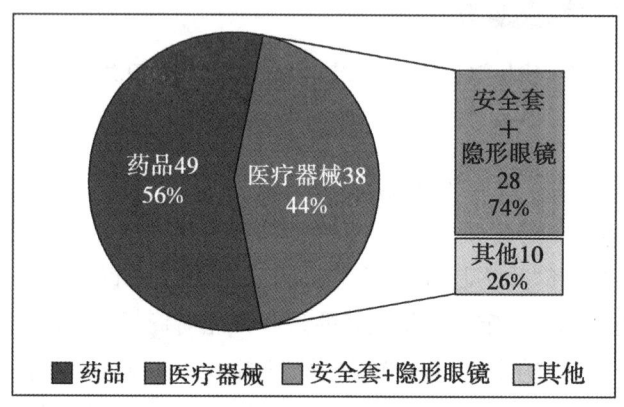

图5-5 医药商标犯罪的对象

2. 医药商标犯罪的行为

结合样本案例和相关司法解释,发现当下司法实践对于商标犯罪的行为认定有较为统一的标准,具体如下:

1) 医药领域中假冒注册商标罪的行为认定

依据刑法第213条的规定,假冒注册商标罪是指未经注册商标所有人许可,在同一种商品上使用与其注册商标相同的商标,情节严重的行为。根据商标法第43条的规定,商标注册人可以通过商标使用许可合同许可他人使用期注册商标。未经注册商标所有人许可一般包括以下几种情形:① 行为人从未获得过注册商标所有人使用其注册商标的许可;② 行为人在许可期满后仍然继续使用;③ 行为人在合同解除后仍然继续使用;④ 行为人超越许可的商品范围使用;⑤ 行为人超越许可的地域范围使用。

根据统计结果,在87起样本案例中,所有犯罪嫌疑人都未在任何时间地点取得过商标所有人任何方式的授权,均属于上述的第一种情形。比如在薄荷膏一案中①,法院认为犯罪嫌疑人马某等人在未经过曼秀雷敦等商标的所有权人许可的情况下,联系其他单位或个人为其生产印有上述注册商标标识的包装盒、塑料标贴、说明书等,擅自在自己生产的美白霜、清凉油、薄荷膏上使用上述注册商标,但马某等人在此前从未获得商标所有人的许可,因此构成假冒商标的行为。样本中其他86起案件也均为此情形。而上述②至⑤种情形在目前的实际案例中并未有所体现。

关于"同一商品"的认定,应当以国家有关部门颁发的商品分类为标准,一般会从商品的原料、形状、性能、用途等因素来判断。同一种商品既包括名称相同的商品,也包括名称虽不相同但实指同一事物的商品。如在袁某、孙某等假冒注册商标一案②中,袁某等人未经江中集团许可,冒用其商标生产江中健胃消食片,包装基本一致。同时,有些商品虽然原料、外观并不相同,但对消费者而言本质上具有同一性,也应视为同一商品。以于某假冒注册商标罪一案③为例,虽然于某生产的中药饮片与盛海堂中药饮片的成分、原料有所不同,但从消费者的角度判断,虽然成分不相同,但依旧可以认可其本质上的一致性,因此,法院最终将两者认定为同一商品。

对于"使用"④一词的理解,在司法实务中大多将其理解为将注册商标或者假冒的注册商标用于商品、商品的包装、容器、商品说明书上,或者用于商品的展览、宣传等商业活动。其中的商品既包括已进入市场的商品,也包括为销售而处于储存或运输阶段的商品。在87起案件中,有79起案件不仅存在假冒行为,也存在销售行为。根据《最高人民法院、最高人民检察院关于办理侵犯知识产权刑事案件具体应用法律若干问题的解释》第13条规定,实施假冒注册商标犯罪,又销售该假冒注册商标的商品,构成犯罪的,应当依照刑法第213条的规定,以假冒注册商标罪定罪处罚。其实这种情形刚好属于吸收犯,应依照主行为吸收从行为的原则处理,即假冒注册商标的行为吸收销售这些假冒注册商标的商品的行为,以假冒注册商标罪处罚。以秦某假冒注册商标一案⑤为例,秦某在制造了相应的假冒注册商标的商品后,还实行了对外销售行为,最终被法院认定构成假冒注册商标罪。其他的8起案件均存在团队分工,部分人员只负责为销售目的而制造、储存假冒注册商标商品,另外部分人员负责

---

① 参见(2015)苏通知刑初字第6号"马某犯假冒注册商标罪、非法制造、销售非法制造的注册商标标识案判决书"。
② 参见(2010)豫二七刑初字第582号"袁某、孙某等假冒注册商标案判决书"。
③ 参见(2017)苏徐刑初字第9号"于某假冒注册商标罪一审刑事判决书"。
④ 根据《商标法实施条例》第63条的规定,商标的"使用",包括将商标用于商品、商品包装、说明书或者其他附着物上。
⑤ 参见(2011)豫新刑初字第197号"秦某假冒注册商标案一审刑事判决书"。

对外销售。如在许某甲、高某甲、魏某犯假冒注册商标罪,生产、销售伪劣产品罪一案[①]中,被告人许某甲伙同高某甲在河南某某园生物制品有限公司生产销售大量的"义仁堂""御荣堂""一佰堂""美资堂"等品牌的"保健品",售出后得款46万余元。同时,被告人魏某明知河南某某园生物制品有限公司生产销售的是假冒伪劣产品而参与生产、包装,后又在该公司负责记账。对于魏某的行为,法院同样认定为构成假冒注册商标罪。

上述行为只有达到"情节严重"的才构成犯罪,未达到的仅构成商标违法。根据相关司法解释,属于"情节严重"的情形有:① 非法经营数额在5万元以上或者违法所得数额在3万元以上的;② 假冒2种以上注册商标,非法经营数额在3万元以上或者违法所得额在2万元以上的;③ 其他情节严重的情形。在吴某犯假冒注册商标罪一案[②]中,吴某加工、生产的中药饮片用假冒"协和成"商标的包装袋分装好后销售至酉阳县各乡镇卫生院、卫生站、个体诊所及连锁药房,销售额累计达150 000余元,库存107 140余元,法院认定构成情节严重。在单位C公司假冒注册商标罪一案[③]中,被告人包某在担任被告单位C公司副总裁期间,为牟取公司利益,明知其友宋某未获得"美信""CITRACAL"注册商标所有人许可,仍与宋合谋生产销售假冒该注册商标的商品,销售金额达人民币653 352.12元,被告单位C公司收取加工费人民币232 530.95元,被法院认定构成情节严重。在目前调研的样本案例中,这两起案件都属于司法解释中的前两种情形,法院并未以其他事实认定情节严重。

2) 医药领域中销售假冒注册商标的商品罪的行为认定

依据刑法第214条的规定,销售假冒注册商标的商品罪,是指行为人销售明知是假冒注册商标的商品,销售金额数额较大的行为。所谓销售,是指以任何有偿方式将商品出卖或转让给他人的行为,包括批发、零售、代销等方式。倘若销售的是没有商标的商品,或者虽有商标但不是注册商标的商品,或者虽有注册商标但不是他人而是自己的注册商标的商品,或者虽有他人注册商标但不是使用在与该商品相同的商品上的注册商标的商品等,则不构成本罪。

行为人在自己的商品上假冒他人注册商标之后又加以出售而成立犯罪的,则分别构成假冒注册商标罪和销售假冒注册商标的商品罪,两者属于吸收犯关系,应择一重罪从重处罚。其理由在于销售假冒他人注册商标的商品的行为往往属于其假冒商标行为的必然延伸,因此,对此连续行为,不应数罪并罚。在金某文等假冒注册商标、销售假冒注册商标的商品案[④]中,被告人金某文伙同被告人夏某、何某甲、陈

---

① 参见(2011)豫商刑初字第5号"许某甲、高某甲、魏某犯假冒注册商标罪,生产、销售伪劣产品案一审刑事判决书"。
② 参见(2013)渝酉刑初字第147号"吴某犯假冒注册商标罪一审刑事判决书"。
③ 参见(2012)闵刑知初字第118号"单位C公司假冒注册商标罪一案一审刑事判决书"。
④ 参见(2014)穗增知刑初字第5号"金某文等假冒注册商标、销售假冒注册商标的商品案判决书"。

某、郑某甲、苏某通过网络销售假冒"仙肤莱""德玫恩""韩金氏"等注册商标的商品。其中被告人金某文未经商标权人授权许可,生产并销售上述假冒注册商标的商品共计价值人民币 4 114 460 元。被告人夏某、何某甲、陈某、郑某甲、苏某销售上述假冒注册商标的商品共计价值人民币 523 072 元。经审理,法院判定金某文成立假冒注册商标罪,夏某、何某甲、陈某、郑某甲、苏某成立销售假冒注册商标的商品罪。

销售假冒他人注册商标的商品的,销售金额必须达到数额较大才构成犯罪。但对"数额较大"的判定,并没有形成统一的标准。在翟某某等销售假冒注册商标的商品案①中,被告人的销售金额仅为 64 800 元,而在秦兴才犯假冒注册商标罪,邓某甲、刘某甲犯销售假冒注册商标的商品罪一案②中,被告人的销售金额则达到 492 320 元。此外,如行为人没有将假冒注册商标的商品卖出就被查获,此时只有经营数额而无销售金额,一般而言不能以犯罪论处。但如果情节恶劣,或未销售货值金额特别巨大的,则仍有可能被以本罪追究其刑事责任。如在梁辉销售假冒注册商标的商品案③中,被告人梁辉销售 BOBO 产品的销售额仅为 6 500 余元,但其之前曾因犯销售假冒注册商标的商品罪被判处过有期徒刑,后取保候审,最终法院判处新罪成立,数罪并罚,将两案合并执行。在卢某某等销售假冒注册商标的商品案④中,公安人员在卢某某、李乙的暂住地查获大量标注"Amway 安利""雅蜜""纽崔莱"等注册商标的商品。在 1 305 件假冒注册商标的商品中,有 20 件为未标价蛋白粉,被估价人民币 4 755.20 元,其他的 1 285 件商品价值合计人民币 349 841 元。法院认为两人假冒注册商标的商品虽然未被销售,但数额巨大成立销售假冒注册商标罪(未遂)。

3) 医药领域中非法制造、销售非法制造的注册商标标识罪的行为认定

根据刑法第 215 条的规定,非法制造、销售非法制造的注册商标标识罪,是指伪造、擅自制造他人注册商标标识或者销售伪造、擅自制造的注册商标标识,情节严重的行为。是否达到"情节严重",是判断是否成立本罪的重要标准。虽有伪造、擅自制造或者非法销售等行为,只要未达到"情节严重"之程度,则不构成本罪。样本案件中法院说理部分对于"情节严重"的认定更侧重于商标标识的数量,而不是销售金额数额较大或者是否具有其他严重情节。例如在樊功玲非法制造注册商标标识一案⑤中,被告人樊功玲伙同他人擅自伪造他人注册商标标识 10 万件,被法院认定属于情节特别严重。又如在洪清云、洪连发、洪志昌犯生产、销售伪劣产品罪,假冒注

---

① 参见(2018)苏淮刑初字第 5 号"翟某某等销售假冒注册商标的商品案判决书"。
② 参见(2015)湘长刑初字第 711 号"秦兴才犯假冒注册商标罪,邓某甲、刘某甲犯销售假冒注册商标的商品案判决书"。
③ 参见(2017)浙永刑初字第 79 号"梁辉销售假冒注册商标的商品案判决书"。
④ 参见(2014)沪二中刑终字第 316 号"卢某某等销售假冒注册商标的商品案判决书"。
⑤ 参见(2013)上刑初字第 90 号"樊功玲非法制造注册商标标识案判决书"。

册商标罪一案①中,法院认为被告单位德彩公司及被告人杨育民非法制造、销售的注册商标标识达1 354 570件,被告单位龙晔公司及被告人施某非法生产、销售的注册商标标识达1 230 697件,属于情节特别严重,构成非法制造、销售非法制造的注册商标标识罪。可能是因为非法制造、销售非法制造的注册商标标识罪多为共同犯罪,有时很难计算出含有注册商标标识的包装等明确的售价,违法所得的计算也往往含糊不清,较难成为审判实务中据以认定情节严重的标准。当然,也有少量案件法院是按照销售金额来认定情节严重的。例如在彭宏伟、朱某甲等生产、销售伪劣产品罪一案②中,被告人彭宏伟、朱某甲销售金额达人民币140余万元,被告人李某销售金额达人民币20余万元,本法院认定构成生产、销售伪劣产品罪。可以看出,不同法院在判断何为"情节严重"或者"情节特别严重"时侧重点有些许差别,或者侧重于销售数量,或者侧重于销售金额。

3. 医药商标犯罪行为主体

依据刑法第220条的规定,自然人和单位均能成为医药商标犯罪的主体。以搜集到的案例为样本,以行为主体为标准可将医药商标犯罪分为4类:第1类为个人犯罪,犯罪主体为自然人,没有共犯。第2类是单位犯罪,犯罪主体仅为单位。第3类是单位与个人的共同犯罪,第4类为个人之间的共同犯罪。

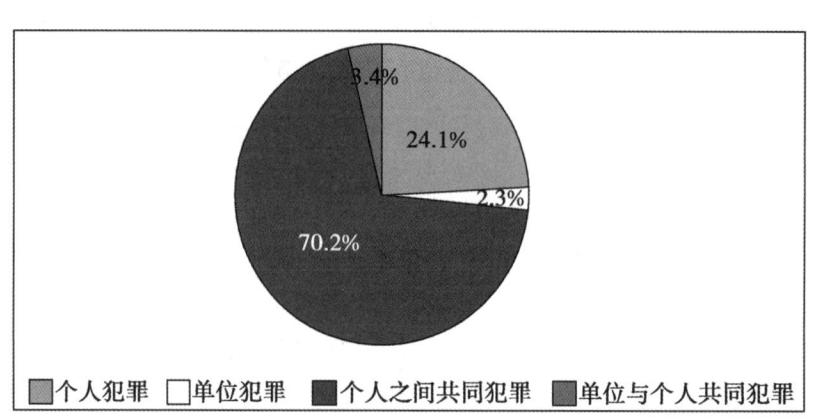

图 5-6 医药商标犯罪行为主体类型比例

以上述4类主体为标准对样本案例进行分析,数据显示(见图5-6),其中个人犯罪占据总案例数量的24.1%,单位犯罪占据2.3%,个人间共同犯罪的比例为70.2%,个人与单位共同犯罪的比例为3.4%。可见,在医药商标犯罪中,共同犯罪

---

① 参见(2012)晋刑初字第1669号"洪清云、洪连发、洪志昌犯生产、销售伪劣产品罪、假冒注册商标罪案判决书"。

② 参见(2014)台临刑初字第317号"彭宏伟、朱某甲等生产、销售伪劣产品案判决书"。

比较突出,共犯率达到了73.6%。其原因在于,在医药商标犯罪案件中,为了更高效率地赚取非法收入,往往需要多人通过共谋合作,分别负责运输、批发、零售等环节,从而形成明确的犯罪产业链。这些犯罪分子为了逃避惩罚,事前建立"攻守同盟",在行为上刻意隔离,从而导致此类案件不易破案。样本还显示,经销商是医药商标犯罪高发主体。其原因在于,一般经销商具有一定的销售路径,在其丧失经销商资格后,还可假借授权之名实施违法行为,甚至是直接打着合法授权的幌子实施相关的商标犯罪活动。

4. 医药商标犯罪的责任要素

医药领域的商标犯罪的责任要素均为故意。具体而言,需要具有下列情形之一:① 明知自己使用的商标和他人已注册的商标相同,且未经他人许可,却仍在同一种商品上使用;② 明知是假冒注册商标的商品,却仍然予以销售;③ 明知是他人已注册的商标标识,却仍然伪造,或擅自制造,或明知是伪造或擅自制造的他人已注册商标标识的商品,却仍然予以销售。样本案例显示此方面的认定在司法实践中并无过多争议。

5. 医药商标犯罪案件的犯罪形态

犯罪根据其完成形态可分为犯罪预备、犯罪中止、犯罪未遂和犯罪既遂。87起样本案例的犯罪形态状况如下(见图5-7):

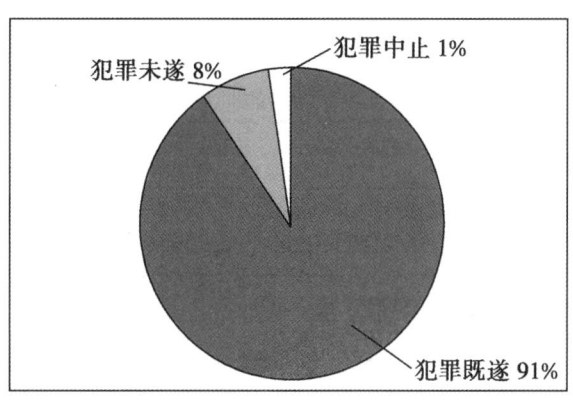

图5-7 医药商标犯罪案件的犯罪形态比例

犯罪预备是指为了犯罪而准备工具、制造条件的行为。对于预备犯可以比照既遂犯从轻、减轻处罚或者免除处罚。样本案例中并未出现成立预备犯的案件。犯罪中止是指在犯罪过程中,行为人自动放弃犯罪或者自动有效地防止犯罪结果发生,且没有造成损害的行为。对于中止犯应当免除处罚,造成损害的应当减轻处罚,在样本案例中仅有1例。犯罪未遂是指行为人已经着手实行犯罪,但由于意志以外的原因而未得逞的行为。对于未遂犯可以比照既遂犯从轻或者减轻处罚。在样本案例中共有8件属于犯罪未遂,主要表现为行为人销售涉及商标犯罪的药品,在还未销售出去之前就被相关部门发现并没收。而在样本案例中犯罪既遂的占91%,可见,大多数医药商标犯罪在案发时已经实施完毕,只有少部分犯罪在既遂前被成功阻止。其原因应在于此类犯罪具有隐蔽性和事后性等特点,若无内部人员提供线索,难以在犯罪实施前被发现和制止。因此,司法机关对于此类犯罪的监管力度还有待进一步加强。

6. 与医药商标犯罪相关联的其他罪名

在87例样本案件中,有78起被判处假冒注册商标罪、销售假冒注册商标的商品罪,或非法制造、销售非法制造的注册商标标识罪。除此之外,被判处成立生产销售假药罪的有6起,被判处成立非法经营罪的有2起,甚至还有1起被判处成立诈骗罪(见图5-8)。

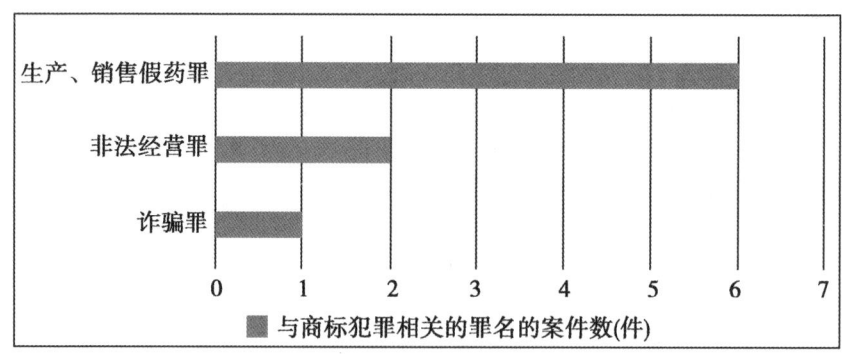

图5-8 与商标犯罪相关的其他罪名

在吴庭辉非法经营一案[①]中,被告人吴庭辉、丁大辉在未取得药品经营许可证的情况下,对外销售"腰息痛胶囊",并且擅自改变振霖药业生产的"腰息痛胶囊"的外包装,并在外包装上非法伪造使用"恒帝"商标,公开对外销售,非法经营数额高达300余万元,违法所得10万余元。检察机关认为,被告人伪造他人的注册商标标识,情节特别严重,其行为应成立非法制造注册商标标识罪。而法院则认为,本案被告是在未取得药品经营许可证的情况下,为了高价销售"腰息痛胶囊"获取高额利润,采用更改产品外包装的形式,对外实行了销售药品的非法经营行为。其更改产品外包装时,虽然擅自伪造使用了"恒帝"商标,但此系其犯罪行为的一种手段,因此应定性为非法经营罪。

可见在司法实践中,商标犯罪与生产、销售假药罪,非法经营罪极易混淆,罪名

---

① 参见(2016)吉沈刑初49号"吴庭辉非法经营一审刑事判决书"。

之间存在着大量的竞合关系,罪名适用相对混乱。而且,在统计中发现,相关案例中仅有少数文书在裁判说理部分对于这几者的区分以及竞合问题进行说明,而大多数文书并没有对其进行充分的阐释。

(五)当下司法实务中医药商标犯罪的量刑

1. 量刑的标准与影响因素

依照刑法第213条至215条的规定,假冒注册商标罪、销售假冒注册商标的商品罪以及非法制造、销售非法制造的注册商标标识罪这3个罪名的法定刑及区分度几乎相同。在搜集到的87起医药商标案件中,有83起案件,法官都在不同程度上对被告或部分被告作出了"从轻处罚"或"减轻处罚"的判决。在判决书中出现的理由主要有:① 共同犯罪中的从犯;② 初犯、偶犯;③ 有自首情节;④ 能如实供述;⑤ 有立功表现;⑥ 认罪态度良好;⑦ 积极退缴犯罪所得;⑧ 无再犯危险;⑨ 获得被害方谅解;⑩ 未遂,等等。但也有多起案件,被告被判处"加重处罚"或"不适用缓刑"的决定。判决书中涉及的主要考量因素有:① 社会危害性大;② 犯有数罪;③ 累犯。当然,这并不绝对。在有些案件中,被告虽有犯罪前科或犯有数罪,情节严重甚至特别严重,但同时也符合从轻或减轻处罚的条件,法院仍作出了从轻处罚或减轻处罚的判决。与之相对,在有些案件中,即使存在从轻或减轻处罚的条件,考虑到被告的犯罪前科或较大的社会危害性,法院仍会否决其辩护人从轻或减轻处罚的请求。由此可见,在司法实务中医药商标犯罪的量刑是一个综合考量的结果,并没有一个非常确定的标准。接下来,针对几个重要的量刑因素进行分析。

根据刑法第213至215条的规定,关于商标犯罪,犯罪情节是量刑的首要因素。将样本案例中的犯罪情节分情节严重与情节特别严重两类加以统计,符合情节特别严重的案件数量占32%,而符合情节严重的则占68%(见图5-9)。两者分布相对均匀,其中以情节严重为主。

对于医药商标犯罪的情节认定,相关司法解释已经有了一个明确的幅度,因此在样本案件中并未出现存在较大争议的现象。根据刑法第67至68条的规定,对于如实供述自己的罪行的犯罪嫌疑人,可以从轻或者减轻处罚。对于揭发他人犯罪行为,查证属实的,或者提供重要线索,从而得以侦破其他案件等立功表现的犯罪嫌疑人,可以从轻或者减轻处罚;对于有重大立功表现的

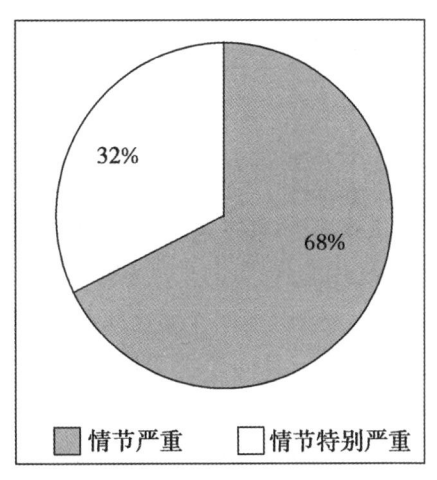

图5-9 医药商标犯罪的犯罪情节比例

犯罪嫌疑人，可以减轻或者免除处罚。除了这些因素外，司法实务中法院在量刑时往往也会考虑犯罪嫌疑人是否主动退款，弥补受害人损失；社会危害性的大小；再犯的可能性等因素。

在样本案件中，自首情节出现24次，立功情节出现22次，主动退款情节出现21次，如实供述及认错态度良好分别为45次与54次（见图5-10）。由此可见大多数的犯罪嫌疑人在犯罪后，都有积极的悔过现象，法官也正是在充分考虑这些情节的基础上才予以从轻或减轻。在87起案件中，存在被告人主动退款情节的仅有21起，整体而言，在当下医药商标犯罪案件中，被害人获得赔偿的比例并不高。近年，检察机关正在积极探寻知识产权刑事案件认罪认罚从宽制度的改革，致力于推动被告积极退赃退赔，通过弥补被害人损失以获取被害人谅解，从而促使双方达成和解。可见今后在医药知识产权犯罪领域，进一步推动被告认罪认罚，积极主动退款，需要司法实务部门进一步落实和推进。

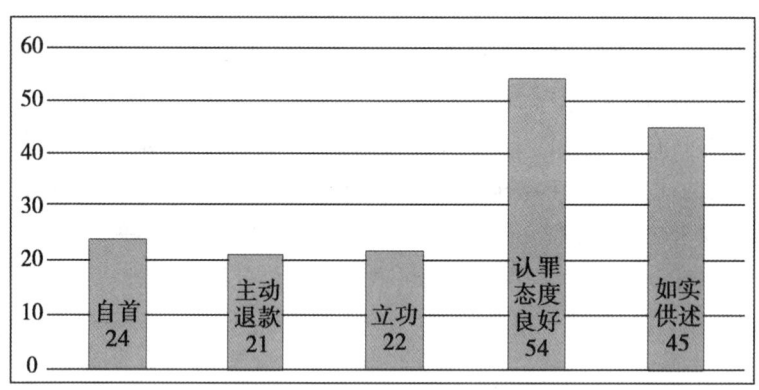

图5-10 医药商标犯罪量刑参考情节数量统计（件）

2. 医药商标案件的量刑情况

通过分析样本案例，发现在当下医药商标犯罪的量刑方面，存在刑度整体偏低、缓刑适用率高、罚金方面标准不清晰等特点。

1）量刑偏低且个案之间差异不明显

据统计（共同犯罪以主犯的刑罚为统计标准，下同），在87例样本案件中判处拘役的有9件，占10.3%；判处3年以下有期徒刑（包括3年有期徒刑）的有56件，占64.4%；判处3年以上7年以下有期徒刑的有19件，占21.8%（见图5-11）。

其中，有期徒刑的刑期主要集中在1年到3年，数量达到56件，可见个案量刑差异性并不明显，这与样本案例相互之间非法经营数额或违法所得数额普遍较大，且差距明显的特点不相适应。在87例案件中，判处被告人7年以上有期徒刑的仅有3件，被告人非法经营数额近分别为39.8万元、50.5元万以及160万元，而样本案件中非法经营数额最大达到 1 434 万余元的被告人,在没有明显减轻和从轻情节的情况下却只被判处 4 年有期徒刑。

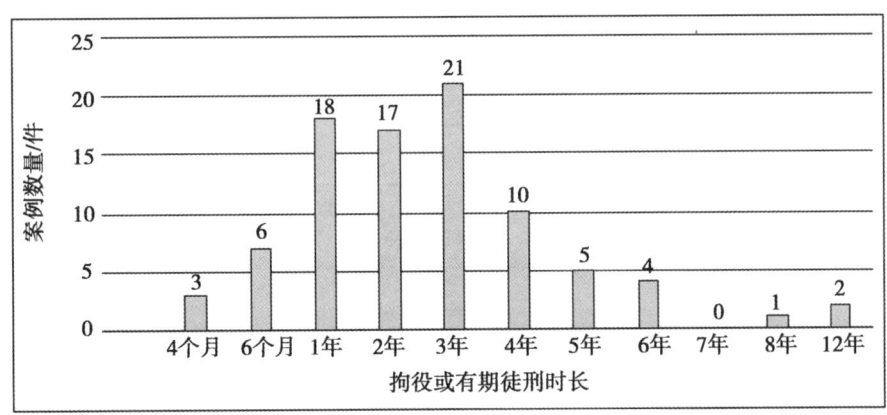

图 5-11 医药商标案件量刑情况

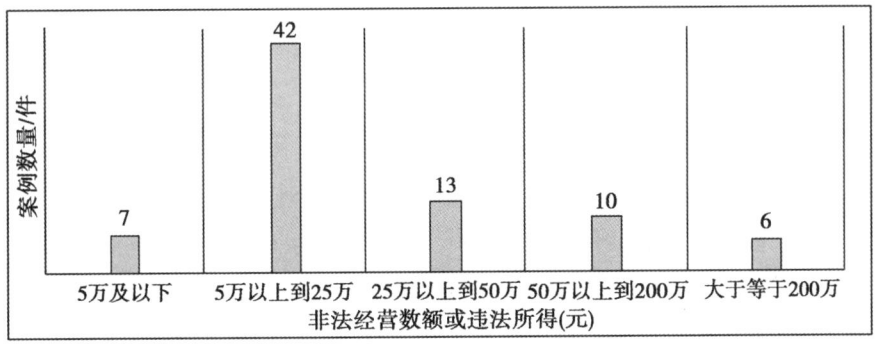

图 5-12 医药商标案件非法经营数额或违法所得

2) 缓刑适用率高

在 87 件有罪判决中,大部分被判处缓刑,共占 46 件,占比 54%。实刑案件共 40 件,占 46%(见图 5-13)。缓刑时长大多集中在 1 年以内,仅有少数案例出现了长达 5 年的缓刑期(见图 5-14)。

可见,在医药商标犯罪中缓刑适用率较高。通过比较与分析,发现这些缓刑适用的情况其实也较为合理。判处缓刑的 47 件案件中,大部分都是非法经营数额或违法所得在 25 万以内;有期徒刑在 3 年以下的案件,只有 5 个案子被告人的非法经营数额在 25 万元以上,非法经营额最高的 2

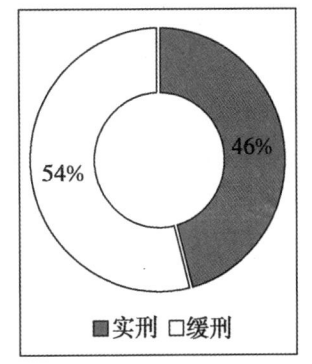

图 5-13 医药商标案件刑罚结果

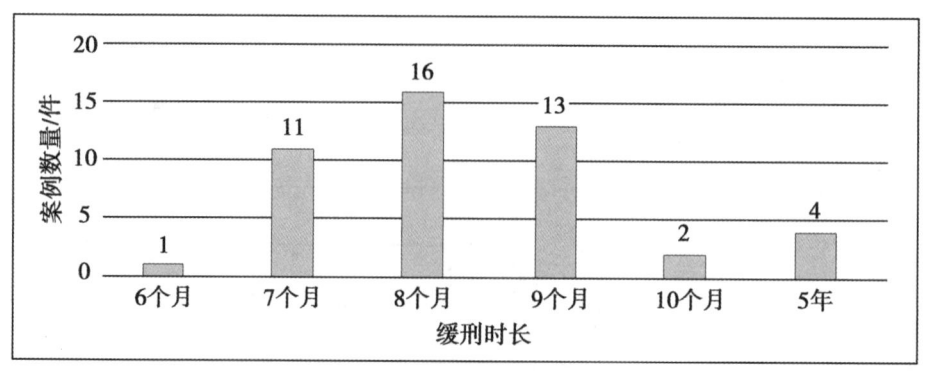

图 5-14 医药商标案件缓刑时长

件分别为 53 万余元和 65 万余元。这些案件之所以被判处缓刑,裁判文书中出现的理由主要有"被告人归案后能如实供述自己的罪行",或"认罪悔罪态度较好",或"积极缴纳罚金",或"没有再犯罪的危险"等等。缓刑是为了更好地实现刑罚的主要目的,即在实现特殊预防的基础上帮助罪犯回归社会。毕竟医药商标犯罪的行为人与暴力犯罪的行为人不同,一般人身危险性与社会危险性相对不大,缓刑的宽大适用有利于行为人回归社会,因此司法实务部门的这一处罚趋势值得赞许。

3) 罚金刑判处率高但标准不够清晰

在 87 例样本案例中,法院判决均涉及罚金,可见医药商标犯罪的罚金刑判处率较高。其中判处罚金数额最低的为 3 000 元,最高的为 160 万元。罚金金额在 3 到 7 万的最多,占 24.7%;随后依次为 1 到 3 万和 7 到 10 万,分别占 13.5% 和 12.4%;高于 100 万的大额罚金仅有 2 例。相对于几十万、几百万,甚至上千万的非法经营数额或违法所得数额而言,样本案件中的罚金数额没有明显的区分度。例如,其中有一例案件非法经营数额达 269 万多元,被判处罚金 100 万元,但另一例案件非法经营数额 232 万多元,被判处的罚金却只有 1 万元。再如,有一例案件非法经营数额 6 万多元,判处罚金 5 000 元,另一例案件非法经营数额达 39 多万元,也判处罚金 5 000 元。可见,在医药商标犯罪的司法实务中判处罚金数额的标准不够清晰,判处罚金的数额与非法经营数额或违法所得数额相比存在严重不均衡的问题。

除罚金以外,对于商标犯罪的处罚,法院还比较常用没收这一附加刑。在 87 个样本案件中,涉及没收作案工具及赃物的案件有 41 件,占 47.1%。理由应在于法院在判处此类案件时,没收犯罪工具、销毁侵权产品等措施有利于剥夺被告的再犯能力和条件。

三、医药商标刑事保护的问题及完善建议

(一) 刑事保护对象范围过于狭窄,应扩大刑事保护范围

根据标识对象的不同,商标可以分为商品商标和服务商标。我国商标法对两者都予以了同样的保护,规定侵害商标构成犯罪的依法追究刑事责任。但是,87例样本案件涉及的都是商品商标,未有涉及侵害服务商标的案件。原因在于,依据刑法第213条和214条的规定,我国刑法目前只保护注册商品商标,并不包括注册服务商标,因此依照罪刑法定原则,无法追究侵害注册服务商标行为的刑事责任,从而导致刑法和商标法无法实现对接。另外,我国刑法对于未注册的驰名商标未能给予同等保护也是一个遗憾。驰名商标具有知名度高、使用规模大等特点,国际条约和世界大多数国家对驰名商标都给予了特殊保护,我国对未注册驰名商标不予刑法保护显然也值得商榷。

当下国际立法加强保护知识产权的趋势越来越明显,为了与国际接轨,我国应加大对医药知识产权的保护力度,增加对服务商标和驰名商标的刑法保护。具体而言,可通过刑法修正案将第213条修改为:"未经注册商标所有人许可,在同一种商品、服务或者类似商品、服务上使用与其注册商标相同或者近似的商标,情节严重的,处……"。同时增加一款关于假冒驰名商标刑事责任的规定,即"在同一种商品、服务或者类似商品、服务上使用与他人相同或者近似的未注册的驰名商标的,依照前款的规定处罚"。[①] 此外,针对商标反向假冒行为也应予以犯罪化。所谓商标反向假冒,是指未经商标权人同意,更换其商标并将更换商标的商品又投入市场的行为。这种行为会严重侵害商标合法持有人以及消费者的合法权益,较现行3种商标犯罪行为的危害性更强。诸多发达国家与地区将商标反向假冒行为犯罪化也是通例,因此,也应对其予以犯罪化。[②]

(二) 犯罪行为方式的规定过于单一,应增加商标犯罪行为方式的类型

依据商标法第57条规定,未经商标注册人的许可,在同一种商品或者类似商品上使用与其注册商标相同或者近似商标的均属于侵犯注册商标专用权的行为。具体而言:① 在相同的商品上使用相同的商标;② 在相同的商品上使用近似商标;③ 在类似商品上使用相同的商标;④ 在类似商品上使用近似的商标。样本案例涉及的都是①的情形,这是因为我国刑法只对"在同一种商品上使用与其注册商标相同的商标"的行为予以了刑法规制,对其他3种情形未以犯罪论处。事实上,这4种行为的社会危害性并无太大差异。其目的都是为了获得非法利益,都会混淆消费者

[①] 参见吴瑞:《TRIPS视阈下中国商标权的刑法保护研究》,载《法治研究》2013年第1期,第95页。
[②] 参见杨晓培:《利益均衡:商标权刑法保护的一种进化》,载《法学杂志》2017年第9期,第122页。

的辨别能力,损害注册商标所有人以及消费者的合法权益。综观国际条约和各国家、地区立法,许多国家和地区不仅将在同一商品、服务上使用相同的商品商标、服务商标的行为规定为犯罪,而且对在类似商品、服务上使用相同或近似的商品商标或服务商标也予以刑法规制,如英、美、日等国家和我国的香港、台湾地区等。因此,将来我国(大陆)有必要扩大刑法关于假冒注册商标罪的行为类型,而将另外3种假冒注册商标的行为也予以入罪化。具体而言,可以通过刑法修正案将第213条修改为:"未经注册商标所有人许可,在同一种商品或者类似商品上使用与其注册商标相同或者近似的商标,情节严重的,处……"①。

(三)适用罪名混乱,应进一步明确并细化各罪名之间的联系与区别

医药商标刑事案件纷繁复杂,如前述,样本案例显示,在司法实务中存在商标犯罪与生产、销售假药罪,非法经营罪适用罪名混乱的现象。在理论上有必要进一步明确并细化以下这些罪名之间的联系与区别。

1. 生产、销售假药罪与假冒注册商标罪

在现实中,行为人在销售假药的过程中往往同时非法使用他人注册的商标,即行为人销售的假药是假冒注册商标的药品,同时涉及生产、销售假药罪同假冒注册商标罪。这两者的主要区别在于保护法益和犯罪构成要件。首先,生产、销售假药罪侵犯的法益是国家对药品的监管制度和不特定多数人的健康权和生命权,而假冒注册商标罪侵犯的法益则是国家对商标的管理制度和他人商标的使用权。前者侵犯的主要是人身法益,而后者侵犯的主要是财产法益。其次,前者的构成要件表现为行为人所生产、销售的假药不符合国家药品质量的规范标准,而后者则表现为行为人在未得到合法注册商标持有人的授权的情况下,将他人的注册商标或近似商标用在同种类的商品上,对消费者的购买行为造成混淆,后果严重。

这类案件中的行为人假冒他人注册商标是其追求销售假药目的的手段行为。其本质上属于牵连犯,解决方法应当是择一重罪论处。由于生产、销售假药罪的法定最高量刑为死刑,而假冒注册商标罪最高法定刑为7年有期徒刑。因此,在一般情况下,应当按照生产、销售假药罪对行为人进行定罪处罚。但在一些特别的案件中,仍然应当结合具体案情,在比照两罪的具体量刑幅度后再进行定罪处罚。例如,在生产、销售假药的同时采取了侵犯注册商标的手段,销售的金额达到30万元,但没有对人体健康造成严重危害。根据刑法和相关司法解释的规定,按照假冒注册商标罪应处3年以上7年以下有期徒刑,并处罚金;按照生产、销售假药罪应处3年以下有期徒刑或者拘役,并处罚金。本案按照前者定罪,法定最高刑为7年有期徒刑,若按

---

① 参见潘舫:《浅析我国侵犯商标权刑法保护范围之不足及完善》,载《法制与经济》2009年第4期,第64页。

后者定罪,则为3年有期徒刑,按照从一重罪的处断原则,应定假冒注册商标罪。

2. 非法经营罪与医药商标犯罪

依据刑法第225条的规定,非法经营罪是指违反国家规定,未经许可经营法律、行政法规规定的专营、专卖物品或其他限制买卖的物品等扰乱市场秩序,情节严重的行为。医药商标案件中行为人假冒或销售的商品往往都是其本人无资格经营的物品。因此两者在适用中相对容易混淆。区分两者需要严格界定涉及医药商标的非法经营犯罪的成立要件,首先必须存在无药品经营许可证而购进、出售药品的行为,即已经实施了经营药品的行为。其次,非法经营罪属情节犯,非法经营的行为必须"情节严重"才能构成犯罪,如果只有非法经营行为,情节并不严重则不构成犯罪。一般来说,应当以违法所得数额较大或者巨大,作为"情节严重"的基本情节,以违法所得数额特别巨大作为"情节特别严重"的基本情节。如果满足非法经营罪的构成要件并同时成立医药商标相关犯罪,按照《关于办理生产、销售伪劣商品刑事案件具体应用法律若干问题的解释》第10条规定:"实施生产、销售伪劣商品犯罪,同时构成侵犯知识产权、非法经营等其他犯罪的,依照处罚较重的规定定罪处罚。"

3. 诈骗罪和销售假冒注册商标的商品罪

如上述,样本案例中有最终被判成立诈骗罪的案件。依据刑法第266条的规定,诈骗罪是指以非法占有为目的,用虚构事实或者隐瞒真相的方法,骗取数额较大的公私财物的行为。诈骗罪属于侵犯财产罪,在实务中特别容易与销售假冒注册商标的商品罪相混淆。诈骗罪所侵犯的法益是公私财物的所有权,但销售假冒注册商标的商品罪所侵犯的法益,不仅包括商标权人也包括购买商品的消费者的正当权益。两者的相似之处在于,都是通过制造虚假信息,骗取他人信任,获得非法利益。销售假冒注册商标的商品罪的构成要件虽然也要求有欺骗行为,但在实际案例中毕竟也有商品交易行为,只是在交易活动中冒用他人的品牌、标识,使消费者受到了欺骗;而诈骗罪则是用虚构事实真相的方法蒙骗他人,根本不存在任何交易活动,或仅有犯罪人虚拟的交易,以使他人上当受骗。正确区分两者之间的界限,关键在于弄清楚是否真实存在商品交易活动及交易标的物,以及交易标的物有无价值。在销售假冒注册商标的药品罪中,尽管销售行为违法,交易标的物属于假冒注册商标的药品,但商品交易活动和交易标的物本身是客观存在,并非凭空捏造,这些交易标的物具有一定的价值,其非法所得应属于非法牟利;而在诈骗罪中往往是纯属虚构事实或隐瞒真相,只收钱,不发货,只是为了无偿非法占有公私财物,或者是以价值特别低廉的商品冒充价格特别高的卖给消费者。

(四)量刑刑度偏低,应从严从紧打击侵犯医药商标权的犯罪

2008年,国务院正式公布《国家知识产权战略纲要》,标志着中国知识产权战略

正式启动实施。近年来,最高人民法院、最高人民检察院每年向全国人民代表大会作工作报告汇报下一年工作任务时,都会把加大知识产权司法保护力度,加强知识产权案件审判,依法打击侵犯知识产权犯罪作为工作的重点之一。总之,无论是国务院还是司法机关,对加大知识产权的法律保护力度,严厉打击各种侵犯知识产权违法犯罪活动的态度都非常一致而明确,因此,与之相适应的刑事政策也应当是从严从重,然而,遗憾的是目前司法实践对包括医药商标权在内的知识产权的刑事保护的力度仍然有待提高。首先,在我国每年都发生的众多知识产权的案件中,不少明明已构成知识产权犯罪的案件处以行政罚款了事,无法进入刑事诉讼程序,有罪不究、以罚代刑问题较为严重。其次,即使进入刑事诉讼,对被告人判处的刑罚也相对过轻,无法起到应有的威慑和教育作用,导致商标权犯罪案件仍然高发。究其原因,与人们对知识产权犯罪危害的认识不够,立法存在缺陷等因素有关。[1] 在新形势下,我们应继续坚持从严从重打击侵犯医药知识产权犯罪的刑事政策,真正有效发挥刑法对医药知识产权的保护作用。

样本案件显示,司法实务对于医药商标案件的量刑比较依赖 2004 年两高联合发布的《关于办理侵犯知识产权刑事案件具体应用法律若干问题的解释》。依照该解释第 1 条第 2 款的规定,非法经营数额 25 万元以上,或者违法所得数额 15 万元以上,或者假冒两种以上注册商标,非法经营数额 15 万元以上或者违法所得数额 10 万元以上已属于"情节特别严重",应在 3 年以上 7 年以下有期徒刑、并处罚金。该解释为司法实务部门审理假冒注册商标的案件提供了判断标准,但仍然存在一些问题。首先,标准不够细化。对于非法经营数额和违法所得数额又没规定上限,样本案件量刑结果数据显示,3 年以上 7 年以下的量刑幅度无法体现出涉案数额的差别,结果是犯罪数额越大,所处刑罚的区别反而越小,存在罪责刑不相符、司法判决量刑不公之嫌。[2] 该问题在销售假冒注册商标的商品罪以及非法制造、销售非法制造的注册商标标识罪的司法解释中同样存在。当下,随着我国经济的不断发展与提高,司法实践中商标犯罪的非法经营数额或非法所得达几百万、上千万的并不罕见,在现有立法框架内难以实现真正的罪刑相适应原则。为了有效规制商标犯罪,应加大对医药商标犯罪的打击力度,可在保持现有商标犯罪 3 个法条基本结构不变的基础上,以数额和情节共同作为量刑的标准,并增加规定"数额特别巨大或者有其他特别严重情节的,处 7 年以上 10 年以下有期徒刑,并处罚金"。

---

[1] 参见齐文远,万军:《WTO 规则下假冒注册商标罪的思考——基于 28 案的实证考察》,载《中国刑事法杂志》2009 年第 6 期,第 28 页。

[2] 参见齐文远,万军:《WTO 规则下假冒注册商标罪的思考——基于 28 案的实证考察》,载《中国刑事法杂志》2009 年第 6 期,第 29 页。

(五)罚金标准较乱,应完善罚金刑规定提高罚金刑额度

样本案例的罚金数额统计数据显示,在87例医药商标犯罪中,罚金最高额度仅为160万元,此外还存在判处罚金数额与非法经营数额或违法所得数额相比存在严重不匹配的状况。商标犯罪属于经济型犯罪,犯罪行为人主要目的一般都是为了获取非法经济利益,一旦成功确实可以从其犯罪行为中获得巨大收益。犯罪行为人在着手之前,往往会估算失败风险与成功后的收益,甚至会为被抓判刑作经济准备。规制经济型犯罪最好的刑罚就是罚金刑。因此我国针对商标犯罪在法定刑设置上应更加重视适用罚金刑,提高罚金刑额度,提高违法成本,积极抑制犯罪行为人的作案动机。商标犯罪的3个罪名都明确规定了罚金刑,但现行刑法和相关司法解释并没有提供具体的罚金额度标准,主要交由法官自由裁量。由于法官的自由裁量尺度个体差异较大,极易导致个案金额差异性较大。为了改善此状况,将来可考虑采用"倍率罚金制"来规范商标犯罪的罚金刑,即以商标犯罪侵权数额或非法所得数额为基础,再根据不同的基数,判处相应倍率的罚金额。以假冒注册商标罪为例,可在刑法第213条"情节严重"和"情节特别严重"处罚的末尾分别添加罚金数额,如"并处或者单处非法经营额或非法所得数额1倍以上5倍以下罚金"和"并处非法经营额或非法所得数额5倍以上10倍以下罚金"。

四、结语

随着我国知识经济的不断深化和发展,知识产权保护问题日益成为人们关注的热点。医药行业作为一个重要的技术密集型产业,其知识产权的有效保护对于打造行业的核心竞争力、提高工作人员积极性及促进行业对外交流都具有重要作用。商标保护是对药品发明保护的重要形式之一,对于促进和保护我国医药自主研制与开发具有重要意义,而刑法作为保护商标权的最后一道防线和最有力的手段,应得到格外的重视。本节以87件医药商标权刑法保护的案件为切入点,分析了我国医药商标权犯罪的现状及构成要件,明确了现阶段我国医药商标权刑事保护存在的不足与困境,并立足我国当下司法实践,提出应从严从重打击侵犯医药商标犯罪,扩大商标权的刑法保护范围并增加商标犯罪的行为类型,明确并细化相关罪名之间的联系与区别,适当提高商标犯罪的自由刑与罚金刑额度等建议,目的是提高我国医药知识产权刑法保护的整体水平。当然,刑法不是万能的,要坚持法秩序统一原理[①],医药知识产权同样需要来自行政法和民商法层面的体系性保护。

---

① 参见刘艳红:《法定犯与罪刑法定原则的坚守》,载《中国刑事法杂志》2018年第6期,第61页。

参 考 文 献

一、中文文献

1. 邱仁宗.对医学的本质和价值的探索[M].北京:知识出版社,1986.
2. 达庆东.卫生法学纲要[M].上海:上海医科大学出版社,1996.
3. 陈兴良.刑法的价值构造[M].北京:中国人民大学出版社,1998.
4. 陈根法.心灵的秩序——道德哲学理论与实践[M].上海:复旦大学出版社,1998.
5. 张明楷.法益初论[M].北京:中国政法大学出版社,2000.
6. 宋思扬,楼士林.生物技术概论[M].北京:科学出版社,2000.
7. 张文显.法哲学范畴研究[M].北京:中国人民大学出版社,2001.
8. 曹刚.法律的道德批判[M].南昌:江西人民出版社,2001.
9. 甘绍平.应用伦理学前沿问题研究[M].南昌:江西人民出版社,2002.
10. 郭自力.生物医学的法律和伦理问题[M].北京:北京大学出版社,2002.
11. 杨立新.人身权法新论[M].北京:人民法院出版社,2002.
12. 徐宗良.生命伦理学:理论与实践探索[M].上海:上海人民出版社,2002.
13. 高金桂.利益衡量与刑法之价值判断[M].台北:元照出版公司,2003.
14. 储槐植,宗建文,等.刑法机制[M].北京:法律出版社,2004.
15. 石俊华.医事法学[M].成都:四川科学技术出版社,2004.
16. 魏东.现代刑法的犯罪化根据[M].北京:中国民主法制出版社,2004.
17. 高崇明,张爱琴.生物伦理学十五讲[M].北京:北京大学出版社,2004.
18. 王晓慧.论安乐死[M].长春:吉林大学出版社,2004.
19. 陈忠华.脑死亡——现代死亡学[M].北京:科学出版社,2004.
20. 文历阳.医学导论[M].北京:人民卫生出版社,2005.
21. 万惠进.生命伦理学与生命法学[M].杭州:浙江大学出版社,2005.
22. 康均心.人类生死与刑事法律改革[M].北京:中国人民公安大学出版社,2005.
23. 梁根林.刑事法网:扩张与限缩[M].北京:法律出版社,2005.
24. 刘长秋.器官移植法研究[M].北京:法律出版社,2005.
25. 李善国,倪正茂,刘长秋.辅助生殖技术法研究[M].北京:法律出版社,2005.
26. 刘长秋,刘迎霜.基因技术法研究[M].北京:法律出版社,2005.
27. 伯里斯,申卫星.中国卫生法学前沿问题研究[M].北京:北京大学出版社,2005.
28. 蔡墩铭.医事刑法要论[M].台北:翰芦图书出版有限公司,2005.

29. 倪正茂,陆庆胜,等.生命法学引论[M].武汉：武汉大学出版社,2005.
30. 郭立新.刑法立法正当性研究[M].北京：中国检察出版社,2005.
31. 翟晓梅,邱仁宗.生命伦理学导论[M].北京：清华大学出版社,2005.
32. 王海明.伦理学原理[M].北京：北京大学出版社,2005.
33. 林火旺.伦理学入门[M].上海：上海古籍出版社,2005.
34. 许玉秀.当代刑法思潮[M].北京：中国法制出版社,2005.
35. 张燕玲.人工生殖法律问题研究[M].北京：法律出版社,2006.
36. 刘长秋.生命科技犯罪及其刑法应对策略研究[M].北京：法律出版社,2006.
37. 刘长秋,陆庆胜,韩建军.脑死亡立法研究[M].北京：法律出版社,2006.
38. 秦恩才,孔祥瑞.社会法论综[M].北京：中国长安出版社,2006.
39. 曾盛聪.伦理变迁与道德教育——市场化、全球化、网络化际遇中的现代性追寻[M].广州：广东人民出版社,2006.
40. 李建会.生命科学哲学[M].北京：北京大学出版社,2006.
41. 颜厥安.鼠肝与虫管的管制:法理学与生命伦理探究[M].北京：北京大学出版社,2006.
42. 高铭暄.刑法专论[M].北京：高等教育出版社,2006.
43. 上海市新学科学会.新学科文化肖像[M].上海：文汇出版社,2007.
44. 黄丁全.医疗法律与生命伦理[M].修订版.北京：法律出版社,2007.
45. 张爱艳,李燕.生命科技的法律问题研究[M].济南：山东大学出版社,2007.
46. 童世骏.批判与实践——论哈贝马斯的批判理论[M].北京：生活·读书·新知三联书店,2007.
47. 石恩林,李重阳.医学法学理论与实践研究[M].兰州：甘肃人民出版社,2007.
48. 郑成良.法理学[M].北京：清华大学出版社,2008.
49. 杨斐.法律修改研究——原则·模式·技术[M].北京：法律出版社,2008.
50. 宋儒亮.脑死亡与器官移植关联、争议与立法[M].北京：法律出版社,2008.
51. 马进宝,袁广林.高科技犯罪研究[M].北京：中国人民公安大学出版社,2008.
52. 赵西巨.医师法研究[M].北京：法律出版社,2008.
53. 李宁,许爱花,刘挺,等.社会法的本土建构[M].上海：学林出版社,2008.
54. 陈兴良.规范刑法学[M].北京：中国人民大学出版社,2008.
55. 甘添贵.罪数理论之研究[M].北京：中国人民大学出版社,2008.
56. 柯耀程.刑法竞合论[M].北京：中国人民大学出版社,2008.
57. 冯军.刑法问题的规范理解[M].北京：北京大学出版社,2009.
58. 郭永松.生命科学技术与社会文化:生命伦理学探究[M].杭州：浙江大学出版社,2009.
59. 刘维新.医事刑法初论[M].北京：中国人民公安大学出版社,2009.
60. 刘宏恩.基因科技伦理与法律——生物医学研究的自律、他律与国家规范[M].台北：五南图书出版公司,2009.
61. 孙慕义,樊浩,成中英,等.伦理研究[M].南京：东南大学出版社,2009.

62. 黄荣坚.刑法问题与利益思考[M].北京:中国人民大学出版社,2009.
63. 黄荣坚.基础刑法学(下)[M].3版.北京:中国人民大学出版社,2009.
64. 陈子平.刑法总论[M].北京:中国人民大学出版社,2009.
65. 黄常仁.刑法总论——逻辑分析与体系论证[M].台北:台湾新学林出版股份有限公司,2009.
66. 陈兴良.判例刑法学[M].北京:中国人民大学出版社,2009.
67. 陈兴良.刑法学[M].上海:复旦大学出版社,2009.
68. 陈洪兵.共犯论思考[M].北京:人民法院出版社,2009.
69. 林钰雄.刑法与刑诉之交错适用[M].北京:中国人民大学出版社,2009.
70. 刘艳红.实质刑法观[M].北京:中国人民大学出版社,2009.
71. 张明楷.罪刑法定与刑法解释[M].北京:北京大学出版社,2009.
72. 李累.宪法上的人的尊严[M].成都:四川人民出版社,2010.
73. 曾淑瑜.医疗伦理与法律十五讲[M].台北:元照出版公司,2010.
74. 杨丹.医疗刑法研究[M].北京:中国人民大学出版社,2010.
75. 段瑞春.科技与法律:现代文明的双翼——中国科学技术法学25周年(1985—2010)[M].北京:中国科学技术出版社,2010.
76. 张越,张欣,何玉梅,等.医事法原理[M].北京:人民出版社,2010.
77. 邱仁宗.生命伦理学[M].北京:中国人民大学出版社,2010.
78. 刘士国.医事法前沿问题研究[M].北京:中国法制出版社,2011.
79. 苏嘉宏,吴秀玲.医事护理法规概论[M].台北:三民书局,2011.
80. 严金海,肖健,吕群蓉.医务人员行医行为规范体系研究[M].广州:中山大学出版社,2011.
81. 刘长秋.生命科技犯罪与现代刑事责任理论与制度研究[M].上海:上海世纪出版集团,2011.
82. 贾学胜.非犯罪化研究[M].北京:法律出版社,2011.
83. 肖柳珍.美国医疗过失诉讼对健康保险的影响与借鉴[M].北京:中国政法大学出版社,2011.
84. 王岳,邓虹.外国医事法研究[M].北京:法律出版社,2011.
85. 王皇玉.刑法上的生命、死亡与医疗[M].台北:承法数位文化有限公司,2011.
86. 沈铭贤.生命伦理飞入寻常百姓家——解读生命的困惑[M].上海:上海科技教育出版社,2011.
87. 徐宗良.面对死亡——死亡伦理[M].上海:上海科技教育出版社,2011.
88. 张明楷.刑法分则的解释原理[M].北京:中国人民大学出版社,2011.
89. 张明楷.刑法原理[M].北京:商务印书馆,2011.
90. 曲新久.刑法学[M].北京:中国政法大学出版社,2011.
91. 谢望原,赫兴旺.刑法分论[M].北京:中国人民大学出版社,2011.

92. 朱建华.刑法分论[M].北京:法律出版社,2011.

93. 阮齐林.刑法学[M].北京:中国政法大学出版社,2011.

94. 赵万一.民法的伦理分析[M].北京:法律出版社,2012.

95. 韩大元.生命权的宪法逻辑[M].北京:译林出版社,2012.

96. 陈聪富,陈彦元,杨哲铭.医疗法律[M].台北:元照出版公司,2012.

97. 熊永明.现代生命科技犯罪及其刑法规制[M].北京:法律出版社,2012.

98. 刘长秋.生命科技法比较研究——以器官移植法与人工生殖法为视角[M].北京:法律出版社,2012.

99. 黎宏.刑法学[M].北京:法律出版社,2012.

100. 陈洪兵.人身犯罪解释论与判例研究[M].北京:中国政法大学出版社,2012.

101. 林山田.刑法通论(上册)[M].北京:北京大学出版社,2012.

102. 林山田.刑法通论(下册)[M].北京:北京大学出版社,2012.

103. 苏惠渔.刑法学[M].北京:中国政法大学出版社,2012.

104. 刘宪权.刑法学[M].上海:上海人民出版社,2012.

105. 朱庆育.民法总论[M].北京:北京大学出版社,2013.

106. 张丽卿.医疗人权与刑法正义[M].台北:元照出版公司,2013.

107. 蔡昱.器官移植立法研究[M].北京:法律出版社,2013.

108. 金福海.侵权法的比较与发展[M].北京:北京大学出版社,2013.

109. 满洪杰.人体试验法律问题研究[M].北京:中国法制出版社,2013.

110. 张春美.基因技术之伦理研究[M].北京:人民出版社,2013.

111. 王作富.刑法分则实务研究[M].北京:中国方正出版社,2013.

112. 周道鸾,张军.刑法罪名精释[M].北京:人民法院出版社,2013.

113. 谈大正.生命法学论纲[M].北京:法律出版社,2014.

114. 刘明祥,曹菲,侯艳芳.医学进步带来的刑法问题思考[M].北京:北京大学出版社,2014.

115. 刘艳红.实质犯罪论[M].北京:中国人民大学出版社,2014.

116. 李洁.刑法学[M].北京:中国人民大学出版社,2014.

117. 林钰雄.新刑法总则[M].4版.台北:元照出版公司,2014.

118. 张明楷.刑法的私塾[M].北京:北京大学出版社,2014.

119. 林东茂.刑法综览[M].8版.台北:一品文化出版社,2015.

120. 张明楷.责任刑与预防刑[M].北京:北京大学出版社,2015.

121. 杨丹.尖端医疗领域刑法理论及立法对策研究[M].北京:法律出版社,2016.

122. 高铭暄,马克昌.刑法学[M].北京:北京大学出版社,高等教育出版社,2016.

123. 王作富.刑法[M].北京:中国人民大学出版社,2016.

124. 周光权.刑法总论[M].北京:中国人民大学出版社,2016.

125. 周光权.刑法各论[M].北京:中国人民大学出版社,2016.

126. 黄京平.刑法学[M].北京:中国人民大学出版社,2016.
127. 张明楷.刑法学[M].北京:法律出版社,2016.
128. 刘艳红.刑法学[M].北京:北京大学出版社,2016.
129. 冯军,肖中华.刑法总论[M].北京:中国人民大学出版社,2016.
130. 刘建利.医事法重点问题研究[M].南京:东南大学出版社,2017.
131. 刘建利.医事法案例教程[M].南京:东南大学出版社,2019.

二、译文文献

1. 密尔.论自由[M].程崇华,译.北京:商务印书馆,1959.
2. 黑格尔.法哲学原理[M].范扬,张企泰,译.北京:商务印书馆,1982.
3. 康德.法的形而上学原理——权利的科学[M].沈叔平,译.北京:商务印书馆,1991.
4. 博登海默.法理学:法律哲学与法律方法[M].邓正来,译.北京:中国政法大学出版社,1999.
5. 斯特法尼,勒瓦索,布洛克.法国刑事诉讼法精义(下)[M].罗结珍,译.北京:中国政法大学出版社,1999.
6. 拜尔茨.基因伦理学:人的繁殖技术化带来的问题[M].马怀琪,译.北京:华夏出版社,2001.
7. 边沁.道德与立法原理导论[M].时殷弘,译.北京:商务印书馆,2002.
8. 庞德.法律与道德[M].陈林林,译.北京:中国政法大学出版社,2003.
9. 麦金泰尔.伦理学简史[M].龚群,译.北京:商务印书馆,2004.
10. 贝克.世界风险社会[M].吴英姿,孙淑敏,译.南京:南京大学出版社,2004.
11. 格瑞尼.医疗法基础[M].影印版.武汉:武汉大学出版社,2004.
12. 富勒.法律的道德性[M].郑戈,译.北京:商务印书馆,2005.
13. 哈特.法律、自由与道德[M].支振锋,译.北京:法律出版社,2006.
14. 恩格尔哈特.生命伦理学基础[M].范瑞平,译.北京:北京大学出版社,2006.
15. 施特拉滕韦特,库伦.刑法总论1:犯罪论[M].杨萌,译.北京:法律出版社,2006.
16. 德夫林.哈贝马斯、现代性与法[M].高鸿钧,译.北京:清华大学出版社,2008.
17. 柯林斯,平奇.勾勒姆医生:作为科学的医学与作为救助手段的医学[M].雷瑞鹏,译.上海:上海世纪出版集团,2009.
18. 富尔,考茨欧.医疗事故侵权案例比较研究[M].丁道勤,杨秀英,译.北京:中国法制出版社,2012.
19. 佐伯仁志,道垣内弘人.刑法与民法的对话[M].于改之,张小宁,译.北京:北京大学出版社,2012.
20. 康德.道德形而上学原理[M].苗力田,译.上海:上海世纪出版集团,2012.
21. 桑德尔.公正:该如何是好?[M].朱慧玲,译.北京:中信出版社,2012.
22. 桑德尔.金钱不能买什么:金钱与公正的正面交锋[M].邓正来,译.北京:中信出版社,2012.

23. 桑德尔.反对完美:科技与人性的正义之战[M].黄慧慧,译.北京:中信出版社,2013.

24. 凯尔森.法与国家的一般理论[M].沈宗灵,译.北京:商务印书馆,2013.

25. 金德霍伊泽尔.刑法总论教科书[M].蔡桂生,译.北京:北京大学出版社,2015.

三、外文文献

1. 平野龙一.刑法総論 II[M].东京:有斐阁,1975.

2. 平野龙一.犯罪論の諸問題(上)総論[M].东京:有斐阁,1981.

3. 大谷实.いのちの法律学——生命誕生から死まで[M].东京:筑摩书房,1985.

4. 米田泰邦.医療行為と刑法[M].东京:一粒社,1985.

5. 町野朔.患者の自己決定権と法[M].东京:东京大学出版社,1986.

6. Albin Eser.先端医療と刑法[M].上田健二,浅田和茂,编译.东京:成文堂,1990.

7. 大谷实.医療行為と法(新版補正版)[M].东京:弘文堂,1995.

8. 齐藤诚二.医事刑法の基礎理論[M].东京:多贺出版,1997.

9. アルトゥール・カウフマン.責任原理——刑法的・法哲学的研究[M].甲斐克则,译.福冈:九州大学出版社,2000.

10. 总合研究开发机构,川井健.生命科学の発展と法[M].东京:有斐阁,2001.

11. 佐久间修.最先端法領域の刑事規制——医療・経済・IT社会と刑法[M].东京:立花书房,2003.

12. 甲斐克则.安楽死と刑法[M].东京:成文堂,2003.

13. 加藤久雄.医事刑法入門[M].东京:东京法令出版社,2003.

14. 只木诚.罪数论の研究[M].东京:成文堂,2004.

15. 甲斐克则.尊厳死と刑法[M].东京:成文堂,2004.

16. 甲斐克则.責任原理と過失犯論[M].东京:成文堂,2005.

17. 甲斐克则.被験者保護と刑法[M].东京:成文堂,2005.

18. 甲斐克则.医事刑法への旅 I[M].东京:イウス出版,2006.

19. 甲斐克则.遺伝情報と法政策[M].东京:成文堂,2007.

20. 山口厚.刑法総論[M].东京:有斐阁,2007.

21. 小林公夫.治療行為の正当化原理[M].东京:日本评论社,2007.

22. 甲斐克则.終末期医療と生命倫理[M].爱知:太阳出版,2008.

23. 大塚仁.刑法概说(総論)[M].东京:有斐阁,2008.

24. 曾根威彦.刑法総論[M].东京:弘文堂,2008.

25. 甲斐克则.ブリッジブック医事法[M].东京:信山社,2008.

26. 甲斐克则.オランダ医事刑法の展開—安楽死・妊娠中絶・臓器移植[M].东京:庆应义塾大学出版社,2009.

27. 佐久间修.刑法総論[M].东京:成文堂,2009.

28. 甲斐克则.ポストゲノム社会と医事法[M].东京:信山社,2009.

29. 山口厚.刑法各論[M].东京:有斐阁,2010.

30. Albin Eser. 医事刑法から統合的医事法へ[M]. 上田健二、浅田和茂,编译. 东京:成文堂,2010.
31. 甲斐克则. 医事法六法[M]. 东京:信山社,2010.
32. 甲斐克则. レクチャー生命倫理と法[M]. 京都:法律文化社,2010.
33. 甲斐克则. 生殖医療と刑法[M]. 东京:成文堂,2010.
34. 甲斐克则. 新版医療事故の刑事判例[M]. 东京:成文堂,2010.
35. 甲斐克则. 確認医事法用語250[M]. 东京:成文堂,2010.
36. 甲斐克则. インフォームド・コンセントと医事法[M]. 东京:信山社,2010.
37. 甲斐克则,刘建利编. 中華人民共和国刑法[M]. 东京:成文堂,2011.
38. 甲斐克则. 医事法講座第3卷医療事故と医事法[M]. 东京:信山社,2012.
39. 甲斐克则. 安楽死・尊厳死[M]. 东京:丸善出版,2012.
40. 甲斐克则. 医療事故と刑法[M]. 东京:成文堂,2012.
41. 松宫孝明. 刑法各論講義[M]. 东京:成文堂,2012.
42. 曾根威彦. 刑法各論[M]. 东京:弘文堂,2012.
43. 伊藤真. 刑法各論[M]. 东京:弘文堂,2012.
44. 大谷实. 刑法講義総論[M]. 东京:成文堂,2012.
45. 川端博. 刑法総論講義[M]. 东京:成文堂,2013.
46. 松原芳博. 刑法総論[M]. 东京:日本评论社,2013.
47. 小林宪太郎. 刑法総論[M]. 东京:新世社,2014.
48. 萩原滋. 刑法概要(総論)[M]. 东京:成文堂,2014.
49. 前田雅英. 刑法総論講義[M]. 东京:东京大学出版社,2015.
50. 前田雅英. 刑法各論講義[M]. 东京:东京大学出版社,2015.
51. 山中敬一. 刑法総論[M]. 东京:成文堂,2015.
52. 山中敬一. 刑法各論[M]. 东京:成文堂,2015.
53. 日高义博. 刑法総論[M]. 东京:成文堂,2015.
54. 桥本博. 刑法総論[M]. 东京:新世社,2015.
55. 立石二六. 刑法総論[M]. 东京:成文堂,2015.
56. 关哲夫. 讲义刑法総論[M]. 东京:成文堂,2015.
57. 大谷实. 刑法講義各論[M]. 东京:成文堂,2015.
58. 天田悠. 治療行為と刑法[M]. 东京:成文堂,2018.
59. 高桥则夫. 刑法総論[M]. 东京:成文堂,2018.
60. 高桥则夫. 刑法各論[M]. 东京:成文堂,2018.
61. 西田典之. 刑法各論[M]. 东京:弘文堂,2018.
62. 西田典之. 刑法総論[M]. 东京:弘文堂,2019.
63. Kawaguchi H. Strafrechtliche Probleme Der Organ transplantation in Japan [M]. Freiburg：Max-Planck-lnst. fun Auslandisches und lnternat. Strafrecht,2000.

64. Beyleveld D, Brownsward R. Human dignity in bioethics and bio-law[M]. Oxford: Oxford University Press,2001.

65. Fremgen B F. Medical law and ethics[M]. Englewood: Prentice Hall,2002.

66. Wellman C. Medical law and moral right[M]. Dordrecht: Spinger,2005.

67. Eser A. Perspektiven des Medizin(straf) rechts[M]// Frisch W. Gegenwartsfragen des Medizinstrafrechts: portugiesisch-deutsches Symposium zu Ehren von Albin Eser in Coimbra. Baden-Baden:Nomos,2006.

68. Wellons H B, Ewing E S, Copple R,et al. Biotechnology and the law[M]. Chicago: ABA Publishing,2007.

69. Herring J. Medical law and ethics [M]. 3th ed. Cambridge: Oxford University Press,2009.

70. Shepherd L L. Bioethic and the law[M]. 2nd ed. Amsterdam: Wolters Kluwer,2009.

71. Kerridge I, Lowe M, Stewantc. Ethics and law for the health professions[M]. 3rd ed. Sydney: The Federation Press,2009.

72. Campbell A V. The body in bioethics[M]. London: Routledge-Cavendish,2009.

73. Kuhse H, Singer S. A companion to bioethics[M]. Hoboken: Blackwell Publishing Ltd. , 2009.

74. Fisher J. Biomedical ethics: a canadian focus [M]. Oxford: Oxford University Press,2009.

75. Roxin C, Schroth U. Handbuch des Medizinstrafrechts[M]. Stuttgart: Richard Bookberg Verlag,2010.

76. Jackson E. Medical law: text, cases, and materials[M]. Oxford: Oxford University Press,2010.

77. Samanta J,Samanta A. Medical law[M]. Basingstoke: Palgrave Macmillan,2011.

78. Litan R E. Handbook on law, innovation and growth[M]. Cheltenham: Edward Elgar Publishing Inc. ,2011.

79. Stauch M, Wheat K, Tingle J. Text, cases and materials on medical law and ethics[M]. 4th ed. London: Routledge Taylor Francis Group,2011.

80. Cockerham W C. Medical sociology[M]. 12th ed. Boston: Printice Hall,2011.

81. Beauchamp T L, Childress J F. Principles of biomedical ethics[M]. 7th ed. Oxford: Oxford University Press,2013.